L'ANNÉE 1793 – KANT

SUR LA POLITIQUE ET LA RELIGION

La mise en forme de ce volume est due à

Marie-Françoise CONRAD

et à

Jean FERRARI

L'ANNÉE 1793
KANT
SUR LA POLITIQUE ET LA RELIGION

ACTES DU 1er CONGRÈS DE LA SOCIÉTÉ
D'ÉTUDES KANTIENNES DE LANGUE FRANÇAISE
(Dijon, 13-15 mai 1993)

organisé avec le concours
du Conseil régional de Bourgogne
et de la Société Bourguignonne de Philosophie

Sous la direction de

Jean FERRARI

PARIS
LIBRAIRIE PHILOSOPHIQUE J. VRIN
6, Place de la Sorbonne, Ve

—

1995

Printed in France

ISSN 0249-7875

ISBN 2-7116-1227-9

AVANT-PROPOS

Jean FERRARI

Les textes ici rassemblés sont ceux des conférences plénières et des communications présentées lors du premier congrès de la Société d'Etudes kantiennes de Langue française qui s'est tenu à Dijon les 13-14-15 mai 1993.

Sans doute est-ce la première rencontre qui, en France, a réuni autant de spécialistes francophones de la philosophie critique, plus de quatre-vingt, montrant par là l'intérêt que le kantisme ne cesse aujourd'hui de susciter et la vitalité des recherches kantiennes en langue française.

Il était souhaité, à l'occasion de ce premier congrès sur le thème de « L'Année 1793 », d'éclairer, deux cents ans après leur parution, les deux ouvrages publiés par Kant en 1793 : « *Sur l'expression courante : il se peut que ce soit juste en théorie, mais en pratique cela ne vaut rien* », et « *La Religion dans les limites de la simple raison* » et de mettre en lumière la signification qu'ils pouvaient encore revêtir pour les philosophes d'aujourd'hui.

Dans un débat qui commence en Occident avec la naissance de la science et de la philosophie grecques, et à une époque où la pratique comme usage ou technique était opposée à la théorie considérée comme spéculation inutile, sans rapport avec le réel, l'opuscule de Kant et ses trois dissertations redonnent à la pratique sa dimension éthique et récusent un divorce qui, à travers le proverbe, semblait aller de soi. L'expérience morale, la constitution de l'Etat, la vie internationale perdraient toute signification si une théorie n'en définissait pas les conditions *a priori* d'existence : une action conforme à l'exigence éthique en ces domaines demeure possible. En cette fin de vingtième siècle la leçon n'est pas indifférente.

Quant au grand ouvrage sur la religion qui attira à Kant ses premiers démêlés avec la censure prussienne et a déjà fait l'objet de si remarquables commentaires, c'est sa théorie du mal radical et sa critique des religions institutionnalisées qui ont suscité le plus de questions. Ici encore, nous avons trop souvent la preuve des compromissions du religieux et du politique et le triste spectacle des atrocités dont le premier, s'identifiant avec des ethnies ou des groupes sociaux, paraît devenir complice, au moins par médias interposés, pour ne pas souhaiter avec Kant que le rapport à la raison puisse délivrer, peut-être, la religion de l'inessentiel et de ses trahisons.

Enfin l'année 1793, choisie comme thème de ce congrès, n'a pas été dans l'histoire une année ordinaire. Elle a été marquée par un certain nombre d'événements capitaux pour l'histoire de l'Europe et du monde. La mort de Louis XVI sur l'échafaud, le 21 janvier, qui scelle, dans le sang du monarque, le destin républicain de la France, l'indignation que celle-ci soulève en Europe et à laquelle Kant s'associe malgré son admiration pour un grand peuple qui tente d'acquérir sa liberté, les guerres qui en résultent et qui ravagent une fois de plus l'Europe des nations déterminent un horizon historique et font s'interroger sur la nature des valeurs que les Lumières avaient cru pouvoir imposer à l'Europe. Malgré les violences du temps, la réflexion philosophique fait preuve alors d'une richesse et d'une diversité dont les travaux ici présentés permettront, je l'espère, de se faire une plus juste idée.

LA RÉPUBLIQUE AVAIT NEUF MOIS...

André ROBINET

En ce début mai 1793, Kant fait parvenir à ses correspondants *Die Religion innerhalb der Grenzen der reinen Vernunft*. La première partie *Sur le mal radical dans la nature humaine* avait vu le jour en même temps que la République française en septembre 1792. L'ensemble de l'ouvrage était déjà entre les mains de Biester depuis l'été. Mais le *Monatsschrift* suspendra la publication des trois autres parties pour cause de censure. Alors que les *Déclarations* répétées des Droits de l'Homme et du Citoyen constitutionnalisent en France la liberté de penser et d'écrire, le petit Frédéric restreint les libertés que le Grand avait consenties.

Lors du premier anniversaire de la République française paraît en septembre 1793, dans la même revue exilée à Iéna, l'article *Über der Gemeinspruch : das mag in der Theorie richtig sein, taugt aber nicht für die Praxis*. L'intelligentzia germanique prend fait et cause pour ou contre la Révolution et son extension. Les premiers soulèvements qui secouent la Prusse n'altèrent en rien la rigueur du pouvoir. La *Berliner Monatsschrift* enserre les articles de Kant parmi des études détaillées sur l'instauration de la République en Francc, cependant que la *Staats und Gelehrte Zeitung* d'Hamburg ou les *Hannoversche Anzeigen* tiennent leur correspondants de Königsberg au courant des événements parisiens. Sauf un délai de transmission qui n'excède pas 10 jours, on ne peut invoquer aucun décalage dans l'information ni aucun éloignement rédhibitoire. Vérification faite, les événements et les discours parviennent à qui veut bien les lire.

Imperturbable, l'Académie royale de Prusse mène sa commémoration de janvier 1793 sur le thème des dangers de l'égalité et de la liberté. Mérian mentionne l'extension de l'influence kantienne dans une note, mais à propos de la critique phénoméniste ; politiquement, il prend part à la radiation des académiciens Condorcet et Bitaubé.

Le 4 mai, Kant envoie son livre à Staüdlin avec ce plan rétrospectif : « 1) Que puis-je savoir ? (métaphysique). 2) Que dois-je faire ? (morale). 3) Que puis-je espérer ? (religion) ; il conclut par cette avancée prospective : 4) Qu'est-ce que l'homme ? (anthropologie). L'ouvrage sur la religion qui vient de paraître s'interroge sur le point 3, notamment sur sa religion au point 2. Quant à l'homme, est-ce à dire que son heure n'est pas encore venue : mais alors, de quoi a-t-on parlé jusqu'ici ? Que deviennent « les véritables Lumières » définies comme « la légalité qui procède de la loi morale ? » (VI, 123).

Face à lui, Kant trouve la théologie biblique et le pouvoir ecclésiastique, qui a partie liée avec le pouvoir civil. A la violence de la censure s'ajoute la menace d'un bannissement. Force est d'opposer les raisons de la philosophie aux contraintes de la force d'Etat, Kant ne désirant pas user d'autres armes que de celles qui lui procure la « théologie philosophique » selon la perspective d'une « philosophie chrétienne ».

Les trois *Critiques* avaient puisé leurs forces dans l'étude du *connu*, du *pensé* et du *réfléchi*. Voici que le *cru* et l'*agi* faisaient une irruption d'autant plus vigoureuse que l'histoire s'accélérait en faveur, et d'une relation de la religion et de la politique avec les grandes idées, et d'une séparation radicale des pouvoirs ecclésiastique et civil. Le 12 mai, Kant venait d'écarter les propositions de Fichte orientées vers une quatrième *Critique*, celle de la révélation. Bien qu'il n'ait pas achevé sa lecture, Kant fait remarquer que les deux pensées « s'accordent et se séparent ». Sa réponse semble pré-inscrite dans le livre sur la *Religion*, qu'il envoie à Fichte. Le *cru* ne peut faire l'objet d'une critique que dans la mesure où il défère à l'inconditionnalité éthique : or, de partout, la religion d'église outrepasse les limites de la foi de raison, immiscant des procédures issues de l'empiricité textuelle, traditionnelle ou partisance à la pure émission des postulats de la raison pratique. On saisit dès lors les axes d'une problématique : la question centrale est de savoir si la foi d'église doit être soumise à la révélation biblique, à ses théologiens et à ses herméneutes, ou bien, s'il est une relation plus exigeante qui ramène la Réforme à son originalité radicale en développant le libre-examen jusqu'au stade ultime des puissances de maîtrise rationnelle.

Le principe d'individuation nouménale par la liberté exige de la raison pure pratique le respect permanent de l'inconditionnalité de la loi morale. Le prestige kantien d'être bien soi se trouve dans l'obédience au naturel éthique. Au moment où il atteint l'extrême certitude d'être originaire pour la qualification morale de son acte, le sujet tient l'ordonnancement de sa matière de la formalité de la loi. Mais à vrai dire la structure hylémorphique qui fonctionne en continu pour permettre l'édification des trois *Critiques* est de nul emploi en 1793, et laisse place à une structure oppositionnelle, que l'on peut appeler manichéenne. Le sujet devient un acte de pure forme puisque toute matière doit être évincée de la détermination de l'acte. Cet acte pur exige en creux la suspension de toute représentation relative à des mobiles ou à des fins, récuse toute primauté du bonheur en limitant l'effet à un surplus possible que rien de formellement nécessaire ne saurait entraîner.

Cette auto-suffisance de la morale, est clairement rappelée dès la Première Préface de la *Religion* : la morale n'a besoin pour son observance, ni d'un autre motif que la loi elle-même qu'elle suit inconditionnellement, ni de l'idée d'un être différent qui fasse connaître son devoir à l'homme, ni de la religion pour en inspirer l'exercice. Comme être libre, l'homme se suffit à lui-même dès qu'il s'oblige par raison au respect de la loi du devoir. Dans l'acte libre, l'homme fait abstraction de toutes les fins. Le bien-agir ne suppose rien d'autre que la loi qui renferme la condition formelle de la liberté.

Cependant pas plus une religion qu'une politique ne sauraient être tirées ni de la raison pure d'entendement, ni de la raison pure pratique, ni même du jugement réfléchissant. Elles impliquent pas trop un discours hétérogène et contradictoire, confessions et constitutions s'ingéniant à faire écran entre le pur sujet du devoir et la proclamation de droits au bonheur éternel ou temporel. On sait de plus par l'article de 1791 que toute réflexion en théologie philosophique ne peut s'appuyer sur les théodicées ontologisantes et déductivistes, qu'elle ne peut que découler par contre d'Idées qui sont postulées par l'inconditionnalité même de la loi. Or la religion et la politique s'emparent de ces postulats pour en faire des principes. Quel statut donner au désir d'être heureux dans le pratiquement pratique ? *Espérer* et *vivre avec*... ne revient-il pas à s'interroger sur les limites de l'entendement, de la raison et du jugement, et sur leur rapport, réductible ou non avec le sentiment de piété ou de communauté ?

Que devenait, dans l'effectivement pratique de la lutte constitutionnelle en France, le concept de bonheur ? Nous saurons bientôt si Kant est le Robespierre de la philosophie ; mais nous savons déjà que Siéyès passait pour le Kant de la Révolution.

La Constitution de 1789 et les *Essais* préliminaires de Siéyès restent en retrait sur la proclamation au bonheur. La déclaration des Droits du 26 août 1789 en inscrit une occurrence à son préambule, mais ne le fait figurer dans aucun de ses 17 articles. Ce n'est qu'au titre négatif des « réclamations » des citoyens que « le bonheur de tous » doit être envisagé en relation avec « des principes simples et incontestables », comme un effet « des droits naturels inaliénables et sacrés. » Siéyès exposait volontiers que la liberté est la fin unique de toute loi, et que ce qui fait la loi, « c'est l'obligation morale de s'y soumettre ». La loi « n'est que la volonté manifestée de celui qui a droit d'obliger ». Tout individu s'engage envers les autres : « sa seule volonté peut donner à son engagement le caractère d'une obligation morale », contrairement au recours à des forces externes provoquant « une compression mécanique qui produit un effet sans produire d'obligation ». « La volonté libre par essence est la source unique d'où découlent médiatement ou immédiatement toutes les lois qui frappent l'homme d'une véritable obligation ». On connaît sa célèbre apostrophe : « C'est de la métaphysique quand on abolit les privilèges... C'est de la métaphysique quand on proclame l'égalité personnelle et les droits civils... » Le *Traité de morale* de Malebranche et le *Vicaire savoyard* sont passés par là. La référence à la loi inconditionnelle de l'ordre est exigible des deux pouvoirs et de leurs représentants.

Mais ce 13 mai 1793, l'histoire bascule entre humanisme et terreur. Siéyès raisonnait encore dans la perspective d'une monarchie assurée de l'exécutif, mais libérant le législatif. Or les défaillances de l'exécutif ont conduit le législatif à la rupture républicaine du 22 septembre 1792. Dans le *Moniteur* de ce 13 mai, la voix de Condorcet s'efface, qui avait été sollicité avec Danton pour mener le projet constitutionnel de la République naissante. La rupture avec l'Ancien Régime avait été d'autant plus ponctuée que la tête du roi était tombée le 21 janvier. Mais le 15 février, Condorcet apprenait que la raison pure ne peut prétendre déterminer les conduites de la raison pratique ni les perfections positives de l'Etre Suprême. Le Comité de Constitution est dissous et on repousse le vote d'une nouvelle constitution. Avec Condorcet, les lois de la science et les progrès de la technique jettent leurs derniers feux encyclopédistes face à ce qui est encore la Nation, conférant au Dieu fabricateur une anthropologie conquérante. La loi morale se confond avec la loi du développement des arts et des sciences, la liberté de l'homme coïncidant avec sa mainmise sur la nature. On pouvait être constitutionnellement tolérant envers la foi d'église puisque la foi de raison était une foi *dans* la raison, qu'elle n'était pas *innerhalb*, mais interne et déductive, entièrement « vernünftige », avec une forte connotation de *Verständlichkeit*. Cette foi dans la raison pure la rend pratique de son propre essor et sans postulats dérivatifs. Les lumières vaincront d'elles-mêmes et par elles-mêmes ; la religion dépérira de son propre vide et la politique des savants remplacera l'état de nature par l'état de culture. En 1792, Condorcet proclamait *Aux Germains* en les incitant à se remémorer leur patrimoine scientifique : « Je sais que la force irrésistible de la raison, que l'influence nécessaire du progrès des lumières, doivent triompher également, et de la perfidie des princes, et des erreurs ou de la faiblesse de la multitude ». Cet héroïsme du savoir permettra du moins à Condorcet d'abdiquer à la Caton devant les irrationalités de l'Etre Suprême, et conduira Lavoisier à s'entendre dire en mai 1794 que la République n'a pas besoin de savants.

Ce 13 mai également, les journaux rapportent que, pour Robespierre, la multitude a nom peuple et que la raison s'indétermine en Etre Suprême. Il savait bien contre Condorcet, et éventuellement contre Kant, que l'élitisme du savoir et l'élitisme de l'obligation ne conduiraient jamais la vertu à la reconnaissance de la totalité, surtout si elle avait nom peuple. Le *Moniteur* annonce ce 13 mai les linéaments de la Constitution à venir, dont les *Archives parlementaires* relatent les débats. « L'homme est né pour le bonheur et pour la liberté, et partout il est esclave et malheureux. Le but de la Constitution sera de rendre l'homme « heureux et libre par les lois ». Mais voilà que le moteur de la Révolution différencie ses deux temps : « Le peuple est bon, ses délégués sont corruptibles. C'est dans la vertu et dans la souveraineté du peuple qu'il faut chercher un préservatif contre le vice et le despotisme du gouvernement ». La *Déclaration* qui précédera l'Acte constitutionnel du 24 juin 1793, passera sous silence le mot devoir au profit des droits, et en retirera le mot bonheur : mais pour l'installer à l'article I qui déclare que « le but de la société est le bonheur commun ». Sorti de l'ombre des « réclamations », le bonheur apportera à l'homme « la garantie de la jouissance de ses droits naturels et imprescriptibles ». Le bonheur est ainsi posé comme premier principe, fusionnant l'indétermination de l'Etre Suprême que Robespierre adosse au néant, avec le peuple pour détermination unique. Dans les festivités de la fin d'année, la déchristianisation et la déprêtrisation accomplirent la laïcisation du nouveau calendrier : la République n'a pas plus besoin de prêtres, ni, semble-t-il, de politiques, qu'elle n'a besoin de savants !

Passons de ces fresques occasionnalistes gigantesques que l'histoire parallèle offre aujourd'hui à notre compréhension, pour en venir aux explications plus délicates de l'architectonique des oeuvres.

Kant maintient fermement face à Garve qu'il ne condamne le « devenir heureux » que s'il se met à supplanter le « se rendre du bonheur ». Qui accomplit son devoir ne renonce pas pour autant à toute fin subjective, car « il ne le peut, non plus qu'aucun être raisonnable fini en général ». Le principe d'individuation qui ne dépend formellement que de l'acte libre de la personne morale, et qui, en tant que tel, est dépouillé de toute matière, comportera le bonheur à titre doublement conséquent, et comme subordonné au bien possible en général, et comme effet de l'inconditionnalité respectée. Le désir d'être heureux affecte la nature humaine en général et commande la phénoménalité de ses conduites ; mais la particularité de la conduite morale se discerne par l'exercice de la liberté qui créé le champ nouménal où se distingue la personne.

Pour que le commandement du devoir réponde à l'inconditionnalité, il faut procéder à l'éradication de toute motivation par le bonheur, ne pas le faire entrer comme condition dans l'observance de la loi, ne pas faire jouer le moindre mobile provenant de représentation eudémoniques, ni de la grâce dans la religion, ni de l'envie dans la politique. L'auto-suffisance de la loi morale exige cette *Einschränkung*, la limitation du vouloir à la seule condition d'une législation universelle dépendant d'une maxime qu'on admet quelque soit l'objet et la fin du vouloir. Il en résulte que la liberté est détachée de la nature, que, par nature l'homme n'est pas libre, qu'il le devient par la liberté.

Le résultat est qu'au fond il n'y a de « révolution » au sens strict et légitime, que celle qui est requise à tout instant par l'inconditionnalité et qui provoque l'éviction de toute empiricité dans la détermination (VI, 47). C'est une révolution du soi-nouménal contre le moi-phénoménal par le scrupule et par l'abnégation. La liberté est la place de la révolution permanente où la valeur de la loi s'annonce dans la maxime en secondarisant, mais non en supprimant le bonheur. Cependant la mise en secondarité du désir d'être heureux, auquel on ne peut renoncer, provoque la suspension du cours naturel des choses, et force est d'annoncer ici la projection d'un modèle adamique sur lequel nous reviendrons.

Or, le mal radical est tel qu'à chaque instant où la liberté s'affirme, la nature originaire cherche à reprendre des droits qui sont légitimes, mais qui par l'inversion de la chute ne savent plus s'exercer en fonction de la vision de la loi morale. Cette révolution permanente qui ouvre au champ moral, dans sa radicalité même, déconnecte les trois *Critiques*. Considérée sous l'angle de l'espérance religieuse ou de l'espoir politique, la loi morale se met à exploiter le champ des Idées possibles qu'elle a engendrées à titre de postulats de la raison pratique : l'idée du Bien possible général, l'Idée d'un Etre Suprême qui en garantissent la fin. Pourquoi n'est-ce plus une critique ? C'est parce que l'uchronie et l'utopie de la loi universelle déplacent les cadres de l'esthétique transcendantale vers le temps à venir et vers un espace non conditionné par l'attente substantielle ; parce que l'uphénoménalité d'une telle manifestation hors catégories ne figure pas dans les tâches de l'entendement ; parce que l'unomie résulte de la mise entre parenthèse du jugement déterminant pas trop redevable aux raisons physiques de la loi. Le jugement réfléchissant lui-même, qui a creusé son *dominium* dans le *possible* et le *comme si*, se trouve en présence d'une affirmation réalistique concrète : la liberté est d'expérience. Quant à la raison pratique, elle fonde le règne des fins par ses postulats, mais l'espérance et l'espoir en recherchent l'insertion intramondaire. L'édifice critique se retrouve encerclé par ces deux questions qui en « dépassent » les atteintes assurées et que la raison ne pourra maintenir dans ses cercles qu'à la condition de « s'élargir ».

Mais quelle expérience ? Nous ne sommes plus dans le transcendantal, *stricto sensu*, mais nous récusons le transcendantal, *largo sensu*. Hors de toute faculté déterminante, la liberté tient son individuation de son intemporalité et de son utopicité. Si la loi qu'elle permet d'actuer est éternelle, son acte n'est qu'instantané et ne peut-être conçu comme une conquête perdurable. C'est une création perpétuelle. Seule la révolution de l'intentionnalité permet à l'homme de retrouver l'innocence perdue de sa nature originaire, constituant et conventionnel tout à la fois. C'est là une « régénération », « une nouvelle création », « un changement de coeur » et, à ce niveau, l'herméneutique spirituelle valide son message à travers Moïse et Jean (VI, 47). C'est une révolution intérieure qui, par sa radicalité décisive permet l'avancée de toute réforme vers l'accomplissement du plus grand bien possible, d'où découlent le bonheur subjectif et objectif. Sans ce retournement du coeur, pascalienne si l'on veut, la foi restera une litanie d'église et une expression rituelle de la règle canonique.

Schiller fut des premiers à s'étonner que, dans *Théorie et pratique*, « on entend trop la dure loi du devoir sans avoir d'égards suffisants pour le penchant ». Kant réplique au texte de *Thalia*-1793 dès la seconde édition de la *Religion* qui apparaît début 1794. En raison de sa dignité, le devoir ne comporte aucune grâce au sens de l'article de Schiller. Nous ne sommes plus dans le jugement de goût. La grâce se trouve en contradiction directe avec l'inconditionnalité de l'obligation. Si quelque sentiment est sollicité, c'est le sublime et non le beau. Mais il ne s'agit plus de téléogie esthétique. Les Grâces se tiennent à distance respectueuse de la morale. Si quelque connotation est évocable pour la vertu morale, c'est plutôt la joie, comme en morale c'est la piété qui fait naître la bonne disposition, sans pour autant entamer le pouvoir détachant du libre-arbitre (VI, 23).

Dès lors le soupçon pouvait s'installer au sein même de la réalisation nouménale de l'intentionnalité inconditionnelle.

Est-on bien assuré de la pleine validité de l'*Einschränkung* ? N'y a-t-il pas quelque bavure subsistante du penchant de fait sur l'inconditionnalité de droit ? Il n'en va pas de la mise entre parenthèse d'un mobile naturel comme de celle d'une représentation de l'entendement, de la raison ou du jugement. Le désir d'être heureux, que l'on veut exclure, resurgit de partout, prouvant que l'être raisonnable fini ne peut renoncer à cette fin naturelle.

La critique de l'introspection ne montre que trop les faiblesses d'un cloisonnement étanche. Garve surenchérit en prétendant qu'il ne trouve jamais dans sa tête cette division entre les souhaits et les effets. C'est certes qu'il n'a pas la tête kantienne ! Mais il contraint quand même Kant à admettre « qu'aucun homme ne peut avoir conscience avec certitude d'avoir accompli son devoir de façon tout à fait désintéressée ». Qui donc alors peut en juger ? Pour le scrupuleux, l'enfer c'est aujourd'hui. Si séparer n'est pas diviser, il n'empêche que l'expérience interne du représentable concernant le sujet est aussi peu valide que le témoignage qu'autrui nous confie sur lui-même. Comment exiger une représentation précise de quelque chose dont l'expérience est qualifiée d'incompréhensible, d'inexplicable, malgré les plus grands efforts sacrificiels ? Leibniz aurait dit qu'il s'agissait là d'une analyse avec un réquisit infini et que le sujet n'était pas maître de trouver une solution entière pour son rapport avec la somme de ses prédicats.

Force est alors de porter attention au sentiment, moral certes, pas physique, qui échapperait à toute prédication causale et qui n'a d'effet de retour sur la détermination qu'*a parte post*. Il faut que la loi morale existe en nous auparavant pour que nous acquérions la perception d'un sentiment moral qui l'accompagne ou la suit sans jamais la précéder, qui « enveloppe » la manière dont le sujet est affecté relativement au plaisir ou au déplaisir » (VI, 114).

Car il y a des fins concomitantes, qui apparaissent au paragraphe 86 de la dernière *Critique*, et qui disposent au sentiment moral dans la simultanéité : la reconnaissance, l'obéissance au sacrifice volontaire, l'humilité. Kant dit : « alors il sent en lui-même... il sent alors en lui... les reproches prennent en lui l'accent de la voix du juge ». Il est aussitôt précisé qu'il ne s'agit que de mobiles qui seraient « derrière ces sentiments », lesquels sont en relation immédiate avec la pure conviction. De plus ce sentiment moral est interprété aussitôt comme relevant de « l'intelligence morale » spontanée de cette fin concomitante dans son rapport à un Etre qui en est la cause originaire.

Il faut bien que le mal dans le monde soit radical, puisque la coupure entre nature et liberté ne laisse jamais apparaître quelque mobile qui puisse aider l'avènement de l'inconditionnalité obligataire. Cette exigence pose la liberté en position transcendante, retirant à la nature toute portée moralement pratique. Mais alors que penser du statut de tout ce qui, au delà du soupçon et du scrupule, nous fait entendre et voir cette immortelle inscription du devoir dans la conscience morale ? S'il n'y a pas de fin antécédente, doit-on supprimer tout motif sous prétexte que les mobiles restent trop imposés par la finalité du bonheur ? Pour Garve, Kant pousse à la limite les concessions à la *Gesinnung*. Dans l'expérience de l'individuation libertaire, la pure intention morale respectant le devoir par-dessus tout, élève et anime l'âme jusqu'à l'enthousiasme. La lutte contre le mal en est facilitée. « Le fait que l'homme soit conscient qu'il faut le faire parce qu'il faut le faire parce qu'il le doit (*weil er es soll*) ouvre en lui-même un abîme de dispositions divines (*eine Tiefe gottlicher Anlagen*) qui lui font éprouver une sorte de frisson sacré (*einen heiligen Schauer fühlen lässt*) face à la grandeur et à la sublimité de sa véritable destination » (VIII, 288). Il s'agit bien ici de « se représenter le devoir dans toute sa pureté », et il semble alors que le frisson sacré ne soit pas étranger à la disposition, certes, divine. Mais à nouveau, par cet interstice plongeant dans l'abîme de la conscience, on n'aperçoit là qu'un mobile qui « découle » de l'idée de devoir.

Quel est le statut d'un tel « frisson sacré » ? Sommes-nous dans le métaphorique ? On ne saurait se référer à une théodicée qui prendrait une tonalité enthousiaste. Pour que j'éprouve un tel frisson à titre de disposition, même divine, il faut bien que quelque modalité de l'âme nouménale soit affectée et qu'en correspondance quelque modalité du moi physique soit sollicitée. Peut-on confondre une telle « disposition divine » avec la fin possible du Bien universel ou l'Idée de l'Etre Suprême que l'intensité du respect postulerait au titre de quasi-présence ? Ce n'est pas dans un tel exposé introductif que l'on peut trancher de la question du sentiment moral, de son statut et de son fonctionnement. Mais force est de s'y référer, car tel est le support de l'espérance et de l'espoir.

Si la liberté est le moment essentiel de la « philosophie chrétienne » révélatrice de la pure foi de raison, si elle constitue une expérience incompréhensible et inexplicable, si l'individuation éthique ne s'obtient qu'au terme d'un effort de dénaturalisation, il n'en reste pas moins que *la* loi fonde *ma* liberté, et qu'en conséquence de ses effets sur la raison pratique, elle permet l'émission des postulats du possible religieux et politique. Si à partir de là, on en comprend les conséquences, rien n'intervient dans son antécédence, et la séquence elle-même est interrompue par l'irruption de l'acte libre. Ce n'est pas un mystère, c'est un fondement insondable qui ne nous est pas donné comme une connaissance. « Il reste que la liberté est justement ce qui, seul, nous mène infailliblement aux saints mystères, laquelle est appliquée à l'objet ultime de la raison pratique, la réalisation de l'Idée de la fin morale ultime ». Le *cru* pratique ne se met jamais en pleine lumière dans l'instant de l'entrée de la loi sous la formalité qui rend l'homme libre de tout mobile. Cette triple croyance en un Dieu créateur et saint législateur, conservateur et bienveillant souverain, administrateur de ses lois et juge intègre, a des caractères qui se retrouvent dans le concept du peuple comme communauté organisée selon la triplicité des pouvoirs.

Le *cru*, comme *habitus*, est le « mode de penser moral de la raison dans le fait de tenir pour vrai ce qui est inaccessible à la raison théorique ». C'est « un principe permanent du coeur », lieu commun où s'admet comme vrai « ce qu'il est nécessaire de présupposer pour la possibilité du but final moral suprême, à cause de l'obligation qui s'y attache. C'est « une confiance pour atteindre un but dont la réalisation est un devoir, mais dont nous ne pouvons apercevoir la possibilité de réalisation ». Le coeur est le lieu de l'insolubilité de la liberté, de l'incompréhensibilité de l'impératif catégorique, de l'inexplicabilité de la contrainte de la loi ». Mais qu'est-ce donc qu'une telle *Empfänglichkeit* ?

Soit, la foi de raison « se cache intérieurement » qui prend le pas philosophique sur la foi d'église, qui devient le critère herméneutique entre l'esprit de la parole et les balbutiements des lettrés, qui ouvre l'âme à la liberté loin des contraintes statutaires et rituelles.

Qu'est-ce que cette inscription de la loi dans notre coeur ? Force est de rouvrir le « Livre de la nature » du Vicaire savoyard. Car, explique Kant, ces dispositions sont tracées dans l'âme de l'homme « selon les caractères les plus épais et les plus lisibles » (*mit der gröbsten und leserlichsten Schrift*). Elles sont inscrites dans notre coeur littéralement ». Parfois Kant tempère d'un « comme si » l'appel à cette langue-pôle intime qui permet l'émergence d'une herméneutique de sainteté et non de chapelle. Or, non seulement nous « lisons » ces caractères, mais nous en « entendons » l'énoncé par une voix qui parle en nous. Comme le Vicaire savoyard, une double sensorialité est supposée, qui développe la lecture et l'écoute du livre de la nature. A supposer que ce ne soit que du métaphorique, pourquoi le développer au-delà d'un *comme si* dans le champ réalistique ? Certes l'Introduction A de la *Critique de la Faculté de juger* autorisait sur le plan transcendantique l'appel au *comme si* et au *possible* du perçu bien ordonné, mais ici tout se passe comme si le *cru* dépassait à son tour le perçu bien ordonné du jugement réfléchissant pour l'ouvrir à une téléologie chrétienne.

Si l'on pénètre la structure de l'espérance, la métaphorique devient l'avenir du survivant, qui donne son contenu à la spécificité du point 3 concernant la « philosophie théologique ». Est-ce seulement au titre des postulats de la raison pratique du point 2 que l'espérance trouve son fondement ? L'encouragement au descriptif de ces « sentiments moraux », de cette lecture et de cette foi, ne vient-il pas de la rencontre de ces signes institués qui rendent déchiffrable l'inconditionnalité de la loi ? Du coup l'individuation découvre à sa formalité un réceptacle matérialisé dans l'écriture interne, dans ce graphisme sacré qui repose dans une autre spécificité que celle du bonheur et qui confère au genre humain dans sa totalité universelle la clé de l'interprétation religieuse et politique. Le champ transcendantique de l'Introduction A appelle un nouveau territoire : celui où, dans la nature, à sa jonction avec la liberté, s'investit une culture du Livre ou du Code, celui par lequel la rationalité prend en charge l'herméneutique du sacré et de l'humain, dont le reste est inscrit en chaque homme à titre de nature-pivot, *antérieurement* à tout acte libre.

Un tel graphisme peut-il servir de fin antécédente ou de motif autorisé pour la juste disposition à la loi ?

Le *focus imaginarius* du champ transcendantique permettait l'exercice de la fonction anticipatrice du jugement réfléchissant qui répercute sur la nature et sur la saisie nouménale le contre-effet des postulats de la raison pratique. Cette amphibolie heureuse permet un réinvestissement leibnizien de la finalité qui va de la dynamique au principe de raison suffisante. Le domaine conquis par l'Introduction A est précisément communiqué à l'ami Beck le 18 août 1793, entre la parution de la *Religion* et de *Théorie et pratique*. Non publiée, cette Introduction A justifiait le concept du possible, s'intéressait à la connaissance du particulier et du merveilleux, substituait à la saisie du divers celle de la *Zusammensitzung* et de l' « autonomie » du jugement. Bref, le champ de l'expérience perçue, pour variée et diverse qu'elle soit, présente une organisation ordonnée, vivante et spontanée, qui n'est pas un résultat du jugement, mais qui vient de sa nature réfléchissante. Or, dans sa note de la seconde édition de la *Religion,* Kant ira jusqu'à parler de « foi réfléchissante » opposée à la foi dogmatique (VI, 52-53). Nous sortons donc du domaine du jugement, et même du jugement naturel, dont la troisième *Critique* décrit l'ampleur. Du naturel, la raison saisit, dans la limite de ses pouvoirs, le surnaturel. Ainsi « un concept déterminé de la religion » (VI, 8) prend une valeur phénoménologique, d'autant plus que la seconde Introduction à la *Religion* confirme qu'il n'est nul besoin de se référer ni à la *Critique de la raison pratique*, ni à celle de *la raison pure,* pour en constituer le concept, ce qui serait analytiquement impossible, et qu'il y suffit de « la morale commune ». Si le transcendantal ne peut oeuvrer hors du jugement déterminant et si le transcendant reste hors de toute faculté de connaître, le transcendantique appliqué à la nature, saisit du moins un ordre du perçu et du monde.

Or nous voici en présence d'un *focus fidei* dans le *cru* et dans l'*agi*, qui développe autant d'automates systémiques péri-transcendantiques adaptés à la particularité de la pensée du surnaturel et de la pensée du communautaire, du croyant, de l'honnête homme, du politique et du cosmopolitique. Force est d'« accepter l'incompréhensible » (VI, 53), dont on attend « quelque chose » qui viendra en aide à la bonne volonté, aux prises avec un monde qui est plus que possible et dont l'analogie réalistique se fonde dans l'effectivité.

Le transcendantique permet cet « élargissement », et maintenant ce « dépassement » (on « dépasse » beaucoup dans ces deux écrits). Les membrures concernées sont celles de l'homme perçu en commun : même le plus réfléchissant des jugements ne peut en établir le *dominium* sur ce terrain du collectif où l'Ecriture est reine, devient l'objet, qu'elle soit confessionnelle ou constitutionnelle, référée à *un autre pouvoir* que celui de la raison s'individuant moralement. Il ne s'agit plus de la personne, mais de la communauté de croyance ou d'action. Le possible du transcendantique permet d'aborder l'étude de ce que l'homme pourrait créer s'il en avait le plein pouvoir, et à quoi il se rattacherait comme membre. Mais ce qu'il pourrait créer n'est pas un pur possible, c'est un conditionnel, qui exige le consentement des acteurs, qui fait passer la singularité de l'acte inconditionnel au conditionnement du pluriel. Du coup le *cru* et l'*agi* ont tendance à passer du *comme si* au *tout comme*.

Que la morale conduise à la religion, rien de plus assuré selon l'« élargissement » qu'elle suscite jusqu'à l'Idée d'un législateur moral tout-puissant, contenant dans sa volonté la fin ultime de l'homme. Le concept du devoir compris dans la morale est « dépassé » par la proposition « Dieu existe, donc il existe un souverain Bien dans le monde » : c'est là une proposition synthétique *a priori*, reçue au point de vue pratique, non analytique. Mais « comment une telle proposition peut-elle être *a priori* possible ? » (VI, 6-8). L'indication que donne Kant à ce sujet est au fondement métaphysique de l'ouvrage. La fin est toujours l'objet d'une appropriation alors que la loi reste objet de respect. Une fin objective nous est imposée par la simple raison, alors qu'une fin ultime contient en elle la condition indispensable et suffisante de toute les autres. La fin ultime subjective est le bonheur et ses fins se décrivent en raison de propositions synthétiques *a priori*, mais empiriques, concernant un devoir-avoir, fournissant un conditionné axé sur une appropriation réalistique de nature.

Si la fin ultime s'objective par la proposition du plus grand bien possible dans le monde, on atteint alors un principe conditionnant, objectif, pratique, synthétique et *a priori*, certes imposé par la raison pratique, mais qui « dépasse » le principe de raison simplement pratique exprimée dans le devoir, et qui ne peut en être dérivé analytiquement, sa conséquence n'étant pas comprise dans le concept de la loi morale. Car les lois morales ordonnent absolument, quel que soit le résultat ; elles obligent à faire abstraction de l'objet : elles font du devoir un objet de respect indépendant des fins. Mais la disposition naturelle de l'homme, qui peut-être suspendue, mais non écartée, fait de soi un objet d'expérience, attend cette fin et procure au concept de moralité, au terme de cette synthèse *a priori*, une réalité objective dans son statut purement pratique, sans la faire dériver vers un objet de nature ou de savoir. Car ce sublime du synthétique *a priori* « devient petit entre les mains des hommes quand ils en forment l'Idée à leur image ». Avec le *cru*, la foi réfléchissante qui passe du *comme si* du jugement au *tout comme* (analogie), pose un auteur de l'Ecriture ou du Code conditionnellement, la condition se réalisant dans l'affirmation d'existence plus que possible de Dieu, puisque l'objet de la foi la pose comme réelle.

Si aucune de ces fins n'adhère à l'acte constitutif de l'individuation, la question d'un mal absolu ne risque-t-elle pas d'avoir pour corollaire une théologie néantiste ? Si rien n'est énonçable de la nature de Dieu, c'est que nous sommes dans le contexte de l'absence de toute proposition concernant une affirmation d'existence. S'il n'y a que le retour des postulats pratiques pour légitimer le possible, on peut alors distinguer entre l'affirmation du réel et la connaissance du réel. Si « Dieu existe » n'est pas une proposition assertorique, elle est livrée aux approximations démonstratives qu'en construisent les grammatologies flottant sur l'état des moeurs, eût dit Dom Deschamps. L'expérience du *cru* ne permet-elle à la foi de raison aucune affirmation réalistique immédiate ? S'il y a une zone propre de l'espérance dans la joie, non dans le respect, dans l'adoration, non dans l'obéissance, ce n'est pas pour rester au niveau du jugement réfléchissant, qui ne saurait aller jusqu'à conférer l'être au *comme si*. L'inconditionnalité ne nous laisse-t-elle pas en abîme sur la présence de ce qu'elle affirme aussi bien que sur notre propre contenu ? C'est là sans doute que l'affirmation et l'adoration de la formalité, si elle fonde le *quoad formale* de l'acte libre, en évince tout *quoad materiale*, aussi bien du côté du conditionnant que du côté du conditionné. On ne se connaît pas soi-même, on ne connaît pas autrui, on ne connaît pas Dieu. On touche ici aux frontières de la nescience, puisque rien n'est affirmable de Dieu, que ce qui nous en revient par les postulats de la raison pratique. Pourquoi n'y a-t-il pas de causalité propre au nouménal, sinon parce que tout est rien ? Mais alors, le soupçon rebondit de ma propre conscience à la conscience du *cru* : si aucune écriture ne m'est possible pour en rendre l'être, alors je n'ai plus de recours que l'Ecriture qui en révèle, sans possibilité de comprendre, les attributs et les avatars. Or il y a bien une expérience de l'Ecriture, puisqu'il y a des facultés et puisqu'il y a de l'herméneutique.

N'y a-t-il pas une objection, plus radicale que celle de Garve, telle qu'elle récuse la suffisance dont se satisfait Kant pour éliminer tout éclairage sur l'expérience interne, sous prétexte qu'elle est non représentable ? Tout causal doit-il être représentable ? N'y a-t-il pas des fins antécédentes qui affectent le nouménal, qui jouent en nous, sans nous, malgré nous. L'expression est aussi bien de Kant que de Malebranche. Les jansénistes, surtout selon la tendance de Pascal et de Barcos, avaient une théologie de la liberté aussi peu réductible que possible à une grâce d'entendement ou à un entendement de la grâce. La rupture avec Malebranche date du moment où ce dernier, le 8 juin 1678, a ouvert le siècle des Lumières en déclarant que la lumière concernait aussi bien le gouvernement des volontés particulières dites d'élection et de grâce, que le gouvernement de la nature, et que, dans l'un et l'autre cas, la grâce efficace aussi bien que les cinq lois de la Providence, étaient soumises à un ordre général de la raison universelle. Malebranche se battait encore contre Arnauld en opposant l'idée du devoir à la modalité, l'inconditionnalité de l'obligation au sentiment moral. Mais l'oeuvre dernière tentait de mettre en place, au prix d'une révision considérable, la question : comment l'idée principielle du devoir peut-elle toucher si elle est purement représentative ? Je dirais de même pour Kant : comment l'Idée, postulat de la raison pratique, peut-elle se réfléchir en sentiments moraux si elle est purement représentative ? Ou bien on se situe dans le pur nouménal, et il est vain d'invoquer une nature ou des dispositions. Ou bien on a une anthropologie en vue, et il conviendra de répondre à deux questions : comment la Loi, si son inscription n'a aucune vertu physique, peut-elle agir au point de provoquer l'effet réfléchissant qui justifie le recours final au bonheur objectif ou subjectif ? Et, comment la loi se fait-elle reconnaître de la liberté à laquelle elle confère sa forme ? Ne fallait-il pas pour aborder ces questions se demander comment l'énoncé de la loi nous touche, puisque, bien que supra-sensible, il n'est indifférent ni dans sa présence, ni dans ses effets postulants. Quel est dès lors, si seule l'individuation nouménale est en jeu, la manière dont la loi se fait reconnaître par la liberté, et dont l'effort est averti de sa pleine saisie, pour laisser place, sinon à sa jouissance, ce qui ne conviendrait en rien au respect kantien, du moins à sa manifestation pour moi ?

Je veux dire par là que, rencontrant des difficultés architectoniques similaires, Malebranche, qui n'est pas Kant, n'avait pas hésité à orienter sa science de l'homme terminale vers une connotation fruitive qui trouvait sa pleine justification dans les amendements du système.

Sa première conception de l'ordre universel, commandant le respect moral, faisait, elle aussi, abstraction par humilité et pénitence, de la manière dont la grâce de pure lumière peut nous toucher et se faire identifier comme modalité spirituelle et physique. Malebranche n'hésita pas à modifier des structures aussi centrales que la relation oppositionnelle ancienne entre idée et sentiment pour infiltrer dans l'oeuvre une relation à modèle infiniste entre perception pure et perception sensible. Du coup, une grâce prévenante devenait admissible et l'acte transcendant de la liberté trouvait son incarnation en devenant un consentement donné ou non, au mouvement d'une volonté qui nous porte toujours à aller plus loin, précisément vers la plus grande totalité du Bien universel possible. Le désir d'être heureux pouvait à cette condition joindre la nature à la grâce en contribuant *ab ante* par un sentiment prévenant et indéterminé à l'exercice concret de la liberté. De plus le désir d'être heureux trouvait sa justification systématique par la révision d'un amour de complaisance, qui pour être de soi, n'en était pas moins fondé dans l'acte trinitaire *ad intra*, dont l'effet se retrouvait ainsi *ad extra* dans la créature. Un sentiment moral et religieux devenait dès lors licite par sa fruitivité même et le Vicaire savoyard en reste bien plus proche que Kant ne peut l'être. Une satisfaction déterminante, disait Malebranche, qui incline sans nécessiter, permet d'instruire la réponse de la philosophie chrétienne à la problématique de la prédétermination en expliquant pourquoi la loi morale nous plaît par son devoir-être : « Mais pourquoi ne voulez-vous pas (n'ont pas su dire Garve ni Gentz), que j'appelle motif le désir du bonheur, puisque ce désir meut tellement la volonté que tous les autres motifs ne la meuvent que par lui... le désir d'être heureux n'est point un motif libre... ce n'est point un motif de ma façon et de mon choix, c'est un motif naturel que Dieu met sans cesse en moi, et qu'il ne met pas en moi afin que je m'arrête en moi, que je me repose et que je me complaise en moi, mais afin que je sorte de chez moi ».

La science de l'homme de Malebranche repose sur une herméneutique occasionnaliste philosophiquement constituée. Kant fait appel à des éléments de même style. Si la définition du mal radical vient de ce qu'il corrompt le fondement de toutes les maximes, rien ne peut échapper dans l'état de chute à l'interversion de l'amour de soi et de la loi morale. La perversion du coeur désigne une origine rationnelle, et non seulement un modèle pré-temporel de l'Adam primitif (VI, 37, 58). Or, pour Malebranche, si le renversement de l'ordre éthique et de l'ordre de la nature a eu lieu et maintient sa pression vicieuse, la nature en tant que telle est restée ordonnée au bien et se manifeste dans le jugement naturel perceptif aussi bien que dans le sentiment moral appréciatif. Malebranche a toujours refusé les tendances baianistes selon lesquelles la nature eût été entièrement perturbée. Il eût répondu à Kant que, pour radical que soit le mal, il est certainement dans l'interversion de la loi du corps et de la loi de l'esprit, mais que, en son genre, la loi du corps reste subordonnée aux règles physiques et corporelles, et que seul le psycho-physique est renversé. Aussi l'anthropologie malebranchiste pourra-t-elle se développer dans la triple direction de l'Adam primitif, de l'Homme-Dieu incarné, des corps glorieux. Il y avait la même distance entre les écrits de Descartes et la *Recherche* dès 1674 interprétant l'Ecriture à la manière occasionnaliste, qu'il y en a entre les trois *Critiques* et ces textes de Kant qui intègrent l'Ecriture.

Malebranche en avait profité, aussi bien que le Vicaire savoyard, pour dissocier le respect de l'obéissance. Le respect reste dû à la loi morale inconditionnelle, et il est d'autant plus répercutable sur les représentants du pouvoir civil et ecclésiastique que leur accès aux Conseils de la Raison (avec l'accès aux Conseils de la Régence, cette pré-révolution de 1716 déclenchée par les enseignements du *Traité de morale*) demeure, comme pour tout homme, soumis à l'ordre universel. Ce sentiment est d'autant plus vif qu'il est soutenu par le désir d'être heureux et que la complaisance divine dans son acte interne se retrouve *ad extra* dans ses représentants.

Mais l'obéissance en est dissociée. Pour une raison très simple : puissants ou misérables ont le même accès à la Raison universelle qui est en chaque homme, et si quelque prince de l'Etat ou de l'Eglise s'éloigne de la Raison, alors la désobéissance ouverte est licite, afin que l'ordre soit respecté. Cet amour de l'ordre imprègne l'anthropologie malebranchiste et permet la construction des modèles dont nous parlions.

Un tel rappel comparatif permet de mesurer la portée du blocage kantien sur les questions de la rébellion, de la sédition, de la suppression du monarque (par meurtre passionnel ou assassinat légal) ou de l'impossibilité de la révision constitutionnelle. Que le droit a priori, en relation avec les impératifs de la morale et les postulats de la raison pratique, permette de simuler une foi ou une politique de raison, va de soi s'il s'agit de lier le souverain du *Léviathan* à son peuple par un contrat originaire. Mais il faut bien admettre que Kant dresse un écran infranchissable si les termes d'une Constitution de fait restent préférables au rétablissement de la Constitution de droit.

Alors qu'une foi de raison peut-être élaborée, où se trouve l'équivalent d'une politique de raison ? Si l'obéissance reste le critère du *cru* et de l'*agi*, le respect devient rigide et l'histoire se met à avancer aveuglément, comme elle le fait en ce mois de mai 1793, sans pilote et sans phare, devant ce « spectateur » que la liberté de penser et d'écrire recouvrée sous le troisième Frédéric, conduira imperturbablement à « une obéissance d'autant plus empressée », qu'elle restait indemne de tout désir d'être heureux. Il est vrai qu'alors Siéyès revenait au pouvoir du Directoire pour en aménager la Constitution, et que des amis communs allaient en traduire les oeuvres et en rapprocher ces textes de Kant.

NOTE

Le concept interprétatif de « transcendantique », disposé comme élément central de l'automate systémique qui voit le jour dans l'architectonique de l'oeuvre de Kant avec l'Introduction A de la CFJ, a été présenté dans « L'amphibolie de l'amphibolie, moteur du destin de la philosophie transcendantale », Actes de la Décade de Cerisy, pour la commémoration du second centenaire de la CFJ, 1791-1991 (à paraître). Nous renvoyons également à nos études sur Rousseau, « Lexicographie philosophique de Nature dans la Profession de foi... », in *Etudes sur le XVIIIème siècle*, n°5, 1978, pp. 23-42 (Ed. Univ. Bruxelles) ; « Lexicographie d'Ordre de la Nature dans la Profession de foi... », in *Revue Internationale de philosophie*, sur Rousseau-Voltaire, n° 124-125, 1978, pp. 238-259 ; « Lexicographie philosophique et paléographie à propos d'Ordre dans la Profession de foi... », *Annali, Studi Filosofici*, I, 1978, Naples, pp. 39-76.

Il se trouve que, dans le discours des rencontres qui se suivent, il m'a fallu traiter de « La philosophie politique de Lavoisier », selon la même approche, dans les événements survenus un an plus tard (8 mai 1794, Lavoisier guillotiné). La pensée politique de Lavoisier tient, elle aussi, à des considérations de non-résistance à la constitution en place. A paraître dans les *Actes de la Commémoration du Bicentenaire par l'Académie des Sciences.*

De plus, vient de paraître mon livre *G. W. Leibniz : le meilleur des mondes par la balance de l'Europe*, Paris, PUF, 350 p., qui procure maintes références utilisées par Kant.

COSMOPOLITISME ET DROIT DES GENS

L'ESQUISSE DU DROIT INTERNATIONAL

DANS *THÉORIE ET PRATIQUE*

Simone GOYARD-FABRE

L'article que l'on cite couramment sous le titre *Théorie et pratique*[1] fut publié en septembre 1793 dans la *Berlinische Monatsschrift*. En fait, de l'aveu répété de Kant lui-même[2], il avait été conçu un an plus tôt. Il n'est donc pas possible de déchiffrer en cet opuscule un tournant de la pensée juridico-politique de Kant consécutif à l'épisode de la Terreur montagnarde. Certes, la Révolution française a eu lieu et l'on sait combien elle a ébranlé Kant[3] ; on comprend aussi que les étapes révolutionnaires qui se sont rapidement succédé jusqu'en 1792 et qui ont concerné non seulement la France mais l'Europe aient bousculé l'idée que le philosophe s'était faite de la téléologie historique. Mais l'objectif direct de ces pages, malgré leurs dates de conception et de publication, n'est pas exactement de réfléchir sur la Révolution française. Certes, celle-ci est alors tout près, depuis le tournant qu'ont marqué, en 1792, la guerre étrangère et l'abolition de la royauté, de révélcr le hiatus pathétique que le jugement et l'exécution de Louis XVI puis la dictature du Comité de Salut public, auraient ouvert, dit-on alors couramment, entre la théorie et la pratique politiques. Mais Kant n'écrit pas un texte circonstanciel ; son projet est « systématique » : en anticipant sur divers thèmes que développeront, en 1795, l'*Essai sur la paix perpétuelle* et, en 1796, la *Doctrine du Droit*, il entend situer à leur juste place dans son corpus critique et, par là même, affiner plusieurs concepts de sa philosophie pratique. Pour ce faire, il se place tour à tour, dit-il, aux trois points de vue[4] de l'homme privé (*Geschäftsmann)*, de l'homme politique (*Staatsmann)* et de l'homme du monde (*Weltmann)* en tant que, « hommes pratiques », ils s'en prennent à « l'homme d'école » qui, selon eux, « pédant impropre à la pratique », se complaît dans la théorie. Kant ayant, dans cette perspective, répondu à Garve sur la question de la *morale en général*, puis à Hobbes sur la

1. Le titre exact est : *Sur l'expression courante : il se peut que cela soit juste en théorie, mais en pratique cela ne vaut rien.*

Nous citons d'après les traductions de L. Guillermit, Vrin, 1967 et de L. Ferry, in Bibliothèque de la Pléiade, tome III (le texte allemand se trouve au tomeVIII de l'Edition académique de Berlin).

2. *Lose Blätter*, lettre à Biester en date du 30 juillet 1792.

3. Nous renvoyons à notre article « Les Lumières ont-elles préparé la Révolution française ? » in *Cahiers de philosophie politique et juridique*, n° XVI : *La Révolution française entre Lumières et romantisme*, 1989, p. 21-45.

4. On sait l'importance que Kant attache à la notion de « point de vue » (*Standpunkt*) dans l'ensemble de son oeuvre philosophique.

question du *droit politique*, répond à Mendelssohn sur la question du *droit des gens.*

Je consacrerai ici quelques réflexions à la troisième section de l'ouvrage. Très brève[5], elle se donne pour objet d'examiner, en se plaçant à un *point de vue philanthropique universel,* comment une *Constitution cosmopolitique* fonde le *droit des gens* dont l'humanité tout entière a besoin.

On ne peut pas ne pas être frappé par la disproportion entre l'ampleur planétaire du problème abordé et la brièveté des pages qui lui sont ici consacrées. Or, dans l'extraordinaire densité de ce texte — placé, de surcroît, sous le signe de la polémique — Kant, sans perdre de vue la question des rapports de la théorie et de la pratique, exprime une éblouissante intention programmatique : conférer à la prospective de l'internationalisme juridique qui, depuis longtemps, lui apparaît comme nécessaire à l'accomplissement de la destination de l'humanité, les assises fondatrices qui le désignent comme un pan du progrès culturel du genre humain. La perspective, on en conviendra, est d'une ampleur vertigineuse. Kant, il est vrai, a déjà sensibilisé son lecteur à l'immensité d'un tel problème. Aussi bien, partant de l'hypothèse de la philanthropie universelle qu'implique le progrès indéfini de la culture, il explique pourquoi et en quoi l'accord est possible entre les requisits fondamentaux d'une constitution cosmopolitique et le dispositif normatif d'un droit international conçu dans un cadre fédéraliste. Suivons-le en sa démonstration, en situant sa démarche et son argumentation par rapport aux idées de son siècle.

I. — L'HYPOTHESE DE LA PHILANTHROPIE UNIVERSELLE OU L'ANCRAGE TELEOLOGIQUE DU DROIT DES GENS

Pour la pensée des Lumières, l'humanité a, de manière générale, constitué le souci et l'espérance de l'homme. Mais Kant ne s'en tient pas aux perspectives des *Aufklärer*[6]. En 1793, après les trois *Critiques*, il maîtrise parfaitement tous les paramètres de sa philosophie dont l'horizon transcendantal est affirmé depuis 1781. Il voit ainsi très clairement que sa philosophie pratique suppose la finalité. Autrement dit, elle postule un idéal pour les actions humaines. La question de l'homme que présuppose dans la philosophie pratique toute problématique éthico-juridique est donc pour Kant inséparable de sa philosophie de l'histoire et, plus précisément, de sa conception du progrès. C'est pourquoi, s'interrogeant sur le problème du droit des gens si souvent abordé depuis deux siècles par les jurisconsultes, il entend montrer que cette figure juridique ne prend sens et consistance que si son concept est philosophiquement ancré dans l'idée d'un progrès téléologiquement tendu vers « un amour universel pour l'humanité ».

5. Dans le tome VIII de l'Edition de l'Académie de Berlin, p. 275-306 ; dans l'édition Vrin, p. 51-59 ; dans la Pléiade, p. 251-291.

6. Frédéric II, roi de Prusse, était mort en août 1786 ; depuis lors, une réaction violente se manifestait contre les tendances des Lumières.

Mais pour admettre cela, il faut trancher la question de savoir si l'hypothèse d'une philanthropie universelle — « aimer le genre humain dans son ensemble » — est bien fondée. Autrement dit, il faut répondre à une autre question : savoir s'il existe dans la nature humaine des raisons de croire au progrès susceptible, en sa marche constante, de conduire l'homme vers le bien. L'homme porte-t-il en lui des dispositions qui autorisent à conclure que l'espèce progressera toujours vers le mieux et que « le mal des temps présents et passés se perdra dans le bien des temps futurs » ?

Cette interrogation permet aussitôt de mesurer ce en quoi Kant se sépare du dogmatisme des jurisconsultes de son temps qui, tous, se disent attachés à l'idée d'un droit naturel paradigmatique comme ultime référence du droit des gens. S'il est vrai que le droit des gens est l'une des expressions de l'humanité de l'homme, la compréhension de son concept doit, selon Kant, passer par la démarche critique qui en dégage les conditions de possibilité et de validité. Il faut donc, en l'inscrivant dans la marche progressive de l'histoire, mettre au jour l'hypothèse de l'universelle philanthropie qui en porte le sens et la valeur.

1. La marche progressive de l'histoire

La thématique du progrès, si souvent rencontrée par Kant dans sa philosophie de l'histoire, a hanté le XVIIIe siècle. Tout spécialement, l'une des plus grandes figures de l'*Aufklärung*, Moses Mendelssohn[7], s'était opposé, en 1783, dans sa *Jerusalem*[8], aux idées de Lessing sur le progrès, individuel ou collectif, telles du moins qu'elles étaient formulées dans l'*Education du genre humain*[9]. Ce n'est pas ici le lieu d'exposer la querelle entre les deux auteurs, pourtant amis[10]. Il suffit de rappeler qu'elle est à l'origine du débat sur l'*Aufklärung* que rapporte, en 1784, la *Berlinische Monatsschrift* où se succèdent, en septembre, l'article de Menselssohn *Que signifie Aufklären* ? et, en décembre, l'article de Kant *Qu'est-ce que l'Aufklärung ?* Kant est d'autant plus attentif à ce qu'écrit Mendelssohn que le débat sur les Lumières se double de la retentissante « querelle du panthéisme » qui oppose cet auteur à Jacobi. En cette situation complexe, Kant qui, parfois, a loué Mendelssohn, s'était déjà séparé de lui en 1786 dans *Qu'est-ce que s'orienter dans la pensée ?* En 1793, il exprime son net désaccord sur la position de Mendelssohn contre Lessing à propos du perfectionnement de l'humanité et des dispositions de la

7. Moses MENDELSSOHN (1729-1786) était connu comme l'un des personnages les plus marquants de la communauté juive d'Allemagne.

8. Moses MENDELSSOHN, *Jérusalem ou pouvoir religieux et judaïsme,* 1783.

9. A vrai dire, Gotthold Ephraïm LESSING (1729-1781), n'a jamais reconnu la paternité de l'ouvrage intitulé *Die Erziehung des Menschengeschlechts* dont il a seulement signé la préface. L'énorme succès de ce livre ne suffit pas à lever cette incertitude.

10. E. LEVINAS, qui a préfacé la traduction de la *Jérusalem,* va jusqu'à estimer que, dans cet ouvrage, les thèses de Mendelssohn peuvent être opposées point par point à celles de Lessing dans l'*Education du genre humain.* Il songe surtout au judaïsme et aux croyances religieuses en quoi Mendelssohn voit non pas le résultat d'une révélation surnaturelle, mais la lumière même du « bon sens ». En ce qui concerne le thème du progrès, la position de Mendelssohn se résume en une phrase lapidaire : « Pour ma part, je n'ai aucune idée de cette éducation du genre humain que mon défunt ami Lessing s'était laissé mettre en tète par je ne sais quel historien de l'humanité ».

nature humaine qu'il révèle. C'est en ce désaccord que la question du droit des gens trouve ses racines. Rappelons-en brièvement la substance.

Mendelssohn estimait « chimérique » la thèse de Lessing selon laquelle, « dans la suite des temps », l'humanité dans son ensemble allait toujours de l'avant en se perfectionnant, considérant quant à lui que le genre humain, comparable au rocher de Sisyphe, « oscille constamment entre deux bornes fixes » et, de la sorte, conserve à toutes les époques « le même niveau de moralité, la même mesure de religion et d'irréligion, de vertu et de vice, de bonheur et de misère »[11]. Ce « fait » une fois constaté, on ne saurait, estimait-il, aimer l'espèce humaine pour sa « constante approche du bien ». Mendelssohn biffait par conséquent l'idée de progrès et, corrélativement, refusait l'idée d'un amour universel de l'humanité puisque celle-ci patauge constamment dans un marécage où se mêlent le mal et le bien.

Or, Kant se déclare « d'un autre avis ». Le spectacle d'un genre humain qui, périodiquement, s'élève à la vertu pour retomber peu après dans le vice et la misère est « peut-être émouvant », concède-t-il ; mais, à la longue, cette « éternelle monotonie se transforme en farce » ; surtout, l'accumulation des vices, les vertus fussent-elles présentes parmi eux, fait douter de la sagesse du Dieu qui a créé le monde et le gouverne. Kant répond par conséquent à Mendelssohn que le progrès de l'humanité peut, certes, être *parfois interrompu, mais jamais rompu.*

En cette réplique, se condensent les idées qu'il avait développées en 1785 dans le compte rendu de l'ouvrage de Herder consacré à une philosophie de l'histoire de l'humanité : « la marche en avant » de l'humanité ne s'arrête pas[12]. Dans un autre texte, que Kant commence précisément en 1793 afin de répondre à la question mise au concours par l'Académie de Berlin sur « les progrès de la métaphysique », la même thèse se retrouve, en laquelle Kant apporte, comme dans *Théorie et pratique,* une précision d'une extrême importance : il « admet », dit-il, la progression constante de la culture et de la moralité. L'idée de progrès est ainsi dotée de son véritable statut philosophique : elle n'est établie par aucune théorie et ne saurait être pour la raison pure pratique qu'une « hypothèse »[13]. Si l'on ne peut « prouver au point de vue théorique la réalité objective de cet idéal », du moins s'agit-il d'une idée « pensable » et, « au point de vue moralement pratique, la raison y trouve entière satisfaction ».

---

11. KANT cite la *Jérusalem*, 2ème éd., p. 46.

12. Compte rendu de l'ouvrage de HERDER : *Idées en vue d'une philosophie de l'histoire de l'humanité,* 1785, in *La philosophie de l'histoire*, traduction Piobetta, Aubier-Montaigne, 1947, p. 107 ; cf. p. 124 où Kant parle du progrès et du développement « incessants » de la culture ; et p. 126 : « Le philosophe dirait pour son compte : la destinée du genre humain considérée dans son ensemble est une *ascension continue* ».

13. KANT, *Progrès de la métaphysique en Allemagne depuis Leibniz et Wolff,* traduction L. Guillermit, Vrin, 1968, Projet II, p. 71.

2. L'hypothèse du progrès et de l'universelle philanthropie

Selon cette hypothèse, la téléologie morale oriente les hommes, conformément aux lois de la liberté, vers le souverain bien. Une telle proposition, qui implique à la fois le progrès de la culture et de la moralité, n'a pas besoin de preuve ou de démonstration. Elle s'appuie, dit Kant, sur « le devoir inné » d'agir pour les générations futures. Certes, il se peut que l'histoire empirique incite à jeter quelque doute sur l'espérance du mieux à venir. Mais, à cette incertitude dérivée des désordres de l'expérience, Kant oppose une certitude rationnelle : du fait que quelque chose n'a pas encore réussi, on ne peut conclure que cela ne réussira jamais. C'est dire que « par l'expérience, on ne peut immédiatement résoudre le problème du progrès »[14]. C'est la raison qui impose comme un impératif pratique la maxime de l'hypothèse finaliste. Il apparaît dès lors que l'histoire empirique ou phénoménale est pensée et évaluée comme progrès à partir d'une maxime rationnelle pure porteuse des exigences de la normativité. Aussi « l'espérance en des temps meilleurs » va-t-elle de pair, comme un devoir, avec l'amour du genre humain : celui-ci est pour ainsi dire le substrat des intentions pragmatiques (ou d'ailleurs aussi bien techniques[15]) des hommes.

Il nous fallait insister, comme Kant lui-même le fera dans *Les progrès de la métaphysique,* sur le caractère d'*hypothèse rationnelle pratique* attribué au principe que le philosophe oppose aux propos pessimistes de Mendelssohn. En cette hypothèse, s'exprime un requisit critique qui a valeur d'exigence *a priori*. Dans les brouillons du *Conflit des Facultés*[16], Kant sera d'une netteté incisive : le progrès de la culture et de la moralité « procède d'une Idée de la raison pratique » qui, seule, le rend « possible ». Et, comme dans les textes antérieurs (*Idée d'une histoire universelle d'un point de vue cosmopolitique*, 1784) ou postérieurs (*Essai sur la paix perpétuelle*, 1795 et *Conflit des Facultés* 1798) invoquant en la matière la suprême sagesse de la Providence, la raison pratique apparaît ici comme la *ratio cognoscendi* de la Providence et la Providence comme la *ratio essendi* de la raison pratique[17].

L'universelle philanthropie accompagne comme son double l'idée du progrès et de la perfectibilité sans bornes du genre humain parce que celle-ci n'exprime rien de moins que la disposition morale de l'espèce[18]. Elle est ainsi soutenue par la téléologie naturelle. Par conséquent, dans l'histoire de l'humanité, les actions empiriques ne peuvent être évaluées que d'après la fin voulue pour l'humanité par la nature .

L'intérêt des premiers paragraphes de la troisième section de *Théorie et pratique* ne réside pas seulement dans l'argumentation polémique que Kant

14. *Conflit des Facultés*, 2ème Section, 4, traduction Gibelin, Vrin, p. 98.

15. Kant prend comme exemple les voyages aériens avec des ballons aérostatiques.

16. cf. Edition académique de Berlin, tome XXIII.

17. cf. A. PHILONENKO, « L'idée de progrès chez Kant », *Revue de Métaphysique et de Morale*, 1974, n° 4, p. 453.

18. cf. *Conflit des Facultés, éd. cit.* p. 94-95.

dirige contre l'abdéritisme sisyphien de Mendelssohn[19]. Il est bien plutôt de répéter l'idée-force de la philosophie critique : on peut d'autant moins négliger, lorsqu'il est question de l'homme, les impératifs de la raison pratique que, le devoir étant l'unique support de la liberté[20], l'usage pratique de la raison est plus profond que son usage spéculatif. Or, l'exigence *a priori* de la raison qu'enveloppe l'hypothèse transcendantale de l'universelle philanthropie conduit Kant à l'idée d'une Constitution cosmopolitique.

II. — L'IDEE D'UNE CONSTITUTION COSMOPOLITIQUE OU LA FONDATION PURE DU DROIT DES GENS

Le 2 avril 1793, Fichte écrivait à Kant[21] : « mon âme est dévorée par une grande pensée : résoudre le thème des pages 372-374 de la *Critique de la raison pure* ». Ces pages[22], qui portent sur la fondation rationnelle du droit politique, disent avec une netteté exemplaire le lien du droit, de la liberté et du progrès. Dès 1781, elles signifient que le problème politico-juridique n'a rien d'une question liée à la conjoncture événementielle ; dans la mesure où la doctrine du progrès qu'il présuppose est liée à la morale rationnelle, ce problème appartient aux questions *fondamentales* qui surgissent avec le criticisme. Cela suffit à indiquer l'altitude à laquelle Kant se situe pour l'examiner : le principe téléologique n'est pas pour lui un principe objectif[23], mais « un fil conducteur pour le jugement »[24]. Il en résulte d'une part que la marche du progrès ne pouvant, dans cette perspective, être envisagée en son empiricité généalogique, il en faut capter le sens de manière systématique[25] en allant jusqu'à ses fondations ; il en résulte d'autre part et corrélativement que la dynamique de la raison pratique excluant dans l'histoire de l'humanité tout immobilisme (et même tout conservatisme), la démarche criticiste met en évidence, par le truchement du jugement réfléchissant, le besoin pour la raison de penser les *exigences* d'une Constitution cosmopolitique.

L'idée de cosmopolitisme puise, bien entendu, à des sources historico-culturelles : le rêve universaliste de l'Empereur Alexandre et, à l'heure de

---

19. La seconde section du *Conflit des Facultés* réitère la question de savoir si le genre humain est en constant progrès vers le mieux. Kant estime alors — cinq ans après *Théorie et pratique* — qu'il existe trois conceptions prédisant l'avenir de l'humanité : le terrorisme moral, l'eudémonisme ou chiliasme et l'abdéritisme (p. 96-97) à propos duquel il emploie l'image du rocher de Sisyphe qui lui sert, précisément en 1793, à résumer, dans le texte que nous examinons, la position de Menselssohn. — Rappelons qu'Abdère était une ville de Thrace sur la mer Egée ; elle était la patrie de Démocrite et la théorie atomistique de son école l'avait rendue célèbre. Kant transpose hardiment l'idée du mouvement répétitif et stationnaire des atomes dans le domaine éthique, où l'agitation, dit-il, demeure vaine.

20. Cela est établi depuis la *Critique de la raison pure*, in traduction Tremesaygues et Pacaud, p. 402 sqq.

21. Hans SCHULZ, *J. G. Fichtes Briefwechsel*, Leipzig, 1925, tome I, p. 275.

22. *Critique de la raison pure*, traduction Tremesaygues et Pacaud, p. 264-265.

23. Cf. *Critique de la faculté de juger*, § 74 : la finalité, écrit Kant, est « une qualité que nous posons nous-mêmes dans le concept des choses afin de pouvoir en expliquer la possibilité ».

24. *Ibid*, § 74.

25. Cela exclut bien évidemment toute tentation historiciste.

l'Empire romain, la morale stoïcienne. Mais Kant n'inscrit pas sa pensée dans ce registre. Homme du droit par le souci critique qui est le ressort de sa volonté architectonique, il s'interroge sur ce qui conditionne et légitime les moyens nécessaires *de jure* pour maintenir, voire pour accélérer le continuel progrès de l'humanité vers le mieux. Pour donner plus de force à sa démonstration, il rappelle les erreurs commises par Menselssohn et qu'il faut par dessus tout éviter.

1. Les erreurs de Mendelssohn

La réfutation de Mendelssohn n'est pas une fin en soi et l'intention de Kant est d'aller bien au delà de la polémique. Les arguments qu'il énumère contre l'auteur de la *Jérusalem* ne sont qu'un tremplin pour affirmer sa propre conception.

D'abord, dit-il, comment « le bon Mendelssohn », qui a mis tant de zèle à défendre l'*Aufklärung,* pouvait-il ne pas souhaiter que les générations futures aillent dans la même voie ? En écrivant sa *Jérusalem*, il croyait bien réaliser un progrès ; alors, pourquoi en condamne-t-il l'idée ? Ne tombe-t-il pas dans la contradiction ? L'argument, on en conviendra, n'est pas très convaincant...

En outre, poursuit Kant, si les hommes se plaignent de « l'avilissement irrésistiblement croissant » de la civilisation, leur sévérité ne témoigne-t-elle pas des degrés de moralité et de culture qu'ils ont jusqu'alors gravis et auxquels ils n'entendent certainement pas renoncer ? Dans ces conditions, le tort de Mendelssohn ne serait-il pas de sous-estimer l'importance prise dans la marche du monde par la vertu et la sagesse pratique des hommes ? Lors donc que l'auteur de la *Jérusalem* s'obstine dans sa théorie abdéritiste et va jusqu'à prêter à la Providence le dessein d'entremêler le mal et le bien en une proportion invariable, il met fâcheusement entre parenthèses ce qu'enseigne l'anthropologie sur le conflit des inclinations dans la nature humaine. Cette omission est fatale à sa conception : il n'a pas compris que « l'opposition réciproque des inclinations, d'où provient le mal, procure à la raison un libre jeu permettant de les subjuguer dans leur ensemble et de faire régner, au lieu du mal qui se détruit lui-même, le bien qui, dès lors qu'il existe, continue de lui-même à se maintenir »[26].

En cette double critique, se déchiffre la valeur fondationnelle de la Constitution cosmopolitique que la raison pratique juge indispensable aux structures de la civilisation future.

2. La valeur fondationnelle de la Constitution cosmopolitique

Lorsque, une fois admise l'hypothèse de la philanthropie universelle, l'on s'interroge sur les *moyens* d'assurer continuellement le progrès, c'est la nature humaine, explique Kant, qu'il convient de scruter. Il recourt donc principiellement à l'*anthropologie* qu'il fait grief à Mendelssohn d'avoir tant négligée et qui, au contraire et plus que jamais, est à ses yeux d'une extrême

26. *Théorie et pratique*, Vrin, p. 58 ; Pléiade, p. 299.

importance (rappelons que la célèbre lettre à Stäudlin date du 4 mai 1793[27]). L'anthropologie non seulement éclaire le progrès qui permet à l'homme de se hausser de la nature à la liberté, mais rend compréhensible, jusqu'à l'échelle mondiale, la construction de l'espace juridique. En effet, le succès qui s'enfonce dans un avenir indéfiniment perfectible provient, écrit Kant, « de ce que la *nature humaine* fera en nous et avec nous pour nous contraindre à suivre une voie que, de nous-mêmes, nous ne nous serions pas frayée sans peine »[28]. En ce point toutefois, deux précautions méthodologiques sont requises, qui font l'originalité de la position kantienne : écarter les ornières d'un individualisme séparateur et substituer au dogmatisme naturaliste une réflexion normativiste qui s'appuie sur « l'analogie de la nature ».

D'une part, l'éminente sagesse de la Providence a mis dans le monde une finalité qui concerne non pas les individus considérés *ut singuli* mais le genre humain dans son ensemble[29]. Elle se comprend en cheminant de la totalité à ses parties — perspective tout autre que celle des hommes eux-mêmes dont les desseins, toujours enracinés dans la particularité des parties[30], sont incapables de cheminer vers le Tout, lequel, à l'évidence, leur est trop vaste et inaccessible en raison de leurs limites[31]. Or, penser rationnellement — c'est-à-dire de manière systémique et non rhapsodique — une Constitution cosmopolitique en sa nature et en sa fonction ne peut avoir de sens qu'en se plaçant du point de vue de la totalité du genre humain, donc du point de vue même de la Providence. Cela revient à supposer qu'elle est conforme à des lois générales qui lui confèrent unité et, partant, continuité — ou, ce qui revient au même, qu'elle ne saurait procéder des seules intentions humaines, plurielles et dispersées. Par conséquent, Kant écarte, quoique sans s'attarder sur ce point, la tentation du positivisme juridique ; il en a perçu la montée dans la philosophie de Hobbes et la seconde section de *Théorie et Pratique* en a laissé entrevoir les dangers pour le droit politique. L'anthropologie juridique fait écho à l'anthropologie biologique que dessinait l'étude de 1775 *Sur les races :* elle implique à la fois finalité et totalité[32], ce qui, seul, donne force à l'unité civique, à l'unité entre les peuples, donc au progrès du genre humain[33].

---

27. Dans cette lettre, Kant indique que les trois questions : « Que puis-je savoir ? » (métaphysique), « Que dois-je faire ? » (morale) , « Que puis-je espérer ? » (religion) doivent être complétées par une quatrième : « Qu'est-ce que l'homme ? » et, dans une parenthèse, il précise : « Anthropologie : sur laquelle j'ai depuis plus de vingt ans chaque année donné un cours », in Pléiade, tome III, p. 1297. D'après E. Cassirer, la réputation de Kant était principalement liée aux cours d'anthropologie qu'il avait introduits dans l'Université allemande.— A tout le moins pouvons-nous rappeler que, dès la *Critique de la raison pure*, Kant fait de la question de l'homme une question centrale autour de laquelle « se laisse rassembler tout le champ de la philosophie ».

28. *Théorie et pratique*, Vrin, p. 55 ; Pléiade, p. 296.

29. L'idée est maintes fois reprise par Kant ; cf. par exemple *La Religion dans les limites de la simple raison*, 2, VII, 1, remarque ; *Essai sur la paix perpétuelle*, II, 1er supplément.

30. Kant identifie cette particularité à l'égoïsme en quoi il voit le signe du mal.

31. L'adoption du point de vue de la finitude humaine est d'ailleurs l'une des raisons pour lesquelles Mendelssohn, contre Lessing, n'a pas pu accepter l'idée d'un progrès à l'infini.

32. « Les divers changements du monde seront déterminés dans l'idée du Tout », *Réflexions sur l'anthropologie*, n° 1420.

33. *Ibid.*, n° 1404.

D'autre part, le regard critique a conduit Kant, dès 1784, à expliquer dans l'*Idée d'une histoire universelle d'un point de vue cosmopolitique*[34] que le philosophe, dans « le cours déraisonnable des choses humaines », cherchait, à titre de « fil conducteur *a priori* » de l'histoire, un « dessein » ou un « plan déterminé de la nature ». Cette « pensée » signifiait que les hommes n'ont pas par eux-mêmes l'initiative et le libre choix des moyens dont ils se servent pour accomplir le progrès de l'humanité. C'est la nature, disait Kant, qui, selon le plan de la Providence, impose ces moyens. A cette date, il pensait en somme — proche en cela de Pufendorf et fort éloigné du Rousseau du *Contrat social* — que, grâce à une « analogie de la nature », le progrès de la culture et la dynamique de la nature étaient convergents. En 1793, il donne à la notion d'*analogie de la nature* un accent particulièrement fort : il insiste moins en effet sur la tonalité téléologique de l'argument que sur sa vocation dialectique. Celle-ci, assurément, était préfigurée en 1784 dans « l'insociable sociabilité » que Kant voyait inscrite dans la nature humaine aussi bien que dans le rapport entre la concorde que veut l'homme et la discorde que veut pour lui la nature. Mais Kant, en 1793 — peut-être parce que les événements de France l'ont troublé et, plus sûrement, parce que la *Critique de la Faculté de juger* lui a permis de préciser que l'opposition de la liberté et de la contrainte est le moteur de leur articulation synthétique qui conduit à la réalisation de la culture[35] — déplace le centre de gravité de son argumentation de l'anthropologie au *droit*. Remodelant l'argument dialectique selon lequel c'est la détresse provoquée par la violence et les guerres qui amène les hommes à se soumettre à la contrainte civile[36], il s'appesantit, contre l' « utopie » révolutionnaire et contre l'abdéritisme désespérant de Mendelssohn[37], sur la nécessaire union juridico-politique des différents pays du monde sous une constitution cosmopolitique. Une « société civile administrant le droit de façon universelle »[38] n'est plus seulement la *fin* que permet de « penser » l'analogie de la nature ; celle-ci fournit une *règle* à « l'établissement de relations régulières entre Etats »[39] et devient, à travers la dialectique de la guerre et de la paix, la *norme juridique* de la coexistence des Etats. En effet, en 1784, Kant établissait un parallélisme entre l'incompatibilité mutuelle des hommes et l'antagonisme qui règne entre les corps politiques ; dès lors, de même que les lois publiques de la société civile arrachaient les individus au règne de la violence anarchique, de même une grande Société des Nations, reprenant et perfectionnant l'idée sous-jacente à l'institution des amphictyonies de la Grèce antique, était l'*espérance* que nourrissait Kant pour les Etats. L'argument de 1793 ressemble fort, dans son mouvement général, à celui de 1784 ; mais il n'exprime plus seulement une espérance. Kant entrevoit en effet la part d'illusion qui habite le projet d'une alliance des nations en un *Völkerbund* : elle ne saurait suffire à empêcher les guerres. Il

---

34. *Idée d'une histoire universelle d'un point de vue cosmopolitique,* 9ème proposition.
35. *Critique de la Faculté de juger,* § 83.
36. *Idée d'une histoire universelle,* 5ème proposition ; *Critique de la Faculté de juger,* § 83.
37. Cf. note 19.
38. *Idée d'une histoire universelle,* 5ème proposition.
39. *Ibid.*, 7ème proposition.

faut trouver un *moyen de droit* qui, en tant que tel, sera assorti de contrainte légale, d'obligatoriété et d'effectivité, pour que, contrairement aux thèses pessimistes que soutient Mendelssohn, le développement complet des dispositions du genre humain en sa totalité tende vers l'accomplissement de sa destination. Autrement dit, les malheurs de la guerre amènent les Etats non pas à espérer pour l'avenir une ligue ou une alliance des peuples, mais doivent les conduire — il s'agit d'une prescription rationnelle impérative — à *penser* une Constitution (*Verfassung*) cosmopolitique en laquelle la contrainte (*Zwang)* caractéristique de tout ce qui est droit[40] trouvera sa fondation transcendantale. Cette Constitution, pensée à l'échelle du monde, ne résulterait pas d'un élargissement planétaire du contrat social tel que le concevait Rousseau : les Etats y seraient conduits, dit Kant, « même contre leur volonté »[41]. Ainsi, la Constitution cosmopolitique joue-t-elle le rôle de l'impératif catégorique en ce qui concerne un droit plus large que le droit étatique interne. Elle est la règle rationnelle pure ou le fondement normatif d'un droit qui, élargi à l'échelle mondiale, est la voie de la paix universelle et du progrès. Pensée au niveau des principes, cette Constitution ne peut être « représentée que par raison pure » ; elle correspond à « la Constitution juridique parfaite » que la *Doctrine du droit* assimilera « à la chose en soi elle-même »[42]. Donc, en sa juridicité même, elle a le statut d'une *Idée* et la vocation d'un *principe régulateur.* Contre Menselssohn, Kant affirme ainsi que la foi dans le progrès historique trouve sa raison d'être dans l'Idée du droit.

Par cette prise de position philosophique, Kant se sépare de la notion, chère au jusnaturalisme de Wolff et de ses disciples, d'une communauté internationale ou *Civitas maxima* en laquelle tous les Etats seraient, en vertu du droit naturel, soumis à un corps commun de règles[43]. Il indique, conformément à la téléologie naturelle dont, pas un instant, il ne perd de vue les *dictamina*[44], le moyen juridique d'une unité, ou, du moins, d'une union *possible* des peuples de la terre. La paix universelle ne peut être comprise selon la déduction logique des théories du droit naturel ; elle ne prend sens que par la déduction transcendantale qu'effectue la démarche critique.

Mais Kant, qui réfléchit en 1793 sur les rapports de la théorie et de la pratique, sait bien que devoir-être et être ne coïncident pas et que, partant, l'histoire, en son empiricité concrète, n'a jamais pu et ne pourra jamais se placer sous le double signe de la totalité. Pas plus dans le domaine juridique

---

40. Dans la *Doctrine du droit*, la contrainte, en tant que critère du droit, sera définie comme ce qui fait obstacle à tout ce qui fait obstacle à la liberté, Introduction, § D.

41. Dans l'*Essai sur la paix perpétuelle,* Kant insiste sur cette idée *: fata volentem ducunt nolentem trahunt,* Premier supplément, p. 123.

42. *Doctrine du droit,* Appendice, conclusion, p. 255.

43. Selon Christian WOLFF (1679-1754), la nécessité d'un Etat ou Empire universel (*Imperium universali, sive gentium*) dont le critère est l'orientation vers le bien commun se déduit de l'universalité de la *recta ratio* et de la généralité du droit naturel, cf. *Institutiones juris naturae et gentium,* 1750, Pars I, Cap. IV, § 1089 et § 1090 : « *Ipsa natura societatem quamdam inter gentes instituit...* » ; la même idée était développée dans le *Jus gentium* de 1749, Prolegomena, 3, 4.

44. Dans l'*Essai sur la paix perpétuelle,* il dira : « La nature veut de manière irrésistible que le pouvoir suprême revienne finalement au droit », p. 46.

que dans la sphère de la moralité, elle n'accomplira dans l'expérience toutes les dispositions de la nature humaine. Aussi bien l'Idée de Constitution cosmopolitique doit-elle conserver son idéalité pure et ne pas être transportée hors de son ordre. D'ailleurs, on ne saurait, sans danger pour la liberté, concevoir et construire de manière réaliste « une république cosmopolitique sous un chef » : dans une monarchie universelle, la contrainte deviendrait soumission forcée et, de ce dévoiement, résulterait, sous un tyran, dans « la paix des cimetières », « le plus terrible despotisme ». Si donc la Constitution cosmopolitique ne peut, en son idéalité transcendantale, se présenter comme la construction d'une technique juridico-politique, c'est que l'ordre du monde est un horizon de sens et de valeur qui sert de « principe de réflexion ». D'une part, son Idée signifie qu'il est juridiquement possible de *tendre vers* l'unité de l'humanité que veut originairement la nature comme destination rationnelle du genre humain ; d'autre part, elle indique une tâche (*Aufgabe*) à accomplir et qu'exprime, selon la terminologie de 1793 qui se différencie de celle de 1784, « une condition juridique de *fédération* selon un *droit des gens concerté en commun* »[45]. Il importe ici d'être attentif à la terminologie kantienne, extrêmement précise, que ne rendent pas toujours exactement les traductions françaises : au *Völkerbund* de 1784, se substitue désormais, sous l'Idée de la Constitution cosmopolitique *(Weltbürgerliche Verfassung)* la thématique du fédéralisme — d'un fédéralisme qui, à dire vrai, ne réunit que des Etats souverains, donc libres : non pas *Völkerstaat*, mais *Föderalismus freier Staaten*[46].

Il nous faut par conséquent examiner comment, dans l'architectonique du système kantien, l'Idée pure de Constitution cosmopolitique est appelée désormais à fonder la possibilité d'une société fédéraliste dont le *jus gentium* serait l'armature juridique. En sa démonstration, Kant souligne en quoi, par cette entreprise, que rien n'empêche d'élargir à l'amplitude de la terre entière, théorie et pratique pourraient converger et assurer le progrès de l'humanité.

III. — FEDERATION D' ETATS LIBRES ET DROIT DES GENS OU LE MOYEN JURIDIQUE DE LA PAIX

Dans la densité du texte kantien que nous venons de suivre, s'est affirmée sans aucune réticence, à la faveur de la dialectique de l'histoire, le primat de la raison pratique en sa vocation juridique. Ce primat culmine, par delà la pluralité des Etats, dans la communauté internationale. Mais, selon Kant, cette dernière n'implique nullement l'absorption, voire la dissolution des sociétés civiles particulières dans une société civile à l'échelle du monde : il ne rêve pas, comme tant d'utopistes, à la concorde universelle ; il la sait impossible à raison même du caractère tors et conflictuel de la nature humaine[47]. Afin d'apprécier, en un siècle épris de paix et de liberté, la

45. *Théorie et pratique*, Vrin, p. 56 ; Pléiade, p. 297. (c'est nous qui soulignons afin de montrer que Kant s'éloigne de l'idée de *Société des Nations* exprimée en 1784).

46. L'*Essai sur la paix perpétuelle*, en son texte allemand, est très précis sur ce point, p. 98.

47. Cf. *Idée d'une histoire universelle du point de vue cosmopolitique*, 6è proposition.

spécificité de sa conception du droit des gens, il nous faut en suivre la genèse et en capter, au sein du corpus critique, la véritable nature.

1. La genèse du droit des gens kantien

Kant est peu enclin à indiquer les sources auxquelles il a pu puiser. Mais il est clair que, en faisant du droit des gens l'une des constantes de sa philosophie du droit, il lui confère une signification importante et originale.

Il est assez remarquable que la genèse du droit des gens appelé, dans le texte de 1793, et, depuis lors, de manière définitive, à servir la paix, ne demande rien, dans la pensée de Kant, à l'universalisme des doctrines anciennes[48] : il ne s'inspire pas du moralisme stoïcien décrit par Cicéron[49] ; il ne prend pour modèle ni le *jus gentium* des Romains[50] ni l'évangélisme chrétien, fût-il répercuté dans l'image grandiose du *bonum commune totius orbis* brossée par Francisco de Vitoria[51].

On pourrait penser que, à défaut d'en appeler à des références doctrinales, Kant demande à l'histoire de son temps de l'éclairer. Il mesure en effet les résultats désastreux de la « politique de l'équilibre » qui a conduit, en 1648, par le traité de Westphalie, à un véritable démembrement de l'espace politique allemand et même européen. La théorie de l'équilibre ne peut être génératrice de paix comme le prétendait Richelieu : fondant l'activité diplomatique sur le principe de la souveraineté territoriale des Etats, elle conduit à une balance nécessairement précaire dont rien, de surcroît, ne garantit qu'elle est juste. Puisque la sécurité et la justice qui sont les requisits immanents du droit risquent d'être bafouées par sa mise en oeuvre, il faut reconnaître que, dans l'histoire politique, le droit international et la diplomatie qui se sont réclamés d'elle enfermaient une contradiction mortelle. Comme l'abbé de Saint-Pierre, dont il semble avoir connu le *Projet de paix*[52] à travers Rousseau[53], comme

---

48. Les Pythagoriciens rêvaient déjà d'un droit commun à la république universelle des hommes.

49. CICERON, *De Officiis*, § 3, 6, 28 ; *De Republica*, § 2, 26, 48, vantait l'*humani generi societas* et l'*humanitatis societas*.

50. Le *jus gentium* des jurisconsultes de Rome est d'ailleurs complexe et plurivalent. D'après les *Institutes* de Justinien (Livre II, § 11), le *jus gentium* se confond avec le *jus naturale* : « *Quarumdam rerum dominium nanciscimur jure naturali quod, sicut diximus, appellatur jus gentium* » . C'est comme tel qu'il est commun à toutes les nations : Livre I, § 1 : « *jus gentium quo omnes gentes utuntur* » et § 2 : « *Jus gentium humano generi commune est* ». Mais le *jus gentium* désignait aussi, primitivement, le droit des ambassades. Plus tard, il désignera les règles juridiques applicables, dans la *Civitas*, aux rapports entre étrangers ou entre étrangers et citoyens romains.

51. Francisco de VITORIA (1492-1549) trouve place parmi les fondateurs du droit international à la fois par sa conception de la colonisation et par sa théorie du droit de la guerre et des devoirs des belligérants.

52. Le *Projet pour rendre la paix perpétuelle en Europe* a été publié à Utrecht en deux tomes en 1713 ; un troisième volume parut en 1717. Nous renvoyons à notre réédition de ce texte, Garnier, 1981.

53. A la demande de Mably, ROUSSEAU prépara et publia un *Extrait du projet de paix de l'abbé de Saint-Pierre* ; il le compléta par un *Jugement sur le projet de paix de l'abbé de Saint-Pierre*, qui ne fut publié à Genève qu'en 1782 ainsi qu'à notre ouvrage *La construction de la pâix ou le travailde Sisyphe*, Vrin, 1994.

D'après Vorländer, c'est à partir des textes de Rousseau que Kant aurait connu les idées de l'abbé, *Immanuel Kant. Zum ewigen Frieden. Mit Ergäzungen aus Kants übrigen Schriften*, Leipzig, 1919,

Rousseau lui-même et comme Vattel[54], Kant condamne : « L'équilibre des forces en Europe ressemble à la maison de Swift qu'un architecte avait si parfaitement construite selon toutes les lois de l'équilibre qu'elle s'écroula dès qu'un moineau vint s'y poser : c'est une pure chimère »[55]. Il y a donc dans la situation internationale — ou, du moins, dans la situation que connaissent les Etats d'Europe depuis un siècle et demi — des raisons suffisantes pour s'interroger sur le droit des gens.

Mais, en formulant ce redoutable problème, Kant a conscience de s'insérer dans une tradition prestigieuse qu'illustrent les noms célèbres de Grotius[56], de Pufendorf[57] et de Wolff[58]. S'il est malaisé, d'après les écrits de Kant, de préciser par exemple ce qu'il savait de la théorie des alliances de Richard Zouche[59], il est en revanche établi qu'il possédait dans sa bibliothèque *Le Droit des gens* d'Emeric de Vattel[60] et les *Principes du droit naturel* de Burlamaqui[61] ; il connaissait suffisamment Montesquieu pour ne pas ignorer les chapitres de *L'Esprit des lois* consacrés à la « république fédérative »[62]. De surcroît, au courant de l'actualité, il a été attentif à la pléthore d'ouvrages et de brochures publiés en Allemagne depuis plusieurs décennies et consacrés, par des auteurs comme Toze, Gottlob, Schlinder, Schlettwein[63]... à la question du *Völkerrecht.* A la fois contre la politique de l'équilibre et contre les tendances nationalistes, surtout vantées depuis Herder, ces auteurs préconisaient la

---

p. X sq. Il semble en tout cas que Kant n'ait pas été très sensible à la tonalité souvent critique de Rousseau à l'égard de l'abbé de Saint-Pierre. Sur le rapport entre Rousseau et l'abbé, nous renvoyons à notre article « La guerre et le droit international dans la philosophie de Rousseau » , in *Etudes Jean-Jacques Rousseau,* n° VII.

54. Emeric de VATTEL, *Droit des gens,* Leyde, 1758.

55. *Théorie et pratique*, Vrin, p. 59 ; Pléiade, p. 299.

56. Hugo GROTIUS (1583 - 1645) avait publié en 1625 le *De jure belli ac pacis.*

57. Samuel PUFENDORF (1632 - 1694) consacre le livre IV du *De jure naturae et gentium,* 1672, au problème du *jus gentium.*

58. Sur Christian Wolff, voir la note 41.

59. R. ZOUCHE avait publié à Oxford, en 1650, un ouvrage intitulé *Juris et Judicii Fecialis, sive Juris inter gentes et Quaestionum de eodem Explicatio,* qui avait connu de nombreuses rééditions à Leyde en 1651, à La Haye, en 1659, à Mayence en 1661 ; il avait été traduit en allemand à Francfort sur le Main, en 1666.

60. Cf. *supra*, note 54.

61 J. J. BURLAMAQUI, *Principes du droit naturel,* Genève, 1747.

62. MONTESQUIEU, *L'Esprit des lois,* 1748, livre IX, chap. 1,2 et 3.

63. Dès 1676, le jurisconsulte RACHEL avait publié un *De jure naturae et gentium ;* un siècle plus tard, le poète VON PALTHEN préconisait, dans son *Projekt eines immerwaehrenden Friedens in Europa,* la création d'un « Parlement ou tribunal général dont tous les Etats européens s'engageraient à respecter les décisions », sorte de Cour internationale de justice statuant sur la base ou du droit naturel ou d'un droit des gens positif. En 1752 déjà, la brochure de l'Allemand TOZE, *Die allgemeine Christliche Republik in Europa* avait fait un certain bruit. L'auteur, après avoir examiné les projets de Sully et de l'abbé de Saint-Pierre, concluait à la nécessité d'instituer une autorité internationale qui serait seule susceptible de trancher les différends entre Etats. Il rejoignait les conclusions d'une plaquette anonyme parue en 1745 et intitulée *Projet d'un nouveau Système de l'Europe* (préférable au « système de l'équilibre » entre la Maison de France et la Maison d'Autriche) — 32 pages, sans indication de lieu qui, peu remarquée en France, avait au contraire retenu l'attention des Allemands. Plus près de Kant, signalons le traité de K. G. Gottlob, *Europäisches Völkerrecht,* 1787 ; les ouvrages de Schindler, *Was ist den grossen Fuersten zu raten um das Wohl und Glueck der Laender zu befoerdern*, Vienne, 1788 et de J. A. Schlettwein, *Die wichtigste Angelegenheit fuer Europa, oder System eines festen Friedens unter den europaeischen Staaten* , Leipzig, 1791.

création d'une *Union* volontaire des peuples et l'aménagement d'un droit commun des nations. Kant ne manquait pas de comparer cette littérature foisonnante avec les idées du cosmopolitisme humaniste de Schiller et de Goethe ; et, lorsque ces textes évoquaient le cosmopolitisme quasi religieux qui, selon Lessing[64], devait, dans la dynamique de l'histoire, rapprocher les êtres raisonnables des diverses contrées d'Europe, Kant voyait en eux un prolongement juridico-politique du *Pantheismusstreit.* Mais, de manière générale, il ne découvrait en tous ces écrits qu'une pensée moins soucieuse de droit que de morale, et, à tout le moins, dans l'implicite, une théorie du droit philosophiquement mal fondée. D'ailleurs, à ses yeux, cette carence fondationnelle a vicié depuis toujours les tentatives pour élaborer une charte de la paix : dans le *Conflit des Facultés,* il dira que, parce que l'*Atlantide* de Platon, l'*Utopie* de Thomas More, l'*Oceana* d'Harrington, la *Severambia* d'Allais... ont des fondations théoriques insuffisantes ou inexistantes, « on n'en a seulement jamais fait l'essai »[65]. Ce serait une bien grande légèreté que de les prendre au sérieux.

Pour les mêmes raisons, Kant, se souvenant probablement du scepticisme avec lequel Leibniz avait accueilli le projet de paix de l'abbé de Saint-Pierre, ne suit pas cet auteur. Dans son refus, il englobe même hâtivement Rousseau[66], les accusant l'un et l'autre, dès 1784, d'avoir rendu « ridicule » la grande idée de la Société des Nations en croyant sa réalisation toute proche[67]. En 1793, plus nuancé, il ne dénonce pas en soi le projet d'un « Etat universel des peuples », mais l'irrelevance que celui-ci présente eu égard à la pratique politique — ce qui, d'ailleurs, a provoqué des railleries malveillantes : les chefs d'Etat, écrit Kant, le considèrent comme « une idée puérile et pédante, sortie tout droit de l'Ecole »[68]. Ce même reproche, Kant, deux ans plus tard, le formulera aussi, dans son *Essai sur la paix perpétuelle,* contre « Grotius, Pufendorf, Vattel et d'autres encore », qu'il qualifiera de « tristes consolateurs ». Kant, sensible à la justesse du vocabulaire, pense alors qu'on ne peut confondre l'alliance des peuples (*Völker*) avec l'union juridique des Etats (*Staaten*). Il n'appartient qu'à cette dernière de tracer le chemin du droit international parce qu'en elle seulement, l'existence d'instances juridictionnelles supra-étatiques permettra de donner effectivité à la contrainte légale[69]. En outre, estime Kant, Grotius et les autres jurisconsultes de son Ecole n'ont conçu le droit international que par rapport à l'idée d'une guerre

---

64. LESSING, *Die Erziehung des Menschengeschlechts*, Berlin, 1780

65. *Conflit des Facultés*, deuxième section, § 9, p. 110, note 1. Dans la *Critique de la raison pure*, Kant, fasciné par la *Callipolis* de *la République* de Platon et par l'*Atlantide* du *Critias* (traduction Tremesaygues et Pacaud, p. 264), reconnaît que Platon avait bien vu la fondation trans-juridique des rapports de droit ; mais son tort fut, comme pour beaucoup de Grecs de son siècle, de ne pas élargir la vie politique au-delà de la *Polis.*

66. Rousseau est loin cependant d'épouser inconditionnellement les thèses du « bon abbé » — mais c'est un autre problème. Nous renvoyons à notre article, déjà mentionné note 53, « La guerre et le droit international dans la pensée de Rousseau ».

67. *Idée d'une histoire universelle du point de vue cosmopolitique*, p. 70.

68. *Théorie et pratique,* Vrin, p. 59 ; Pléiade, p. 300.

69. Cf. *Essai sur la paix perpétuelle*, Seconde section, Second article définitif, p. 101.

perpétuelle[70] dont, en dernière analyse, décident les princes. Or, comme l'explique Kant dans *Théorie et pratique*[71] sans trouver encore les formules lapidaires de l'*Essai sur la paix,* ils n'ont pas mesuré à sa juste portée la signification des guerres. Celles-ci sont si coûteuses et exigent de tels sacrifices qu'il ne devrait pas appartenir aux chefs d'Etat, mais aux peuples eux-mêmes d'en décider. Il faudrait d'ailleurs distinguer — Montesquieu l'avait remarquablement compris — entre les guerres offensives et les guerres défensives. Quoi qu'il en soit, Kant, en 1795, verra très clairement dans le républicanisme l'une des conditions essentielles pour conjurer les guerres et, aux jurisconsultes, il reprochera de n'y avoir point pensé. Pour l'heure, il ne fait qu'entrevoir les puissances de ce républicanisme et il préfère montrer, en tirant la leçon de ses remarques anthropologiques sur le conflit des inclinations, que ce n'est pas, comme il le croyait en 1784, de la bonne volonté des hommes, toujours aléatoire, que peut naître la paix entre les nations. Si, déjà, se prépare en sa pensée le « veto irrésistible » que formulera la *Doctrine du droit* : « Il ne doit y avoir aucune guerre »[72] parce que « la raison condamne absolument la guerre comme voie de droit »[73], Kant se limite, dans *Théorie et pratique*, à rappeler le « libre jeu de la raison pratique », c'est-à-dire la ruse par laquelle la nature utilise, selon le plan de la Providence, la conflictualité de la nature humaine pour faire sortir, de la méchanceté et des égoïsmes, la concorde et la marche vers la paix. Prenant ainsi ses distances par rapport à l'idée de Société des Nations (*Foedus Amphictyonum*) telle qu'il l'envisageait en 1784 dans l'*Idée d'une histoire universelle du point de vue cosmopolitique*, et considérant la Constitution cosmopolitique comme l'Idée qui donnera sens au progrès juridique du monde, il préfère donc — et ce choix est définitif — concevoir le droit des gens comme un *jus inter gentes*[74] plutôt que comme un *jus gentium.*

A ce *jus inter gentes,* il donne un cadre présenté comme fédéraliste. Voyons ce que recouvre cette qualification.

---

70. *Essai sur la paix perpétuelle, ibid.*, p. 101-103.

71. *Théorie et pratique*, p. 57.

72. *Doctrine du droit,* Conclusion, p. 237

73. *Essai sur la paix perpétuelle,* p. 103. En 1795, Kant condamnera la propagande belliciste et le militarisme et, sur ce point, se dira en accord avec Herder, qui avait commencé à publier en 1793 ses *Ideen zur Befördernung der Humanität ;* cf. principalement sa Lettre X.

74. Il semble à cet égard que les exemples de Johan Jakob MÖSER (1701-1785), auteur, en 1777, d'un ouvrage intitulé *Versuch des neuesten europäischen Völkerrechts* et de Georges-Frédéric De Martens (1756-1822), auteur, en 1788, d'un *Précis du droit des gens moderne de l'Europe fondé sur les traités en usage* (l'ouvrage, directement publié en français à Göttingen, connaîtra de multiples éditions en 1796, 1801, 1820), tous les deux soucieux de « moderniser » les idées de Zouche sur le *jus inter gentes,* ne lui étaient pas passés inaperçus. Kant ne fait pas de confidences sur ce point, d'autant que les ouvrages mentionnés sont plus historiques et techniques que philosophiques. Lorsque, en 1796, De Martens prendra parti contre le plan d'un *Code de droit des gens universel positif* proposé le 23 avril 1795 à la Convention par l'abbé Grégoire, il n'est pas déraisonnable de penser que Kant l'approuva.

2. Le cadre fédéraliste du droit des gens

Le cadre fédéraliste appelé selon Kant à donner au droit des gens une configuration prégnante est à peine précisé dans *Théorie et pratique*. Mais, sous la plume du philosophe, percent non seulement la différence que nous avons signalée entre une *Société des nations* et une *Fédération des peuples*, mais aussi la différence que souligneront vigoureusement l'*Essai sur la paix perpétuelle* et la *Doctrine du droit*[75] entre *Etat fédératif* (*Völkerstaat*) et *Fédération d'Etats libres* (*Foederalismus freier Staaten*).

L'Etat fédératif instaure une « république cosmopolitique sous un chef », c'est-à-dire un Etat mondial que sa vocation universaliste[76] fait supérieur aux Etats particuliers. Or, Kant refuse la formule d'un super-Etat imposant à tous ceux qu'il engloberait des normes juridiques effaçant leur particularité. Après Sully[77] et Emeric de Crucé[78], l'abbé de Saint-Pierre, Montesquieu et Rousseau avaient déjà dénoncé les méfaits de la monarchie universelle. Allant plus loin que ses prédécesseurs, Kant est conscient que les défauts de cette conception universaliste du droit seraient les mêmes quel que soit le régime politique adopté. En effet, s'il est vrai qu'une alliance des peuples doit correspondre, *de facto*, à l'Idée d'une Constitution cosmopolitique, cette alliance ne saurait être placée sous le signe de la souveraineté d'un super-Etat ; sa volonté d'hégémonie, loin de supprimer les guerres, les engendrerait et, même, les intensifierait. La formule d'un Etat mondial ou d'un super-Etat est donc contradictoire avec l'idée du droit international dont la vocation est de conjurer les guerres et de résoudre les conflits[79] .

En revanche, dans une Fédération d'Etats libres, c'est par des pactes que, comme l'avait vu Montesquieu, les Etats se lient mutuellement pour former une « société de sociétés »[80] ; Kant va même jusqu'à admettre que ces pactes, étant renouvelables, sont aussi révocables. Cette fédération — que Kant caractérisera dans la *Doctrine du droit* comme la liaison ou l'union des Etats plutôt que comme leur alliance[81] — laisse donc subsister les souverainetés particulières. Selon cette formule, nous parlerions, dans le langage du droit d'aujourd'hui, de « confédération » plutôt que de « fédération ». Mais, pour Kant, l'important réside dans le statut philosophique de cette union qui se place moins sous le signe de l'universalisme que de l'internationalisme, voire de l'inter-étatisme puisqu'elle rapproche des Etats souverains. En 1793, Kant

75 *Essai sur la paix perpétuelle*, seconde section, second article définitif, p. 99 ; *Doctrine du Droit*, § 54 et §60.

76. A vrai dire, l'idée n'est pas nouvelle : Dante ALIGHIERI (1265-1321) pensait déjà, en son siècle, que la monarchie universelle était le seul gage possible de paix pour le monde (*De Monarchia)*.

77. SULLY (1560-1641) avait exposé, dans ses *Mémoires*, « le grand dessein d'Henri IV » auquel se réfère l'abbé de Saint-Pierre.

78. Emeric de CRUCE (1590-1648) était l'auteur, en 1623, du *Nouveau Cynée* qui préconise déjà une formule fédérative.

79. La critique de l'Etat mondial, c'est-à-dire de l'hégémonie universelle, sera reprise en Allemagne par Gentz et par Fichte.

80. MONTESQUIEU, *L'Esprit des lois*, livre IX, 1.

81. *Doctrine du droit*, § 54 et 61.

n'explicite pas encore cette intuition ; d'ailleurs, il lui donnera assez peu de développements dans les textes ultérieurs. Elle est néanmoins d'une importance considérable pour la conception qu'il se fait, dès *Théorie et pratique,* du droit des gens.

Revenons au texte de 1784. A cette date, Kant fondait l'idée de la Société des Nations (*Foedus Amphictyonum)*[82] dans une exigence rationnelle telle que la déduction transcendantale du droit imposait la soumission des parties à la totalité : puisque « l'homme a besoin d'un maître »[83], une Société des Nations ne peut s'instituer, pensait-il alors, que sous une autorité centrale.

Or, dans *Théorie et pratique*, le point de vue adopté par Kant est sensiblement différent. Même si, sur ce point, le texte n'a la netteté ni de l'*Essai sur la paix* ni de la *Doctrine du droit,* Kant y écarte néanmoins l'idée d'un système juridique englobant et centralisateur ayant charge de réaliser la finalité naturelle. Peut-être songe-t-il dès cette date aux Etats-Unis d'Amérique (dont il fera expressément mention dans la *Doctrine du droit*[84]) parce qu'ils sont à ses yeux l'exemple d'une union qui n'étouffe pas la singularité des pays-membres[85]. Il a montré en effet dans plusieurs opuscules antérieurs et dans les *Lose Blätter*[86] que la nature sépare les peuples par des langues, des coutumes, des religions différenciées ; c'est donc que, en voulant l'union des peuples, elle ne veut pas pour eux une unité unificatrice. Leur diversité et leurs particularités doivent subsister. Par conséquent, la rationalité pratique qui, sous l'horizon nouménal de l'Idée de paix, préside de manière universelle et inconditionnelle à l'élaboration d'un droit des gens doit conserver la souveraineté des différents Etats comme élément porteur du droit international tel que le conçoit Kant. Autrement dit, une fédération ne sera selon lui juridiquement pourvoyeuse de paix que sur la base de la souveraineté des Etats, chacun conservant sa propre liberté d'action[87]. Le droit des gens, en s'inscrivant dans un cadre confédéral est ainsi à base volontariste : il appartient aux Etats souverains et responsables de décider, en faisant appel à l'autonomie de la volonté qu'implique le républicanisme, de leur entrée dans une Fédération ou un Congrès et de s'y placer sous des normes juridiques dont le caractère de contrainte ne procède pas de l'arbitre d'une autorité supérieure, mais provient d'une concertation commune[88]. Dès lors, l'union des Etats ne se faisant que « par analogie » avec l'union des individus en un Etat[89], le droit des gens sera un droit *inter*-étatique : un droit servant à régir les rapports

---

82. *Idée d'une histoire universelle du point de vue cosmopolitique,* 7ème proposition.

83. *Ibid.,* 5ème proposition.

84. *Doctrine du droit,* § 61, p. 234.

85. Notons toutefois que, dans le « système fédéral » américain, les Etats fédérés ne sont pas des Etats souverains.

86. *Lose Blätter,* tome XXIII, p. 167-169.

87. Dans l'*Essai sur la paix perpétuelle,* Kant, plus explicite, dira non seulement qu'une fédération des Etats libres présuppose la liberté d'initiative et la responsabilité des Etats-membres mais qu'elle a pour but « la conservation et la garantie » de leur liberté, p. 103 ; cf. également *Reflexionen* sur la philosophie du droit, n° 8065.

88. *Théorie et pratique,* p. 56. Il faut rappeler ici que Grotius , qui distinguait le *jus gentium naturale* et le *jus gentium voluntarium* considérait ce dernier comme produit par le consentement commun des nations (*communis consensus gentium).*

89. *Doctrine du droit,* § 61.

entre les divers Etats qui y auront collaboré . « C'est ainsi seulement par un congrès, écrira Kant dans la *Doctrine du droit,* que peut être réalisée l'Idée de l'établissement d'un droit public des gens »[90]. De cette « ligue de paix »[91], il donnera pour exemples, lors même qu'il en sait les faiblesses, les assemblées de La Haye et de Gertruydenberg. Ainsi — et c'est là l'important —, ce droit des gens sera bien la forme moderne d'un *jus inter gentes* qu'il faut entendre comme un droit destiné à régir les rapports entre une pluralité d'Etats, *Staatenrecht* ou *jus publicum civitatum*. Une simple alliance des peuples n'est plus « l'ultime perfection » dont parlait une *Réflexion sur l'anthropologie*[92].

Ainsi conçu, le droit international suppose évidemment la mise au point d'une technique juridique régissant la coexistence, voire la coopération des Etats-membres de la fédération : le droit des gens n'est pas, selon Kant, un droit naturel comme il l'était selon les juristes de la Rome antique. On pourrait donc reprocher à Kant de n'avoir point proposé de dispositions concrètes aptes, par des mesures de contrainte juridique, à résoudre les conflits ou les tensions qui déchirent le monde. Ainsi, aux termes du pacte fédéral qui, sous la Constitution cosmopolitique, tendrait vers la paix, il n'est point précisé quelles institutions et quelles procédures juridictionnelles seront nécessaires pour que le droit international emporte effectivité et efficacité. En outre, ne sont prévues ni force ni police internationales. Même l'*Essai sur la paix perpétuelle* ne répond pas à cette nécessité pragmatique. Kant mériterait-il le reproche qu'il fait lui-même aux « tristes consolateurs » de l'Ecole du droit de la nature et des gens ? En vérité, ce grief est loin d'être décisif : il est exact que, *de facto*, il met en évidence l'extrême fragilité d'un système juridique dans lequel, faute de *jurisdictio,* c'est-à-dire d'une autorité arbitrale pour dire le droit, les Etats qui ont pactisé peuvent violer leurs engagements et qu'en conséquence, la guerre demeure possible ; mais ce reproche ne laisse pas de témoigner d'une lecture fautive des textes. Kant n'est pas juriste ; c'est *en philosophe systématique,* sûr de la pertinence des paramètres de sa *réflexion critique,* qu'il aborde, contre la vision désespérante de Mendelssohn, la question de la fondation (et non de l'organisation) du droit des gens. Dans la perspective transcendantale qui est la sienne, il a une certitude : c'est que les voies de la diplomatie traditionnelle sont jalonnées d'erreurs parce que théoriciens et praticiens, de Grotius à Achenwall, en passant par Pufendorf, Leibniz, Wolff ou Vattel..., ont enraciné le droit des gens dans un jusnaturalisme dogmatique ; ils ont situé le droit des gens hors de son ordre. Voilà pourquoi Kant, rejoignant Rousseau, estime que leur projet, à raison de ses fondations insuffisantes et impures, ne pouvait pas être viable.

En s'opposant philosophiquement aux visions doctrinaires des jusnaturalistes aussi bien qu'au pessimisme de Mendelssohn, Kant, livre l'une des clefs de sa philosophie pratique et définit le droit des gens comme un *Sollen,* un *devoir-être* . Lors même que le droit international qu'il fonde dans l'Idée

90. *Doctrine du droit,* § 61.

91. Kant reprend l'expression utilisée par l'abbé de Saint-Pierre.

92. *Réflexions sur l'anthropologie,* n° 1499 : « Ultime perfection : la fédération des peuples ».

pure d'une Constitution cosmopolitique ne réalisera jamais le *jus humanae societatis* dont rêvaient Francisco de Vitoria et Alberico Gentili[93], il n'est pas une chimère : « il est possible », « il peut exister », insiste Kant. Cela ne signifie pas que, avec lui, même à l'heure des Lumières, l'Idéal descendra sur la terre et que l'humanité fraternelle dont, à la même époque, parle Condorcet, verra le jour. Cela signifie que, à raison de la « nature des choses », on ne saurait tenir la nature humaine « pour enfoncée dans le mal au point que n'en doive finalement triompher la raison morale pratique »[94]. Le chemin du progrès, qui est aussi celui de la culture, sur lequel le droit des gens établira des jalons sûrs, n'est pas la route d'un déterminisme causal et nécessitant ; il ne peut résulter, conformément au dessein de la Providence, que de la coopération dont les hommes, sous la lumière nouménale de l'Idée du droit, voudront bien être les artisans entre la nature et la liberté. Ainsi pensé, le droit des gens est une tâche infinie.

L'important, pour Kant, est que le chemin ainsi tracé soit un lieu d'espérance puisque, *théoriquement,* il prend son point de départ dans l'exigence transcendantale de l'ordre universel et puisque, *pratiquement,* il rend possible, sous des normes rationnellement fondées, quelques « essais infructueux » dussent-ils se produire, la coexistence pacifique des Etats.

Kant lui-même conclut : « Ainsi, du point de vue cosmopolitique aussi, on en reste à l'affirmation : ce qui, pour des raisons d'ordre rationnel, vaut pour la théorie vaut également pour la pratique ». Gardons-nous de penser que, pour autant, Kant s'en remet à l'idéal platonicien du philosophe-roi[95]. Pensons plutôt qu'il est raisonnable d'espérer que le droit des gens constitue, pour l'humanité dans son ensemble, le passage entre la barbarie et la civilisation. Sur l'horizon nouménal d'une Constitution cosmopolitique — une Idée qui, comme telle, est « évidemment irréalisable » et ne peut servir que de principe de réflexion et de maxime régulatrice — la grande espérance de Kant est, en 1793, que le *jus inter gentes* permette, en tant que *jus publicum civitatum*[96], d'atténuer le bruit des armes au sein d'une « fédération des Etats libres »[97]. En travaillant à rétablir la confiance entre les nations, il fera reculer — sans l'abolir puisqu'il est inhérent à la nature humaine — le spectre affreux des guerres. La même année, *La Religion dans les limites de la simple raison* donne à cette espérance une forme concrète : non point celle d'une révolution politique, mais, pour les citoyens de cette terre, celle d'une « réforme graduellement progressive » des moeurs. En 1798, dans son ultime ouvrage, l'*Anthropologie du point de vue pragmatique*, Kant, reprenant le thème de 1793, remarquera que, même si cette coalition est constamment menacée de

93. Francisco de VITORIA (1483-1546) et Alberico GENTILI (1552-1608) passent généralement comme des fondateurs du droit international.

94. *Théorie et pratique*, p. 5 .

95. Toute équivoque, s'il en était besoin, serait levée dans l'*Essai sur la paix perpétuelle* : « On ne doit pas s'attendre à ce que les rois se mettent à philosopher, et à ce que les philosophes deviennent rois », p. 51.

96. Cf. *Doctrine du droit*, § 53.

97. *Essai sur la paix perpétuelle*, p. 98-99.

désunion, elle progresse néanmoins vers une société de « citoyens du monde »[98] ; et il précise : « ce n'est pas du libre accord des individus qu'il faut attendre l'arrivée au but, mais seulement de l'organisation progressive des citoyens de la terre dans et vers l'espèce en tant que système dont le lien est cosmopolitique »[99]. Ces derniers mots du dernier ouvrage de Kant résonnent comme un testament philosophique.

Depuis lors, deux siècles se sont écoulés... Aujourd'hui, on peut se demander, non sans une certaine angoisse, si l'humanité s'est montrée digne de l'espérance que Kant mettait en elle. Le droit des gens dont il esquissait l'épure éclairait-il l'aube d'une ère nouvelle ou marquait-il simplement le crépuscule d'une époque ?

---

98. *Anthropologie du point de vue pragmatique*, trad. M.Foucault, p. 168. La suite du texte est éloquente : une « société cosmopolitique » est une « Idée inaccessible en soi, qui n'est pas un principe constitutif (permettant d'atteindre une paix se maintenant au milieu des actions et des réactions les plus vives des hommes), mais seulement un principe régulateur : il s'agit de la suivre avec application, comme destination du genre humain... »

99. *Ibid.*, p. 170 .

LA « JERUSALEM » DE MENDELSSOHN

ET LA « RELIGION » DE KANT

Joachim KOPPER

Les jugements synthétiques *a priori* et leur possibilité font le thème central de la pensée kantienne, qui étend son influence jusqu'à *La Religion dans les limites de la simple Raison*. Kant fait la distinction entre l'usage seulement logique et l'usage objectif de nos jugements, et dans les *Prolégomènes* il se vante d'avoir découvert pour leur usage objectif la distinction entre les jugements analytiques et les jugements synthétiques. Il nous dit qu'avant lui les métaphysiciens n'avaient pas encore connu cette distinction, et qu'en ce qui concerne la validité objective des jugements leur pensée s'est muée dans une totale confusion. La pensée transcendantale au contraire arrive à discerner clairement les rapports de notre pensée à ses objets et par suite sait former des jugements métaphysiques dont la validité objective est vraiment légitimée. Dans l'introduction à la 1ère édition de la *Critique de la Raison pure* Kant estime, que pour les jugements synthétiques *a posteriori* leur validité se comprend par elle-même, mais que la possibilité des jugements synthétiques *a priori* reste dans un certain sens un mystère. Il y a pour la légitimité de ces jugements un problème, qui marquera toute la pensée critique et étendra son influence jusqu'à la *Religion* et même jusqu'à *l'Opus postumum*. Quelque chose d'apostériorique s'insère dans les jugements synthétiques *a priori*, qui fait que la possibilité de ces jugements ne puisse apparaître dans sa translucidité.

Dans *l'Opus postumum* Kant nous donne une dernière définition du jugement synthétique *a priori* en disant, que l'homme, l'être pensant dans le monde, est le lien entre Dieu et le monde. La pensée humaine ne doit donc plus se rapporter au monde comme à un objet, qui dans un certain sens lui reste extérieur, elle est plutôt le principe immanent, par lequel et comme lequel la pensée et la puissance divines se constituent comme apparition, c'est-à-dire se constituent en monde. L'unité et la totalité de cet événement, conçu sous forme de son apparition même, font l'existence de l'homme comme être pensant dans le monde. L'être pensant dans le monde est lui-même le jugement synthétique *a priori* et il n'est rien que ce jugement.

C'est dans ce sens que Kant affirme encore, que la pensée transcendantale est la clef pour ouvrir tous les secrets de tout le système du monde. Mais cette affirmation reste une simple affirmation. Kant affirme la certitude de la validité objective du plus haut et premier jugement synthétique *a priori*, mais cela ne veut pas dire que la possibilité de ce jugement soit vraiment devenue transparente. La pensée transcendantale est l'accomplissement en acte du jugement synthétique *a priori* dans sa validité objective, mais il ne semble pas, qu'elle ait réussi à scruter vraiment le problème de sa possibilité.

Pourtant, il y a peut-être un texte, où Kant nous indique de loin, comment il pourrait y avoir une solution de ce problème, non pas par une doctrine et par des affirmations, mais par l'autoréalisation effective de la pensée humaine dans son essence intelligible. Ce texte se trouve — sous forme d'une longue note — dans la *Préface* à la *Religion*. J'essaierai de préciser le sens de cette note en partant du thème de la possibilité des jugements synthétiques *a priori*. Pouvoir poser la question de la possibilité des jugements synthétiques *a priori* implique connaître la réalité de cette possibilité, mais sans pouvoir s'en assurer. Ce qui nous empêche de nous en pouvoir assurer, c'est la situation de la pensée transcendantale, en tant qu'elle délimite le jugement objectif par des déterminations, qui ne sont pas de la nature du jugement lui-même. Nous nous trouvons devant la distinction des jugements analytiques et des jugements synthétiques, et pour ces derniers devant celle des jugements apostérioriques et des jugements aprioriques. La possibilité des jugements objectifs ne peut plus connaître ces distinctions. Dans sa possibilité le jugement objectif n'est que jugement, dans la totalité d'une réalité et d'une signification autonome et close en elle-même. Sous condition et dans les limites des distinctions que nous devons faire, nous avons donc une conscience — pour ainsi dire transcendantale — du sens en soi unique de l'analytique et du synthétique, ainsi que du synthétique *a posteriori* et du synthétique *a priori*. On peut dire, que cette situation marque une connaissance transcendantale, qui en tant que *connaissance* inconditionnée est *expérience* transcendantale. Dans cette réalisation indirecte de la possibilité du jugement objectif nous nous élevons dans un certain sens au-dessus du jugement objectif lui-même en tant qu'il est déterminé par les distinctions qu'en donne la pensée transcendantale. C'est dans cette réalisation indirecte de la possibilité du jugement objectif, qui comme connaissance transcendantale est expérience transcendantale, que nous comprenons nous-mêmes dans notre existence comme êtres pensants dans le monde et comme auto-exécution — sous forme du monde — du plus haut bien et de l'existence de Dieu. La raison pratique déterminée par la distinction entre le jugement synthétique *a posteriori* et le jugement synthétique *a priori* n'avait pu concevoir le plus haut bien que sous forme d'un idéal postulé, qui s'érige — sans être réalisable par nous — contre cette distinction de l'*a posteriori* et de l'*a priori*. Il y avait pour nous un abîme infranchissable entre le bien que nous aimons et le bien que nous estimons. Pour la pensée transcendantale, qui s'accomplit dans la possibilité du jugement objectif et comme elle, cette distinction de l'amour et du respect n'est qu'une forme encore dogmatique de cette connaissance transcendantale qui comme telle est expérience transcendantale — ou disons de ce sentiment transcendantal, où l'homme s'éprouve comme la réalisation en acte et en soi unique du lien entre Dieu et le monde. Mais, pour la pensée transcendantale de Kant cette situation de l'homme ne peut être saisie et actualisée, que sous les différentes formes du jugement objectif, où ce jugement reste déterminé par des distinctions qui valent par elles-mêmes et qui ne se dissolvent pas entièrement dans ce que nous avons appelé ici le sentiment transcendantal. C'est cette situation, qui — pour Kant — marque la condition de l'homme et qui fait que son existence est pour ainsi dire étirée entre un penchant originaire et indéductible dans et par lequel la possibilité du jugement objectif, c'est-à-dire la situation de l'homme comme lien entre Dieu et le monde, se pervertit elle-même et une certitude, elle aussi originaire, de la foi religieuse pure éprouvée seulement à travers ce penchant, mais dans et par laquelle nous sommes pour ainsi dire en possession de la vérité de notre situation.

A travers ce penchant à la « *proprietas* » nous vivons la possibilité du jugement objectif comme une puissance originaire, qui fait pour ainsi dire l'idée de l'homme en Dieu et qui implique — de façon négative — la promesse de la béatitude. Ainsi, même soumis au penchant radical à l'être donné et déterminé, l'homme a toujours la disposition à la foi religieuse pure, même s'il ne peut s'y engager (selon les préceptes de la raison pratique pure) que dans les chaînes de la chute dans l'oubli de la possibilité originaire, qui le constitue dans son être.

En ce sens nous pouvons dire, que par la possibilité primitive du jugement objectif, par la possibilité d'être le lien entre Dieu et le monde il y a toujours déjà pour nous, sous les conditions de notre existence soumise au penchant à la 'proprietas', la médiation divine qui nous élève à la vérité de notre existence et à la promesse de la béatitude, qu'elle implique.

La foi religieuse pure érige ainsi une Eglise, où le véritable bien, même dans ce monde, ne se confine plus à la moralité des individus qui restent toujours marqués par la *proprietas*, mais se documente ici déjà comme la communion des esprits en Dieu. Cette Eglise a été instituée par Dieu, nous ne savons pas comment ; mais nous la trouvons sous forme de la religion chrétienne. Pourtant, comme des êtres abandonnés à l'être donné nous ne savons pas vivre la foi religieuse pure ou l'Eglise dans sa vérité. Au lieu de pouvoir vivre la possibilité du jugement objectif dans son essence, nous le pervertissons dans l'affirmation de la réalité donnée de l'être et du bien et dans l'abandon de toute notre existence à cette affirmation fictive. Ainsi nous faisons de la foi religieuse pure une religion historique et cultuelle. La religion chrétienne, comme nous la trouvons aujourd'hui, est une religion où la foi religieuse pure, dans laquelle nous vivons, se trouve être expliquée par une pensée qui est soumise au penchant à la *proprietas*, et qui en tourne le sens salutaire contre lui-même. Une telle foi historique et cultuelle ne peut être vécue en sincérité, car elle est contredite par l'actualité en nous du jugement de la foi religieuse pure, qui fait notre essence et dans lequel nous nous reconnaissons nous-mêmes dans et par la médiation divine. Pour décrire parfaitement l'état de la conscience religieuse dans le christianisme, on pourrait donc dire, que la foi religieuse pure y est vécue sincèrement, mais qu'elle doit se réaliser comme imbibée d'un doute originaire.

La pensée transcendantale s'élève au-dessus de cette position de la pensée chrétienne, dans laquelle la foi religieuse pure se trouve être réalisée sous la domination du penchant radical à l'existence propre, elle s'élève aussi au-dessus de la métaphysique chrétienne, qui résulte de cette situation et dans laquelle le jugement objectif est obnubilé par la perversion de la pensée. Et avec cela elle dépasse aussi le doute qui marque la foi historique et cultuelle et partant la dogmatique scolastique. La pensée transcendantale comprend l'homme, l'être pensant dans le monde, comme le lien entre Dieu et le monde, elle s'est haussée à la pensée de la possibilité des jugements synthétiques *a priori* ; et elle est ainsi la certitude inconditionnée de la foi religieuse pure et de son accomplissement dans le monde : la philosophie transcendantale est la clef pour ouvrir tous les secrets de tout le système du monde. Mais cette pensée de la possibilité des jugements synthétiques *a priori* n'est pas encore la solution du problème du « comment ? » de cette possibilité, elle n'est pas encore la translucidité de la possibilité de cette possibilité : le « comment ? » de cette possibilité nous reste voilé. Dans la pensée transcendantale la foi religieuse pure ou, en d'autres mots, la possibilité des jugements synthétiques *a priori* est arrivée à intégrer en elle le penchant à l'existence propre (c'est-à-dire aussi la religion historique et cultuelle), mais sans pouvoir vraiment le dissoudre comme forme de notre auto-compréhension.

Ainsi, nous nous trouvons — avec la pensée transcendantale — devant la foi religieuse pure, qui en elle se reconnaît comme telle, mais ne se comprend que par une pensée, qui reste soumise au penchant métaphysique. La foi religieuse pure n'y arrive pas à se donner forme par elle-même, mais, justement parce qu'elle doit accepter en elle-même le penchant — disons — métaphysique et le jugement de fait, elle se prend comme une foi, qui est soumission totale aux lois formelles de la raison pratique pure — conçues en opposition à la réalité donnée et à la *proprietas* — en tant qu'elles doivent être comprises comme des commandements de Dieu. Cette pensée religieuse pure ne peut donc être l'actualisation véritable de la pensée transcendantale de l'Eglise de Dieu sur terre. Et cela implique pour la compréhension de la religion chrétienne, qu'elle n'a pas la puissance d'expliquer transcendantalement la forme historique et cultuelle sous laquelle elle apparaît, mais qu'elle ne sait en juger que par constatation, et qu'elle ne peut vaincre cette religion historique et cultuelle, qu'en lui opposant de façon extérieure la religion pure de la soumission totale à nos devoirs reconnus comme des commandements de Dieu. C'est sous ces conditions, limitant la puissance herméneutique de la pensée transcendantale, que Kant regarde aussi la religion juive comme une religion historique et en déduit pour ainsi dire le caractère historique de la religion chrétienne, pris par lui comme un fait, par lequel la foi religieuse pure se trouve être corrompue dès sa première apparition sur terre.

Or, pour Mendelssohn, dans sa *Jérusalem* de 1783 — si nous nous permettons de discuter cet écrit dans une perspective kantienne —, toute la pensée chrétienne, la pensée transcendantale de Kant y comprise, ne peut vraiment rendre compte de la pensée religieuse juive. On pourrait dire, que pour Mendelssohn la pensée (et cela veut dire « la religion ») juive ne connaît pas l'auto-actualisation de la pensée par le jugement objectif. La pensée juive ne connaît pas cette extériorité de la pensée jugeante à son propre égard, qui jette cette pensée dans le doute et qui en fait une foi religieuse historique et cultuelle. La pensée chrétienne soumise à cette extériorité ne dispose pas de moyens intellectuels pour comprendre une pensée religieuse, qui, elle, ne s'accomplit pas sous forme du jugement objectif. Pour la pensée juive le jugement transcendantal, qui fait l'existence de l'homme, est pour ainsi dire une pensée immédiate, qui caractérise la réalité de l'existence de l'homme dans le monde et du monde même en elle-même et comme telle. Il n'y a pas de fait donné, qui détermine la pensée jugeante extérieurement et qui contraindrait donc la pensée de dépasser le jugement objectif vers la possibilité de cette validité objective même ; la pensée religieuse immédiate se trouve plutôt en deçà de la distinction entre le jugement objectif et la possibilité de ce jugement, elle ne conçoit pas le monde et l'existence de l'homme dans le monde comme des faits, mais il comprend le monde et l'homme comme l'actualisation de la sagesse et de la volonté de Dieu. Comprendre le monde et l'homme non pas comme une présence, dont on devrait encore chercher la possibilité, mais les comprendre comme l'accomplissement de l'acte divin, c'est actualiser immédiatement la pensée inconditionnée du monde et de l'existence de l'homme dans le monde. Cette pensée immédiate ne connaît pas la distinction que fait Kant entre le moment réceptif et le moment spontané de la pensée jugeante. Mais dans son immédiateté cette pensée implique néanmoins deux moments, qui se rapportent pour ainsi dire à la sagesse de Dieu d'une part et à sa volonté d'autre part, cette pensée contient en elle d'une part la certitude de la béatitude et il contient d'autre part l'auto-expérience de la vie vécue comme accomplissement et exécution de la volonté de Dieu. De par sa nature l'homme, sorti de la sagesse de Dieu, est destiné à la béatitude, mais il y a aussi l'expérience immédiate de la vie vécue comme n'étant rien que l'exécution de la volonté de Dieu. Sans s'exclure l'un de l'autre ces deux moments de la pensée religieuse ne peuvent pourtant être conçus que sous forme d'une originaire distinction. Il y a dans la foi religieuse juive, une distinction entre la nature de l'homme étant l'image de Dieu, et l'existence vécue comme volonté divine en acte. Ces deux moments ne font qu'ensemble la signification inconditionnée de la foi religieuse juive. L'ensemble des deux moments implique la distinction et cela veut dire une imperfection ; mais dans les limites de cette imperfection il réalise ce que — chez Kant — la foi religieuse pure cherche sous forme de la possibilité du jugement objectif.

Image de Dieu : ce moment dans la pensée religieuse veut dire béatitude, vie éternelle, règne de Dieu : c'est une connaissance, c'est l'accomplissement de la pensée religieuse, c'est-à-dire de la réalité humaine, comme connaissance. Dans ce sens la pensée religieuse juive est pour ainsi dire une pensée universelle : elle veut dire, que l'humanité entière, que tous les hommes sont destinés à la béatitude ; Dieu a fait tous les hommes à son image et à sa similitude, et il les reconnaît dans cette similitude. Mais la pensée religieuse implique d'autre part, que la vie vécue de l'homme s'éprouve totalement comme accomplissement de la volonté de Dieu, que son exécution ne vaille que comme service religieux : et ceci non pas seulement dans les actions individuelles et sociales des hommes, mais dans la procréation de leur vie elle-même. Selon ce deuxième moment la foi religieuse juive ne peut donc être une pensée universelle, elle ne peut être que l'expérience vécue de la vie elle-même, comme elle vit pour un certain temps et comme elle meurt, pour se reproduire de génération en génération. Dans ce sens la foi religieuse juive implique comme un moment, qui lui inhère essentiellement, l'existence du peuple de Dieu, dont l'existence dans le monde n'y doit être que l'exécution de la volonté de Dieu. Le peuple de Dieu ne peut être une pensée universelle, il ne peut être que ce peuple existant effectivement dans le monde. La pensée universelle et l'existence de ce peuple font ensemble la pensée religieuse — ou la religion — juive. Et, pour exposer ainsi la pensée de Mendelssohn un peu : nous ne devons pas nous représenter l'existence du peuple de Dieu selon le schéma de la pensée historique chrétienne, par laquelle l'existence du peuple de Dieu est prise comme un fait qu'on constate dans le monde, où ce peuple se retrouve parmi d'autres peuples, qui, eux, ne sont pas des peuples élus. La vie vécue de ce peuple est plutôt un moment inhérent de la totalité de la pensée religieuse juive, qui à côté de cette vie implique aussi la pensée universelle, et qui — comme foi religieuse — ne fait qu'une seule et unique totalité — différenciée en elle-même — de la nature de l'homme, image de Dieu et destiné à la béatitude, et de l'existence particulière dans le monde du peuple élu de Dieu. Le jugement pour ainsi dire objectif, historique et scientifique est pour la foi religieuse juive sans aucune importance, tandis que dans l'exégèse chrétienne il en doit faire le caractère essentiel.

Or, en se fondant sur cette position de la pensée religieuse juive, Mendelssohn ne peut accepter la religion chrétienne comme religion universelle. Mendelssohn voit bien que dans la religion chrétienne les deux moments, qui dans la religion juive sont distingués d'une certaine façon, la pensée universelle de la béatitude et la réalisation de la vie vécue comme l'exécution immédiate de la volonté de Dieu, se trouvent être réunis dans une religion qui sans restriction veut être religion universelle, qui donc — de par son intention — ne connaît plus la distinction entre la nature le l'homme comme image de Dieu et l'existence de la vie vécue comme exécution de la volonté divine. Mais il juge que cette prétention s'est soldé par un échec tant pour le moment historique que pour le moment cultuel de cette religion.

L'histoire du peuple juif est vécue comme une histoire dans l'obéissance aux commandements de Dieu. Dieu a révélé ses commandements à son peuple. Ces révélations pouvaient être accompagnées de miracles. Mais jamais Dieu ne s'est montré lui-même au peuple. La révélation de Dieu lui-même est une idée qui au sens strict ne peut entrer dans la religion juive. D'ailleurs une telle prétendue révélation ne pourrait jamais être reconnue comme telle, tout événement dans le monde ne peut être connu que comme un événement dans le monde. Prétendre qu'on sache que Dieu se soit révélé dans le monde, doit être une erreur ou une mystification. Mais la religion chrétienne, en voulant unir la pensée universelle de la béatitude et l'existence historiquement vécue a fait de la pensée religieuse une pensée scientifique, qui sous forme d'un jugement objectif contienne en même temps la sagesse et la volonté de Dieu, où donc sous forme du jugement objectivement historique le Verbe de Dieu se fait connaître par les hommes et où l'humanité entière se reconnaisse — par une connaissance scientifique — comme soumise à la vérité de cette révélation et au culte dû à Dieu dans l'institution d'une Eglise universelle.

Ainsi, on a pu former l'idée d'une révélation historique de Dieu dans le monde et a en pu faire un dogme théorique, dont la vérité ne fait pas seulement l'objet d'une connaissance théorique, mais de l'autoconstitution de la foi religieuse et du devoir religieux lui-même. L'incertitude de la vérité du dogme théorique s'érige par elle-même en devoir religieux envers la vérité théorique de ce dogme. Et parce que cette religion basée sur une pensée scientifique et historique s'organise elle-même comme institution sociale, la croyance à la révélation objective de Dieu peut être demandée aux fidèles par leurs supérieurs comme un devoir impliqué dans la nature scientifique de cette foi même. Nous nous retrouvons ici devant ce que Kant avait remarqué sur le doute comme principe immanent de la religion chrétienne comme religion historique et cultuelle. Pour Mendelssohn, bien sûr, la foi religieuse ne peut être demandée. Au contraire : il serait trop peu de dire, que le peuple de Dieu ait la foi : son existence est la foi, et cette foi implique cette pensée universelle, que tous les hommes sont destinés à la béatitude et à la vie éternelle. Aucun dogme théorique ne peut s'égaler à cette foi, qui implique l'existence vécue du peuple elle-même. On devra dire, — Mendelssohn ne le dit pas « verbis expressis » — que le dogme chrétien a profané la foi religieuse, en en faisant une foi scientifique, qui prétend juger objectivement de la révélation de Dieu et du culte dû au Dieu révélé et qui donc ne pourra être vécue que comme rongée par un doute intérieur. L'existence du peuple de Dieu n'était rien que dévouement entier à Dieu. Dans la vie de ce peuple il n'y avait rien, qui ne valait comme culte. Toute action, la plus modeste même, avait un sens religieux. Le culte chrétien au contraire est un culte dû à un Dieu, qui selon le dogme s'est révélé historiquement dans le monde, et qui lui est rendu par des hommes, qui dans leur existence ne se prennent plus vraiment comme des êtres religieux, mais comme des êtres profanes. C'est ce qu'appellera Kant le faux culte de Dieu dans une religion statutaire.

Lavater avait prétendu que la vérité historique et cultuelle de la foi chrétienne était une vérité se garantissant par elle-même, et il avait invité Mendelssohn à se convertir au christianisme. Mendelssohn éprouve la vérité de la foi religieuse juive sous forme d'une conviction immédiate. Dans son immédiateté cette conviction ne se garantit qu'elle-même, elle ne permet pas à Mendelssohn de juger de la vérité de la foi religieuse en général par une reconnaissance de l'essence de la foi religieuse. Il sait que la foi religieuse juive possède la vérité. Mais cette conviction n'est pas un jugement sur l'essence de la foi religieuse en tant que telle. C'est pourquoi Mendelssohn ne rejette pas la foi chrétienne comme une foi erronée. Evidemment, la religion chrétienne se présente sous des formes, dans lesquelles la foi religieuse ne peut être conforme à elle-même, mais nous ne savons pas juger du rapport interne entre ces formes pour ainsi dire profanes de la foi chrétienne et l'essence de la foi religieuse. Le pensée religieuse — dans son immédiateté — implique la certitude, que l'exécution historique de la foi — même sous des formes peut-être erronées — nous mènera finalement à la foi religieuse pure, qui comme vérité intérieure de notre existence nous guide tous depuis toujours. Il semble que c'est là le dernier sens du messianisme dans la pensée juive.

Pour conclure, on pourrait peut-être dire, que, sous une forme modifiée, ce messianisme est aussi à la base de la pensée religieuse de Kant. Pour lui, le messianisme n'est plus le dernier élément d'une pensée religieuse, qui se prend elle-même comme une conviction immédiate, il le renouvelle dans et par cette question : Comment les jugements synthétiques *a priori* sont-ils possibles ? Comment se peut-il, que l'homme, l'être pensant dans le monde, soit le lien entre Dieu et le monde ? La pensée de Kant commence par l'actualité primitive, l'actualité transcendantale du règne des grâces où il y aura l'unité de la sagesse et de la volonté de Dieu, de la béatitude et de la vie vécue de l'homme, dans la possibilité du monde en Dieu, qui dans la persuasion immédiate de la religion juive ne pouvait être que le principe caché qui ne pouvait s'exercer que sous forme de la pensée universelle et de la vie vécue du peuple élu.

Pour Kant, la puissance autonome de ce principe de la foi et de la pensée religieuse se documente maintenant par elle-même sous forme de tentatives pour constituer l'Eglise universelle sur terre. Le messianisme s'est libéré chez lui de sa forme historique et s'est constitué comme certitude transcendantale, dans et par laquelle l'homme, l'être pensant dans le monde, reconnaît son essence dans la possibilité du jugement objectif et *a priori*, c'est-à-dire dans sa destination d'être le lien entre Dieu et le monde. Mais si la pensée transcendantale se place dans la certitude de la possibilité des jugements synthétiques *a priori*, elle ne saura pourtant pas résoudre la question du « comment ? » de cette possibilité. Dans ce sens la pensée transcendantale de Kant, qui, de par son essence est foi religieuse pure, reste liée à la forme historique et cultuelle de la pensée chrétienne. Elle la critique, mais sans vraiment pouvoir s'en libérer, et elle se réfugie dans une négation abstraite de cette forme historique et cultuelle (qu'elle retient toujours comme base) par sa doctrine du caractère purement formel de la raison pure. Cette critique abstraite atteint aussi la pensée religieuse juive, qui se trouve être regardée par Kant comme une religion tout simplement historique, qui ne connaît pas ce fondement transcendantal, qui pour la foi chrétienne même dans sa forme historique et cultuelle fait le principe de sa liberté. Kant semble corriger sa position à l'égard de la religion juive dans son *Conflit des Facultés* de 1798, où il reconnaît que le transcendantalisme inhérent à la foi religieuse pure implique aussi en lui l'histoire sur terre du peuple élu de Dieu. Ainsi, dans cette époque des lumières, la pensée religieuse juive de Mendelssohn et la pensée religieuse chrétienne de Kant se trouvent être rapprochées dans la certitude de la foi religieuse pure, certitude, qui n'est pas encore entièrement éclairée sur elle-même, mais qui soit comme conviction immédiate ou comme conviction transcendantale sait discerner le chemin qui nous mènera finalement à une foi religieuse pure disposant clairement d'elle-même.

RAISON FINIE ET SENTIMENT RELIGIEUX

Jules VUILLEMIN

On ne peut comparer *La Religion dans les limites de la simple raison* aux trois *Critiques* ni par le style, ni par la composition, ni par le contenu. A la question proprement religieuse de savoir ce que nous sommes en droit d'espérer, Kant répond en 1793 sans le moins du monde étendre la doctrine critique de la foi ou relâcher la stricte subordination de la foi au devoir. La révélation chrétienne, convenablement interprétée, et elle seule parmi toutes les révélations, est certes reconnue compatible avec la morale rationnelle. Mais, en fait de religion, l'idéalisme transcendantal paraît avoir déjà donné tout ce qu'il promettait. Si la foi rationnelle s'inscrit dans le cercle plus vaste de la foi révélée, c'est pour mieux la tenir en bride. Analogies et symboles n'ont de valeur que rationnellement fondée et c'est à la philosophie des Lumières à qui revient le dernier mot de l'espérance.

Juger équitablement l'écrit de 1793, c'est donc se demander si la méthode transcendantale a bien livré ses dernières conséquences en matière de religion. Et, puisque tout dépend ici du *factum rationis,* c'est de l'examen systématique du fait de raison que je partirai pour décider si les postulats de la raison pratique n'appellent pas une enquête nouvelle sur la nature du sentiment religieux.

I. — LE FAIT DE RAISON

Rendons à la raison son sens platonicien de faculté des idées. Acceptons, d'autre part, probablement en renouvelant les arguments kantiens, le caractère conditionnel de toute connaissance objective tant mathématique qu'expérimentale. Psychologie, cosmologie et théologie rationnelles se trouvant alors réduites au rang de chimères, on ne pourra chercher un fait de raison qu'en dehors du champ et des modalités de la connaissance, dans une idée pratique. En elle-même l'idée de Devoir inconditionnel *(Sollen)* se révèle universellement à tout être raisonnable fini ou non et contient analytiquement les trois propriétés suivantes.

1) Le devoir exige inconditionnellement d'être réalisé dans l'être. Tandis que le nécessaire produit le réel comme conséquence en vertu d'une spontanéité naturelle, le devoir-être, transcendant à l'être, le produit en vertu d'une action.

2) Cette action est libre, dans les deux sens du mot liberté. Une obligation inconditionnelle ne peut solliciter la raison que si c'est cette même raison qui la pose comme loi. Une obligation inconditionnelle ne saurait nécessiter et, pour obéir à la loi, la raison doit en appeler aux choix de l'arbitre. La liberté

est donc la *ratio essendi* du devoir, le devoir la *ratio cognoscendi* de la liberté.

3) Produisant l'être par la liberté, le devoir être le produit comme automoteur ou cause de soi, sans faire appel à une causalité étrangère. Est saint le devoir être qui se promeut à l'être par la pure représentation du devoir. Tout être raisonnable, y compris s'il est fini, tire analytiquement du fait de raison l'idée de sainteté, qui ne se distingue de l'idée de bonne intention que par son caractère de disposition permanente. Le devoir doit être l'unique raison de l'obéissance au devoir. Négliger cette raison, comme le font les logiques déontiques c'est perdre ce qui spécifie la moralité.

Présente à la raison finie et sans liaison nécessaire avec l'idée du Souverain Bien, l'idée de sainteté se particularise sans l'idée de l'Homme parfait agréable à Dieu et donne lieu à la représentation concrète d'une telle humanité comme Idéal personnifié dans le Christ et proposé à l'imitation des fidèles[1]. Or, indépendamment des mystères que la révélation associe à la mission du Christ, un mystère approprié et spécifiquement rationnel enveloppe l'idée de sainteté. Non seulement la liberté qui pose la loi à laquelle elle se soumet transcende les phénomènes et demeure inaccessible à notre connaissance, mais, sans rien dévoiler de sa hauteur cachée et de ses voies, elle se révèle en toute vérité à nous par le devoir et par lui seul. L'inintelligibilité de la liberté résulte ici non pas d'une limitation pratique de la raison, puisque le Maître de l'évangile réalise la loi morale dans sa perfection, mais de sa finitude théorique et du défaut d'intuition intellectuelle. Y a-t-il une cause morale à cette finitude théorique ? Un état originel d'innocence entraîne-t-il un état visionnaire, à présent perdu, de l'entendement, qui lierait, dans l'Homme parfait, sainteté et connaissance des idées ? Laissons ces spéculations aux Illuminés[2] et, revenant à la philosophie, interrogeons-nous sur les conséquences qu'entraîne par elle-même la finitude de la raison théorique-.

Même l'homme parfait considéré dans son archétype - du moins si on ne l'exalte pas au point de lui faire perdre sa vertu d'exemple[3] - ne connaît qu'il est libre qu'autant qu'il est obligé. Il lui est donc interdit d'entrer au conseil de sa propre liberté et le choix de la maxime qui qualifie son intention lui échappe. Dès lors son ignorance le place dans une position asymétrique par rapport au bien et au mal. Assuré d'agir conformément au devoir, i! ne peut ni savoir s'il agit par devoir ni s'attribuer, comme le fait le pharisien, les mérites de sa décision, libre mais cachée. Ses souffrances mêmes, les persécutions qu'il subit, sa constance dans l'obéissance lui fournissent une présomption et une espérance qui ne vont jamais jusqu'à la justification. Quittons maintenant l'archétype en supposant une action contraire au devoir : immédiatement averti de sa désobéissance, l'agent s'approprie le mal dont il est l'auteur.

---

1. *Die Religion innerhalb der Grenzen der blossen Vernunft*, Ak. Ausg VI, 614, Trad. A. Philonenko, *in* Kant, *Oeuvres philosophiques*, nrf, Paris, 1986, p. 76.

2. Par exemple Joseph de Maistre, *Les Soirées de Saint-Petersbourg*, deuxième entretien (Les hommes ont commencé par une science supérieure à la nôtre). A propos de Jacobi, Victor Delbos, *La philosophie pratique de Kant*, PUF, Paris (3e éd.), 1969, p. 546.

3. *Die Religion*, VI, p. 84 ; PHILONENKO, p. 80.

Comme le disent les juristes, le mode d'imputation[4] se renverse : négatif pour les conséquences méritoires de la vertu, positif pour les conséquences accusatoires du vice.

Simple effet hypothétique tant que nous nous contentions de décrire, à partir de l'idée de devoir, l'homme tel qu'il devrait être, l'asymétrie du bien et du mal devient réalité dès que nous reconnaissons au fait de raison toute sa portée empirique en examinant la façon dont cette idée nous affecte dans notre état présent. Car l'obligation inconditionnelle, valable pour tout être raisonnable en général, se spécifie pour nous en impératif catégorique. C'est comme coercition respectable, mais désagréable que le devoir nous apparaît et la résistance générale et spontanée que nous lui opposons définit notre état présent par contraste avec l'état de sainteté dont l'idée nous affecte comme un reproche.

Ainsi la raison finie, mais pratique est pécheresse. Le péché ne se confond pas avec une malignité qui nous ferait choisir le mal pour principe et, désespérant d'avance nos efforts pour obéir à l'impératif, contredirait par là le fait de raison. Il n'implique pas non plus condamnation de la sensibilité et même de l'inclination de l'arbitre à emprunter ses maximes à l'amour de soi en vue du bonheur. En effet l'idée de souverain bien assignera sa place au bonheur dans les postulats. Le péché signifie simplement que, lorsque parle en nous la voix du devoir, elle ne parle pas seule. Au lieu d'obéir au devoir par devoir, comme le veut la sainteté, l'arbitre choisit donc sa maxime sans plus s'en tenir à cette unique raison ; même s'il obéit au devoir il abrite des motifs différents de lui, et le changement d'ordre et de préséance ainsi institué prive la raison législatrice de son efficacité infaillible dans l'exécution.

J'appelle *finie* une raison pratique telle que la nôtre, infaillible dans ses lois, faillible dans ses décrets et, dès lors, soumise à des impératifs catégoriques. Nous n'avons pas à sortir du fait de raison pour être fondés à affirmer l'existence du mal radical et l'universalité du péché originel, puisque ni la vue du devoir, ni le respect qu'elle suscite dans notre sensibilité ne suffisent pour que nous choisissions le devoir pour lui-même. Ces données de la conscience morale sont indiscutables pour peu que nous recevions les commandements auxquels nous avons à répondre et qu'au lieu de chercher des excuses à notre faiblesse, nous acceptions d'écouter en nous ce qui nous accuse et surtout ce qui revendique la dignité d'accusé et de responsable.

Le fait de raison a pour conséquence ce qui est le principe de la religion naturelle ou plus précisément rationnelle. Un conflit naît de ce que nous devons catégoriquement changer la maxime de notre arbitre en sorte de mettre fin à la dépravation de l'ordre, tandis que, d'autre part, l'homme le meilleur ne saurait échapper à cette dépravation originelle, sinon au terme d'un progrès infini. Un principe modal pratique suffit pour résoudre le conflit : à l'impossible nul n'étant tenu, il faut nécessairement que soit possible ce qui doit être. Une grammaire allemande d'autrefois le disait énergiquement : *Wer will der kann.* Si souvent et si superficiellement contestés, les postulats de la raison pratique résultent de la simple application

4. *Théorie et pratique,* VIII, p. 428.

du principe au fait de raison ; ils expriment les réquisits de l'impératif moral, si l'obéissance qu'on lui doit par devoir n'est pas impossible.

Du point de vue de la méthode transcendantale, il est donc aussi légitime et nécessaire de déduire les conditions qui rendent possible le devoir être que celles qui rendent possible l'expérience. Dans les deux cas, la déduction s'achève par une détermination modale qui s'exprime par des postulats et qui, loin d'étendre le contenu de la représentation, a pour unique fin de fixer le rapport de celle-ci à nos facultés d'agir et de connaître. Ainsi les postulats de la pensée empirique en général fixent, relativement à la possibilité de l'expérience, les relations du possible au réel et du réel au nécessaire. Appliqués à la donnée empirique du mouvement, ils limitent progressivement les degrés de liberté dont dispose l'observateur quand, passant de la cinématique à la dynamique, puis de la dynamique à la mécanique, il fait la part du relatif et de l'absolu dans les mouvements d'un système. De même, les postulats de la raison pratique ont pour unique fonction d'assigner aux idées l'existence que l'impératif catégorique requiert s'il est modalement cohérent. Mais cette existence, par définition transcendante à l'expérience et inaccessible à la connaissance, reste entièrement dépendante de l'impératif rationnel. Objet d'une foi de raison aussi réfractaire à la foi d'Eglise que l'autonomie l'est à l'hétéronomie, l'existence intelligible est rebelle à la quantité, à la qualité, à la relation comme à la modalité en tant que constituante d'une expérience possible, au fond exclusive de toute révélation qui prétendrait à un rôle autre qu'auxiliaire ou symbolique.

Les postulats pratiques, examinés selon l'ordre croissant de leur engagement ontologique, font bien voir les bornes d'une foi si étroitement soumise à la raison que la raison lui interdit la quête de l'intelligence.

La liberté, d'abord *ratio essendi* du devoir, apparaît une seconde fois comme postulat. De même, chez Descartes, l'axiome « pour penser il faut être » se concrétisait et se singularisait dans l'intuition que j'ai de mon existence actuelle à l'instant où je doute. Remplaçons par la foi un savoir qui ne saurait déterminer empiriquement l'intuition du *je suis* qu'en posant la réalité du monde extérieur. L'axiome « pour être inconditionnellement obligé, il faut être libre » se concrétise et se singularise dans le postulat de mon existence intelligible actuelle en tant qu'agent libre à l'instant où je choisis - hors du temps et de toute détermination qui rendrait mon choix accessible à ma connaissance - la maxime de mon action. Faute d'un tel postulat, le fait de raison nous assujettirait à un devoir auquel il serait en même temps impossible d'obéir par devoir.

Il y a plus dans l'immortalité que dans la liberté, puisque nous y postulons la permanence de la liberté. Mais si l'état de péché que révèle l'impératif catégorique comme donnée ultime de la raison finie est tel que le meilleur des hommes n'est à même d'approcher la sainteté qu'asymptotiquement, on enfermerait encore l'agent moral dans le désespoir en refusant ce nouveau postulat. Et puisqu'il est à tout le moins difficile de postuler l'immortalité de l'âme sans postuler l'existence de Dieu, on conçoit mal la méthode transcendantale s'arrêtant en chemin. Objecter que le souverain bien restaure le souhait du bonheur au principe de la moralité, c'est méconnaître la subordination de la foi aux réquisits du devoir. Accordé le fait de raison conçu dans toute son ampleur, il est impossible de refuser le premier postulat, et le rejet de l'un des deux derniers reviendrait à mettre en cause, au moins indirectement, la possibilité d'accomplir le devoir par devoir, à précipiter l'agent moral dans le désespoir et à engager ainsi la raison pratique dans un conflit inextricable. Mettre en doute les postulats, c'est mettre en doute le principe de la moralité, soit qu'on exige trop de l'homme, et qu'on ravale la foi à un prétendu savoir en exaltant le sage au-dessus de notre présente dépravation, soit qu'on lui demande trop peu en prenant acte de la dépravation pour la corriger par les moyens du bord : renoncement, indifférence, ataraxie, modération, calcul de l'utile, et qu'on satisfasse ainsi à la lettre du devoir sans prendre garde qu'il nous commande inconditionnellement.

II.— L'ACTION DE GRACE

La variété de l'expérience religieuse est si vaste qu'on ne saurait comparer profitablement deux concepts de la religion qu'à la condition de s'être assuré préalablement qu'ils dépendent d'un principe commun. Le concept purement pratique qu'on vient d'analyser exclut et la dogmatique révélée et le culte, celle-là parce qu'elle étendrait indûment la connaissance, celui-ci parce qu'il ritualiserait l'intention. Cette exclusion est commune au concept proprement kantien de la religion et aux concepts rationalistes, toujours inspirés des Lumières, mais qui, de Rousseau à Benjamin Constant ou à Schiller, ouvrent le coeur à la raison en le gardant des superstitions de l'illuminisme et de l'enthousiasme. Ce qui sépare Kant de ses voisins c'est qu'il rejette le sentiment religieux reçu et recommandé par eux. D'où provient cette différence ? Que vaut-elle[5] ? Quel est l'argument kantien ?

Kant précise ce qu'il entend par sentiment religieux à la fin de la section où il montre que la foi d'église a pour interprète suprême la pure foi religieuse (c'est-à-dire morale). Nous pouvons nous convaincre que le devoir mérite d'être regardé comme un commandement divin, puisque, par son injonction inconditionnelle, il exprime seulement « l'action de la loi morale remplissant l'homme d'un saint respect ». « Mais, pas plus qu'on ne peut s'élever à partir d'un quelconque sentiment à la connaissance des lois et au savoir qu'elles sont morales, pas plus et encore moins peut-on conclure par un sentiment ou découvrir grâce à lui l'indice sûr d'une influence divine immédiate ». Ainsi entendu, le sentiment religieux comme influence divine immédiate n'a aucune place dans la pure foi religieuse : « Le sentiment n'enseigne absolument rien ; mais il enveloppe seulement la manière dont le sujet est affecté relativement au plaisir et au déplaisir, et aucune connaissance ne peut se fonder là-dessus »[6].

Cette définition, qui limite au seul respect l'effet de la raison sur la faculté de sentir, répète celle de la première *Critique*. Elle se situe délibérément en

5. *Die Religion*, VI, p. 114 ; PHILONENKO, p. 138.
6. *Die Religion*, VI, p. 114 ; PHILONENKO, p. 139.

retrait de la *Critique du jugement* et de l'élucidation critique du jugement de goût[7], où Kant avait légitimé les sentiments désintéressés du beau et du sublime, en reconnaissant particulièrement dans le sublime l'effet d'un pouvoir moteur de la raison. Assurément, s'il arrivait que la méthode transcendantale dût, à sont tour, légitimer un sentiment religieux, ce sentiment, *a priori* destiné à servir les intérêts de la raison pratique, ne saurait résulter du jeu formel des facultés. Quelque importance qu'elle pût avoir au point de vue pratique, sa déduction ne bouleverserait donc pas l'architectonique philosophique. En identifiant sentiment religieux et sentiment mystique, Kant cependant s'interdit l'examen même de la question. S'il appartient peut-être à un système dogmatique d'accorder un sens à une influence divine immédiate, cette dernière se trouve d'emblée dégradée en illusion religieuse dès qu'en conformité avec le principe de l'intuitionnisme le fait de la raison finie prend la forme d'un impératif catégorique s'adressant à un arbitre qui a renversé l'ordre.

L'impératif toutefois ordonne inconditionnellement de rétablir l'ordre rationnel. Ce commandement, à son tour, ne pourra être obéi qu'en laissant quelque trace sur la faculté de désirer. Mieux, s'il doit être *a priori* possible de lui obéir, il devra annoncer à la sensibilité elle-même quelque indice d'une susceptibilité à rétablir sa destination morale. Il faut ainsi qu'en conséquence de l'action rationnelle aussi bien que pour la préparer un sentiment religieux spécifique soit possible, qui, loin de précéder l'injonction du devoir dans le respect, ou de causer l'obéissance au devoir, indique, d'une façon d'ailleurs purement subjective, que la faculté de désirer ne lui oppose pas d'obstacle insurmontable, et, par l'effet de la révolution, d'ailleurs inaccessible à notre connaissance, qui instaure en nous l'homme nouveau, se prête, en quelque sorte, au rétablissement de sa subordination rationnelle à l'arbitre. Le désespoir est incompatible avec l'obéissance au devoir par devoir ; les postulats pratiques, qui ont pour seul objet de le prévenir, appellent donc comme conséquence le sentiment religieux, proprement entendu. La foi est le principe de l'espérance.

Une déduction du sentiment religieux qui s'inscrit dans la foi rationnelle devra le borner à l'intérieur de la raison finie et s'interdire de le concevoir comme une influence immédiate de Dieu. Pour ce faire, elle exploitera l'asymétrie du Bien et du Mal et des modes d'imputation qui en résultent.

Pour peu qu'on y réfléchisse, un seul de ces modes s'avère compatible avec la déduction. Puisque l'obéissance au devoir par devoir n'est pas méritoire, ainsi que Kant le répète dans la *Religion*, le *modus imputationis tollens*, qui s'applique alors, libère en effet un rapport de causalité intelligible inassignable et permet à la faculté de sentir de s'élever vers Dieu en lui attribuant le mérite dont la rigueur de la loi décharge l'agent moral. En revanche, le *modus imputationis ponens* nous attribuant nos démérites, pour que cette attribution terrible ne tourne ni au désespoir ni à une vaine espérance, il faut que l'agent forme le ferme propos de réparer sa faute autant

7. L. GUILLERMIT, *L'élucidation critique du jugement de goût selon Kant*, (éd. E. Schwartz et J. Vuillemin), éd. du CNRS, Paris, 1986.

qu'il est possible et de s'amender, ce qui dépend de lui seul, sans s'abandonner à la flagellation et sans attendre magiquement le salut d'un sacrifice extérieur et d'une grâce étrangère à ses efforts. Si la sublimation de la sensibilité demeure alors toujours possible, c'est à l'unique condition d'imiter la sublimation à laquelle invite le *modus imputationis tollens :* l'agent n'aura dû qu'à lui seul l'initiative du retour à l'obéissance, mais ce retour le laissera libre d'en interpréter le succès, qui relève de la causalité intelligible, en l'attribuant à Dieu.

Partons d'une note de Kant sur les méchants sauvages. Chez les Athabusca et les Côtes de Chien, nous dit-on, le courage guerrier tient lieu de vertu suprême. Le sentiment d'un honneur qu'on place ainsi plus haut que la vie et que l'intérêt personnel prouve, chez eux comme chez nous, quelque disposition au sublime. « Mais, à la satisfaction avec laquelle les vainqueurs célèbrent leurs exploits, on voit bien... qu'ils se réjouissent de leur supériorité et des ruines qu'ils ont pu causer, sans qu'il y ait place pour une autre fin, en rapport avec laquelle ils auraient eu proprement à bien agir »[8]. Lisons maintenant le *Henry V* de Shakespeare. Comment célèbre-t-il son triomphe sur la Maison de France, à Azincourt ? Il fait le compte des morts, donne à Dieu seul le mérite de la victoire et condamne à la mort tous ceux des vantards qui prendraient à Dieu cette gloire qui n'est qu'à Lui. Au capitaine Fluellen qui s'étonne de ces rigueurs, le roi répète l'hommage au Dieu des combats et fait entonner le *Non Nobis* et le *Te Deum*[9].

Si dédicace et offrande apportent à la guerre et au sport une modération peut-être caractéristique de la civilisation, leur rôle n'est pas épuisé par ces formes policées d'une vertu extérieure et que certains jugeront superstitieuse. A vrai dire, c'est parce que l'honneur est proche du sublime qu'il presse la sensibilité de faire signe à la liberté. La *Critique de la raison pratique* donnait comme exemple de maxime matériellement déterminée la résolution de ne jamais laisser une injure non vengée. Opposé au pardon évangélique, mais très propre à discipliner la sensibilité, le point d'honneur lui donne le change en déguisant l'amour de soi en amour propre. S'il faut alors que le devoir rappelle que la conscience de soi est une descente aux enfers, si l'obéissance au devoir qui tolère l'orgueil prouve incontinent qu'elle n'est pas inspirée par le devoir, si, enfin, l'on n'imagine pas une duelliste assassin offrant son exploit à la divinité, l'action de grâces reste néanmoins le principe du sentiment religieux. Quand nous accomplissons ce qui nous est commandé, nous constatons que notre action est conforme au devoir. Mais le choix de la maxime est imputable à une arbitre qui appartient au monde intelligible et qui nous reste et doit nous rester inconnu. Que sa conscience présente vivement à l'agent les efforts faits, les renoncements consentis, les victoires remportées. Il en conçoit une légitime fierté. S'il interprétait toutefois cette fierté comme le sentiment mystique de la causalité immédiate du devoir, il transgresserait la raison finie et, pareil au pharisien du Temple, il se griserait de sainteté. Le

8. *Die Religion,* VI, p. 33. ; PHILONENKO, p. 46.

9. *King Henry V,* Acte IV, Scène VIII, v. 111-128.

sentiment religieux le rappelle à l'ordre en sublimant son ignorance et en attribuant explicitement à Dieu la cause impénétrable de son propre choix.

Passe-t-on au *modus imputationis ponens,* le sentiment religieux est susceptible d'une unique extension ; c'est le mérite de notre réforme, et non plus de notre simple rectitude que nous attribuerons à Dieu. Cependant les sentiments négatifs de remords et de repentir que suppose la réforme à son point de départ induisent aisément à l'erreur et à la confusion. Craignant que la conscience de ses fautes fournisse au pécheur prétexte sinon à l'endurcissement du coeur, du moins à la contemplation complaisante d'une impuissance à laquelle une grâce surnaturelle viendrait à la fin prêter secours, Kant s'accorde avec Spinoza. Le repentir est une seconde faute. Remords et repentir, aussi bien que sacrifices et pénitences résultent de la même illusion religieuse ou fausse espérance, fondée sur la substitution du rite à la volonté[10].

L'expérience confirme-t-elle cette condamnation sans appel ? Montaigne[11] qui ironise sur le faux repentir et sur la vaine résolution de se faire autre qu'on est raconte plaisamment l'histoire d'un vieux paysan enrichi par le vol et qui se met en règle avec son créateur en gratifiant de cadeaux ses victimes et en les couchant sur son testament. Montaigne précise que cette balance que notre Gascon tient entre le larcin qu'il hait et l'indigence qu'il hait plus encore, ce n'est pas le repentir. Ce qu'est le repentir, nous l'apprenons quand l'agent fait l'aveu de l'état dans lequel il lui est impossible de le ressentir. Ainsi Claudius, meurtrier du roi Hamlet son frère. Il s'agenouille en vain, préférant la couronne au pardon.

Try what repentance can. What can it not ?
Yet what can it when one cannot repent.[12]

Le remords est le châtiment de la faute, et le repentir cette même faute, car on ne répare pas l'irréparable, mais que l'assurance d'un changement de conduite purge de désespoir. L'agent peut alors offrir à Dieu le mérite de son passage à la vie nouvelle, sans pour autant cesser de s'imputer le démérite de ses anciennes fautes.

En refusant d'accorder la moindre place à une purification des passions soupçonnée d'illustrer l'illusion religieuse, Kant a-t-il pensé à la *Nouvelle Héloïse* ?

L'auteur de la *Critique de la raison pratique* devait avoir lu — d'après Borowski, « il avait lu Jean-Jacques en entier » — dans l'ouvrage de Rousseau l'esquisse de la doctrine des postulats. Le sage de Wolmar mène en athée une vie vertueuse, mais il se défait enfin de cette bizarrerie et nous apprenons ses dispositions prochaines à abjurer l'incrédulité[13]. Une note de la *Religion*[14] condamne la venue d'un ecclésiastique à l'heure de la mort, pour donner, dit Kant « l'opium à la conscience ». Au ministre qui lui rendait visite à sa dernière heure Julie d'Etange répondait avec plus de grâce et non moins de fermeté : « La préparation à la mort est une bonne vie, je n'en connais point

10. *Die Religion,* VI, pp. 169-170 ; PHILONENKO, pp. 202-204.
11. *Essais,* III, 2.
12. *Hamlet,* III, v. 65-66.
13. *La Nouvelle Héloïse,* Sixième partie, Lettre XIII de Mme d'Orbe à Saint-Preux.
14. *Die Religion,* VI, p. 78 ; PHILONENKO, p. 97.

d'autre »[15]. Evoquant sa confiance en Dieu, elle ajoutait : « Je ne lui porte point un repentir imparfait, tardif et forcé, qui, dicté par la peur, ne saurait être sincère, et n'est qu'un piège pour le tromper »[16]. Subtil transfert du sentiment religieux ! L'opium offert au malade cache le piège qu'il croit tendre à son juge.

Si proche de Kant, Rousseau l'aura-t-il choqué en présentant son héroïne sous un jour religieux à l'instant décisif de sa vie ? La voici contrainte par son père à se marier et prête au parjure. Elle pénètre dans le temple. Une révolution se fait en elle qui lui fait prononcer un engagement sincère. Elle interprète remords et sentiment de honte qui ont déterminé sa résolution comme la marque d'une grâce prévenante et adresse à Dieu une courte prière : « Je remets mon coeur à ta garde, s'exclame-t-elle, et mes désirs en ta main »[17]. Un « torrent de pure joie « suivi d'un « sentiment de paix », prouvent à Julie qu'elle est sauvée de l'adultère et du mensonge.

Le sentiment religieux sublime l'expérience morale, puisqu'il impute à la Providence l'inintelligible révolution de l'arbitre et qu'il interprète en termes de grâce l'efficacité de la volonté. Condamnera-t-on le recours à la foi d'église et à l'enthousiasme[18] ? Mais la catharsis religieuse n'invoque la révélation qu'autant qu'elle se propose de nous rendre meilleurs, conformément à l'unique usage que lui reconnaîtra Kant[19]. Quant au remords, Rousseau l'associe à une déchéance morale pour ainsi dire potentielle, à une délibération pervertie par l'immixtion d'un motif honteux, mais dont l'horreur prévient aussi l'actualisation, en sorte que le mal radical se trouve maintenu dans les limites de l'impureté et de la fragilité[20], sans laisser la maxime contredire formellement au devoir. En attribuant à Dieu la garantie de la pureté et de la constance qui lui font défaut du fait de sa dépravation, l'agent moral n'outrepasse pas les limites de la simple raison. Son repentir les déplace à la mesure de son obligation d'espérer.

En circonscrivant les postulats dans une religion exclusive de tout sentiment, Kant resserre à l'excès la portée de la déduction pratique. Quatre ans plus tard, dans sa querelle avec Constant sur le droit de mentir, si l'on accorde toutefois, comme il me semble qu'on doit le faire, que Mme de Staël pouvait et même devait mentir à l'espion de la Terreur venu arrêter son hôte, Kant concevra trop étroitement les devoirs en supposant qu'ils obéissent à un principe de détermination complète et à une procédure de décision.

Y aurait-il quelque lien entre ces deux restrictions ? Le *Wilhelm Tell* de Schiller répond peut-être à la question. Comme Constant le fera pour le droit de mentir, Schiller, qui a longuement étudié Kant[21], assortit le droit de révolte à toutes les précautions juridiques et morales. Le prince, ouvertement,

---

15. *La Nouvelle Héloïse,* Sixième partie, Lettre XI de M. de Wolmar.
16. *Ibid.*
17. *La Nouvelle Héloïse,* Troisième partie, Lettre XVIII de Julie.
18. *Die Religion,* VI, p. 53 ; PHILONENKO, p. 70.
19. *Die Religion,* VI, p. 43 *Anmerkung* ; PHILONENKO, p. 59.
20. *Die Religion,* VI, p. 29 ; PHILONENKO, p. 41.
21. V. DELBOS, *Op. cit.*, pp. 547-548, note 6.

manque aux obligations qui légitiment son pouvoir. Quant à Guillaume, non seulement ses devoirs de père entrent en conflit avec ses devoirs de sujet, mais Schiller introduit le personnage de Jean le Parricide, duc de Souabe, en forçant le trait pour mieux accuser le contraste entre la cause sacrée de la liberté et une rébellion criminelle. Ainsi, malgré ses efforts pour se garder des engagements injustes ou seulement précipités, l'agent moral n'échappe pas à la nécessité de choisir entre des devoirs qui s'opposent. Sa prudence, finalement, est vaincue par l'épreuve : il tuera de sa main, le bailli de l'Empereur. D'autre part, son rude effort pour rester dans le droit chemin serait moins soutenu, si le sentiment religieux ne venait animer sa résolution, l'affermir dans la conscience de son bon droit et lui faire espérer le secours divin dans sa périlleuse entreprise.

Une action de grâce, double, dénoue le drame. Le chasseur rentre à l'alpage, salué par son fils qui s'étonne de ne pas lui voir l'arme à l'épaule. Il répond qu'il a déposé l'arme en lieu saint[22]. S'il a lutté pour une cause juste et s'il a triomphé pour elle, le mérite en est imputable à Dieu seul.

22. *Wilhelm* *« Who aber hast du deine Armbrust, Vater ?*
« Ich seh sie nicht ».
Tell « Du wirst sie nie mehr sehen.
« An heil"ger Stätte ist sie aufbewarhrt ;
« Sie wird hinfort zu keiner Jagd mehr dienen »
(Fünfter Aufzug, Zweite Szene).

KANT EST-IL LE ROBESPIERRE DE LA PHILOSOPHIE ?

Jacques D'HONDT

Dans la *Critique de la Raison pure,* Kant, rompt une fois avec son style ordinairement austère pour se moquer joyeusement, et d'une manière presque inconvenante, des gens qui posent des questions absurdes : « C'est une grande et nécessaire preuve de sagesse et de discernement que de savoir ce que, raisonnablement, on doit demander. Car, si la question est absurde en elle-même et appelle des réponses inutiles, non seulement elle couvre alors de honte celui qui la soulève, mais elle a aussi parfois l'inconvénient d'inciter à donner des réponses absurdes l'auditeur qui n'y a pas pris garde, et d'offrir ainsi le spectacle ridicule de deux hommes dont l'un, (comme disaient les anciens) trait le bouc pendant que l'autre tend une passoire »[1].

Mais comment distinguer d'avance les questions pertinentes et les réponses extravagantes ?

Le grand penseur et poète Heine a-t-il tendu le tamis pour répondre à une question qui ne se pose pas, lorsqu'il a prétendu que Kant était comme le Robespierre de la philosophie ?

Dans ses articles célèbres de la *Revue des deux Mondes,* en 1834, il voulait présenter rapidement, pour un vaste public français, la philosophie allemande, dans son développement depuis Luther. Il suppose de grandes différences d'esprit et de formation entre les Allemands et les Français et donc, pour ces derniers, des difficultés à comprendre ce qu'a été la philosophie allemande et à l'assimiler. Il déploie tout son talent pour rédiger ces pages qui, négligeant toute précision érudite, et grâce souvent à un mélange d'ironie et d'humour, tentent d'ouvrir aux Français un accès aux inspirations profondes et singulières de la pensée allemande. C'est une vraie souffrance que d'évoquer ici ces chapitres merveilleux sans avoir le loisir de les relire entièrement !

Quand, dans son exposé, Heine en arrive à Kant, il éprouve évidemment le sentiment d'une rupture vertigineuse dans le développement de la philosophie allemande, et il veut communiquer ce sentiment à ses lecteurs. Il s'interdit d'entrer dans un commentaire conceptuel trop ardu et trop long. Convaincu, selon une tradition désormais bien établie, que les têtes françaises sont pratiques et politiques, alors que les têtes allemandes sont théoriques et philosophiques, il ne croit pouvoir mieux faire pour illustrer, à l'usage français, le sens et la portée de l'intervention philosophique kantienne que de la comparer au robespierrisme, et il procède à une surenchère ironique qui lui est habituelle :

---

1. *Critique de la raison pure,* Trad. Tremesaygues et Pacaud, 1971, p. 80.

« A dire vrai, vous autres Français, vous avez été doux et modérés, comparés à nous autres Allemands : vous n'avez pu tuer qu'un roi, et encore vous fallut-il en cette occasion tambouriner, vociférer et trépigner à ébranler tout le globe. On fait réellement trop d'honneur à Maximilien Robespierre en le comparant à Emmanuel Kant. Maximilien Robespierre, le grand badaud de la rue Saint-Honoré, avait sans doute ses accès de destruction quand il était question de la royauté, et il se démenait d'une manière assez effrayante dans son épilepsie régicide ; mais s'agissait-il de l'*Etre suprême,* il essuyait l'écume qui blanchissait sa bouche, lavait ses mains ensanglantées, sortait du tiroir son habit bleu des dimanches avec ses beaux boutons en miroirs, et plantait une botte de fleurs devant son large gilet »[2].

A cette vue de Robespierre, quelque peu accommodé, Heine compare celle qu'il donne de Kant : il y a « un homme dont le seul nom exerce une puissance d'exorcisme, je parle d'Emmanuel Kant » et il évoque la *Critique de la Raison pure* : « Ce livre est le glaive qui tua en Allemagne le dieu des déistes »[3]. Kant a situé plus haut que Robespierre, la cible de son défi !

Pourtant, après avoir marqué plaisamment la supériorité révolutionnaire de Kant, Heine, pour qui les idées mènent le monde, pour qui, comme il le dit à cette occasion, « le monde est la transfiguration de la parole », ajoute ceci, toujours sur le même ton :

« Mais si Emmanuel Kant, ce grand démolisseur dans le domaine de la pensée, surpassa de beaucoup en terrorisme Maximilien Robespierre, il a pourtant avec lui quelques ressemblances qui provoquent un parallèle entre ces deux hommes. D'abord nous trouvons chez tous deux cette probité inexorable, tranchante, incommode, sans poésie, toute triviale ; et puis tous les deux ont le même talent de défiance que l'un traduit par le mot de critique, et qu'il tourne contre les idées, tandis que l'autre l'emploie contre les hommes et l'appelle vertu républicaine. D'ailleurs, ils révèlent tous deux au plus haut degré le type du badaud, du boutiquier... La nature les avait destinés à peser du café et du sucre ; mais la fatalité a voulu qu'ils tinssent une autre balance, et jeta à l'un un roi, à l'autre un Dieu...

Et ils pesèrent exactement »[4] !

Les jeunes kantiens, Fichte d'abord, puis Schelling, Hölderlin et Hegel avaient déploré, au spectacle de la Révolution française, ce qu'ils considéraient alors comme l'inertie allemande (*die deutsche Trägheit*) et ils avaient espéré pendant longtemps une révolution allemande, certes différente de la française, mais comparable. Soixante ans après, Heine éprouve la même nostalgie, et il attend encore une révolution allemande qui, pour avoir été préméditée philosophiquement, n'en serait pas moins violente, et permettrait à l'Allemagne, séculairement retardataire en politique, de rattraper la France et peut-être de la dépasser.

2. HEINE H., De l'Allemagne depuis Luther, in *Revue des Deux Mondes,* 1834, IV, p. 635.
3. *Ibid.*
4. *Ibid.*, p. 636-7.

Donc, selon Heine, malgré le décalage chronologique, malgré la différence des caractères nationaux, la Révolution française et la philosophie allemande ne sont pas sans rapports : elles affichent même une sorte de parenté.

Toutefois, malgré l'audace et l'insolence des termes — Robespierre ! — Heine ne parvient pas à dissimuler une certaine prudence du propos. Dans sa tentative d'assimilation relative des deux ordres de phénomènes il se sent retenu par un fait : Kant, bien que temporellement antérieur, n'a exercé aucune influence positive sur les acteurs de la Révolution française et, inversement, on n'identifie que bien difficilement des influences révolutionnaires sur lui. On peut seulement imaginer que si Robespierre avait lu Kant, au lieu de Rousseau, cela aurait été catégoriquement pire !

Dans le rapprochement opéré par Heine, il joue le rôle d'une figure emblématique, presque mythique. Ce n'est pas le gentil poète d'Arras, ni l'adversaire acharné et solitaire de la peine de mort. Mais c'est le personnage qui dans les circonstances nationales les plus dramatiques est devenu un jour le chef du gouvernement révolutionnaire : à la fois, personnellement, l'*Incorruptible,* et politiquement, l'*Inflexible,* capable de faire passer l'idée qu'il se faisait de la vertu et de l'égalité par dessus tout, et qui accepte pour cela, avec d'autres, et d'ailleurs moins que d'autres, d'instaurer le règne de la Terreur de 1793. Ce Robespierre là reste encore de nos jours, des sondages l'ont montré récemment, le symbole même de la Révolution française.

Heine n'est donc pas mal avisé de le choisir. Si l'on veut préciser la comparaison de Kant et de Robespierre on trouve sans peine bien des similitudes — au prix de quelques concessions, en chaussant les lunettes qui conviennent.

D'abord, il s'agit de deux révolutionnaires proclamés, chacun dans son ordre. Pour Robespierre, cela va de soi. Mais l'on peut s'étonner de l'acharnement que met Kant, dans la *Préface* à la seconde édition de la *Critique de la Raison pure* à souligner sa qualité de révolutionnaire. Le mot révolution a-t-il d'ailleurs jamais été si souvent répété dans un texte philosophique en si peu de pages ? Il est clair qu'après 1793, ce mot révolution a pris soudain un autre sens, accentuant sa vigueur. Le public et les autorités qui relisaient cette *Préface* après 1793, y découvraient une signification que Kant n'avait peut-être pas voulu y introduire, en 1787, du moins à ce degré d'actualité. A Königsberg, cela sonnait alors comme un tocsin.

A cet égard, il convient de noter un déplacement du centre d'intérêt révolutionnaire de la *Critique de la Raison pure.* Sa révolution, Kant, lui, la voit surtout dans le renversement, qualifié de copernicien, de la situation et du rôle traditionnels du sujet et de l'objet de la connaissance. Mais beaucoup de contemporains, et les autorités qui interdirent, ça et là, la publication et l'enseignement du kantisme, se montraient plutôt sensibles aux conséquences de ce renversement, et notamment à la contestation radicale des preuves de l'existence de Dieu.

Et Kant n'hésite pas à insister sur ce radicalisme, comme le font aussi les révolutionnaires de leur côté. Ceux-ci le proclament inlassablement, et emphatiquement : « Nous sommes les premiers et les seuls qui donnons à notre Révolution, pour bases les saintes lois de l'égalité... » disent « les Révolutions de Paris »[5]. Cambon déclare, devant la Convention : « Rien n'était légal sous le despotisme, a dit la France. Je détruis tout ce qui existe par un seul acte de ma volonté »[6].

Et c'est comme si Kant lui répondait, à sa manière, dans la *Doctrine du Droit* : « La philosophie critique se présente comme une philosophie telle qu'aucune autre n'a existé auparavant... Il n'y avait pas eu de philosophie avant la philosophie critique... » Et aussi : « Le moraliste dit avec raison : il n'y a qu'une vertu et qu'une seule doctrine de la vertu, c'est-à-dire un seul système qui lie tous les devoirs de vertu par un principe. » Et notre philosophe voit en riant « les systèmes de papier de ceux qui pendant longtemps avaient tenu le maître-mot s'effondrer les uns après les autres et leurs disciples disparaître : destin qui leur est inévitablement réservé »[7].

Le même moralisme se rencontre chez les deux hommes. Comment ne pas rapprocher, du moins thématiquement, certaines pages de Kant, ne serait-ce que du titre même que Robespierre osa donner à l'un de ses plus célèbres discours : « Sur les principes de morale politique qui doivent guider la Convention nationale »[8]. Il y enseignait qu'il y a un « principe moral et politique du gouvernement populaire » et, en somme, pour lui appliquer une expression significative de Kant, que « la politique doit plier le genou devant la morale ». Pour juger de cette soumission, et de l'obéissance aux principes, le tribunal intérieur de la raison, chez Kant, se montre aussi soupçonneux et rigoureux que le tribunal révolutionnaire qui réprime en France les manquements aux impératifs politiques assimilés aux impératifs moraux, avec le manichéisme qui en résulte. Et peut-être commet-il les mêmes erreurs, mais, ici, sans conséquences notables.

Il serait possible d'ajouter beaucoup d'autres traits de ressemblance, et jusque dans le détail, et cela ne ferait bien sûr pas oublier l'énorme contraste entre la vie d'un penseur spéculatif qui mourra tranquillement dans son lit à 80 ans et celle d'un politique engagé qui sera guillotiné à 36 ans...

Malgré toutes les ressemblances décelables, la *correspondance,* le *parallélisme* politico-philosophique établi par Heine peuvent paraître saugrenus (*ungereimt*), rétrospectivement. Mais sans doute faut-il tenir compte d'un changement de perspective. On prend la comparaison Kant-Robespierre plus au sérieux lorsque l'on constate qu'elle illustre une relation philosophico-politique profonde que Heine n'est certes ni le premier ni le dernier à déceler. C'est sans doute le poète danois Baggesen — à la fois kantien et partisan de la Révolution française — qui l'a signalée le premier.

Mais elle prend une signification plus profonde dans l'analyse du *Projet de paix perpétuelle* que Louis Ferdinand Huber publia dans le *Moniteur de la République,* le 3 janvier 1796. Il y déclarait en effet, entre autres : « Le célèbre Kant, cet homme qui a produit en Allemagne dans les esprits une

---

5. *Les Révolutions de Paris,* citées par Jaurès, *Histoire socialiste de la Révolution française,* 1970, p. 265-7.

6. *Le Moniteur universel,* réédition, 1847, XIV, p. 759.

7. *Métaphysique des moeurs,* I. Doctrine du droit, trad. Philonenko, 1971, p. 80-82.

8. *Discours* du 5 février 1794.

révolution pareille à celle que les vices de l'ancien régime ont laissé arriver en France dans les choses, vient d'étayer du poids de son nom la cause de la constitution républicaine »[9]...

Huber était kantien. C'est ainsi que les kantiens comprenaient le rôle du kantisme, en 1796. Il est peu probable que Huber, ne serait-ce que par courtoisie, ait omis de faire parvenir à Kant le texte de cet article qui le concernait, et qui se montrait pour lui très élogieux.

On remarque la distinction très nette que Huber marque entre la *production* d'une révolution *dans les esprits,* en Allemagne, et le fait que l'Ancien régime a « *laissé arriver* » en France une révolution *dans les choses.* Une simultanéité donc, et une similitude, deux révolutions, mais l'une volontariste, et l'autre fatale, l'une philosophique théorique, l'autre pratique. Huber, comme Heine plus tard, se contente d'indiquer une sorte de parallélisme. Mais il engage en cela un processus d'interprétation et de controverse assez étrange.

On n'a pas encore remarqué, en effet — à ma connaissance — que Huber, personnalité fascinante, amant puis époux de Thérèse Forster, la veuve de Georges Forster, que l'on a surnommé le « jacobin allemand », mort en 1793 à Paris, a été l'ami, le familier de Benjamin Constant et de sa maîtresse d'alors, Isabelle de Charrière, à l'époque où le couple allemand, dans une situation terriblement difficile du point de vue économique, politique et sentimental, trouvait aide et réconfort auprès du provisoire couple suisse. On répète que c'est Isabelle qui a informé Benjamin des quelques éléments de philosophie kantienne que Huber lui avait inculqués. Et elle a en effet publié un roman kantien. Mais Constant, qui n'était déjà pas complètement ignorant, a pu recevoir des précisions très directement de Huber lui-même, qui d'ailleurs n'a pas pu lui laisser ignorer son annonce du *Projet de paix perpétuelle* dans le *Moniteur* de 1793. C'est entre 93 et 96 que Huber et sa femme ont séjourné en Suisse, auprès de Madame de Charrière. L'opuscule de Benjamin Constant, *Des réactions politiques,* date de 1797, de même que l'autre publication, *Des effets de la terreur.* Constant y développe des idées déjà proposées en 1796 dans *La force du gouvernement actuel* : la révolution aurait pu triompher *sans* la terreur, elle a réussi malgré la terreur, fâcheuse conséquence de l'application par les terroristes des idées abstraites de Rousseau. Et comme on sait, il glisse dans son ouvrage sur les *Réactions politiques* la fameuse critique du devoir kantien de rigoureuse véracité, que l'on ne connaît guère que par la réfutation que Kant rédigea aussitôt.

Mais on saisit bien l'amalgame qui se forme dans l'esprit de Benjamin Constant, et d'ailleurs pas seulement chez lui. Il y a une certaine assimilation momentanée de l'erreur de Rousseau faisant « de son contrat social, si souvent invoqué en faveur de la liberté, le plus terrible auxiliaire de tous les genres de despotisme »[10], et du rigorisme kantien qui, *si on l'applique,* provoque des conduites absurdes et éventuellement inhumaines et criminelles. Rousseau a été l'inspirateur de Robespierre, et les prosélytes de Rousseau apparaissent à

9. *Le Moniteur universel,* réédition de 1847, n°103 du 3 janvier 1796, p. 99.

10. CONSTANT Benjamin, *Principes de politique,* p. 272.

Benjamin Constant comme « des fous qui, s'ils gouvernaient, recommenceraient Robespierre avec les meilleures intentions du monde »[11]. Mais Constant sait-il que Rousseau a été aussi l'un des principaux inspirateurs français de Kant ? Il y a chez Kant comme chez Robespierre et chez Rousseau, le refus de tout compromis, de tout laxisme, de toute indulgence à la Danton, de tout intermédiaire entre l'affirmation théorique et l'accomplissement pratique, à la Constant.

On le voit, dans ce rapport éventuel on passe doucement, avec Constant, d'un simple parallélisme à une sorte d'*influence* éventuelle, indirecte, par le détour anachronique de Rousseau. Benjamin Constant accuse certaines doctrines, et en général l'application des idées abstraites, de conduire à la terreur, et, sans affirmer cela expressément de lui, il met Kant dans le voisinage de Rousseau.

Ces vues resurgiront épisodiquement, chez divers auteurs, avec une extension variable de leurs termes. Faut-il rappeler, par exemple, qu'Edgar Quinet voyait en Fichte « un terroriste de vertu »[12] ?

Mais le débat sera repris d'une façon plus vive et plus précise en Italie, dans les années 30 de notre siècle, et il prendra une tournure plus intéressante. Les données de la discussion sont rappelées, un peu trop cursivement, par Antonio Gramsci, dans un chapitre de ses *Cahiers de la prison*[13].

Curieusement, le problème prend forme, dans la méditation de Gramsci, à partir d'une interrogation plus générale sur la possibilité théorique et pratique de la *traduction,* et l'obsession de cette interrogation initiale affecte tout le développement. Un parallélisme philosophico-politique étant constaté, la question désormais se modifie, on pourrait dire : Robespierre est-il la traduction politique de Kant, ou Kant la traduction philosophique de Robespierre ? Sont-ils traductibles l'un dans l'autre ?

Bien évidemment il ne s'agit pas de la version allemande des discours français de Robespierre, ou de la version française des oeuvres de Kant, mais bien de la transposition d'un langage spécifique en un autre : peut-on traduire le langage géométrique en langage algébrique, le langage scientifique en langage philosophique, le langage de l'hédonisme en langage moraliste kantien, le langage économique de Smith en celui de Marx, et donc aussi le langage philosophique en langage scientifique ?

A ce propos, Gramsci se souvient de textes de Hegel, sur lesquels nous aurons à revenir, et en même temps lui vient en mémoire une remarque de Marx, à laquelle il accorde sans doute une importance exagérée en l'isolant de son contexte, dont il ne dispose d'ailleurs peut-être pas matériellement, dans sa cellule.

Et en effet, Marx, dans son livre *La Sainte Famille,* prend un certain moment le parti de Proudhon, — une fois n'est pas coutume —, et le défend contre une critique que lui avait adressée Edgar Bauer, le frère de Bruno. Cela

---

11. *Lettre* du 27 mai 1804 (*Journaux*, p. 277).

12. *Revue des Deux Mondes,* 1831, p. 466-7.

13. GRAMSCI A. , in *Gramsci dans le texte,* 1975, p. 229 : *Traductibilité des langages scientifiques et philosophiques.*

donne une proposition assez stupéfiante : « Si Monsieur Edgar veut bien comparer un instant l'égalité française avec la conscience de soi allemande (mais *Selbstbewusstsein* doit être pris en son sens véritable : la conscience de ce que l'on vaut) alors il trouvera que ce dernier principe exprime en allemand, c'est-à-dire dans la pensée abstraite, ce que le premier dit en français, c'est-à-dire dans la langue de la politique et de l'intuition pensante. La conscience de soi (*Selbstbewusstein*) c'est l'égalité de l'homme avec lui-même dans la pensée pure » (On pourrait compléter le texte de Marx, ici, en glissant la formule Je = Je ; *Ich gleich Ich*). Et Marx ajoute : « L'égalité est la conscience de soi-même de l'homme dans l'élément de la *Praxis,* c'est-à-dire la conscience que l'homme a de l'autre homme comme de son égal »[14].

Plus loin, il répétera que Proudhon se trouve dans la même situation intellectuelle que Bruno Bauer, « avec cette différence qu'il parle français et que nous parlons allemand, et que donc il exprime d'une manière française ce que nous exprimons d'une manière allemande »[15].

L'égalité et la vertu robespierristes correspondraient-elles au sujet kantien-fichtéen, et à sa vertu ? Selon Marx, les frères Bauer auraient été incapables de soupçonner une pareille affinité. Mais il est assez piquant de rappeler, en cette conjoncture, que Bruno Bauer lui-même était surnommé par ses amis « le Robespierre de la théologie » !

Gramsci retient de ces propos de Marx l'idée d'une analogie, d'une correspondance, d'une évidente possibilité de traduction d'un langage spécifique en un autre, malgré les difficultés, et bien que tout cela reste plus imaginativement suggestif que conceptuellement probant.

Malgré quelques propositions plus hardies, avancées rhapsodiquement, il reste lui aussi, dans l'ensemble, extrêmement prudent. Et d'abord parce que ce qui l'intéresse c'est cette possibilité de la *traduction* ; il n'en vient que subsidiairement, par dérivation de pensée, à la comparaison de la philosophie et de la politique. Il ne prélève dans les idées de Hegel à ce sujet que ce qu'il appelle « un canon herméneutique hégélien », introduisant ainsi de manière inquiétante dans son propos ce terme d'herméneutique qui ne jouissait certes pas, à l'époque, de sa faveur actuelle.

Mais malgré cette obsession, et en même temps à cause d'elle, il évoque la discussion contemporaine en Italie, le fameux chapitre de Heine sur Kant ; et aussi, et surtout, car cela devait le hanter depuis le début de sa réflexion sur ce sujet, il ne peut se retenir de citer le vers célèbre de Giosuè Carducci (encore un poète !), vers qu'il me faut malheureusement dire en français, ce qui lui enlève sans doute quelque chose de sa vigueur :

« Emmanuel Kant décapita Dieu — Maximilien Robespierre, le roi ».

Quelles que soient les réserves que l'on peut faire sur cette interprétation de la pensée de Kant et de l'oeuvre de Robespierre, ce qui importe c'est cette redoutable assimilation, ou traduction, de la négation d'une idée — opération philosophique — à la mise à mort politique d'un homme.

Gramsci semble passer à côté du véritable problème.

---

14. ENGELS et MARX, *Die heilige Familie,* in *Marx-Engels-Werke,* Berlin, 1969, II, p. 40-41.
15. *Ibid.*, p. 42.

Il mutile significativement les vers de Carducci qu'il cite pourtant ailleurs plus complètement, mais dans un tout autre contexte. Carducci avait dit : « Fidèles d'une foi opposée, ils décapitèrent, Emmanuel Kant, Dieu, Maximilien Robespierre, le roi »[16].

Vision fantastique, peut-être ! Mais Carducci pose mieux la vraie question, celle de l'*origine* d'une similitude supposée entre Kant et Robespierre. Et il insiste, lui, sur la *différence,* ou même l'antagonisme dans cette origine : « Fidèles d'une foi *opposée !*

Mais cela ne va pas du tout. Quelle opposition de foi pourrait-on déterminer entre Kant et Robespierre ?

Spaventa avait déjà traité de cette question. Mais c'est avec Benedetto Croce que Gramsci préfère discuter. Le kantisme a-t-il un rapport essentiel avec la Révolution française ? Croce, pour contester, comme il dit : « l'affirmation d'un rapport logique et historique », entre Kant et la Révolution, croit expédient de distinguer en Kant, deux Kant, ou pour reprendre l'expression de Carducci, une « foi opposée », en deux temps successifs, chez Kant lui-même : « car s'il est vrai, dit Croce, que la Révolution française dans l'ordre des faits répond très bien au Kant du droit naturel, il est vrai aussi que ce Kant là appartient à la philosophie du XVIIIe siècle qui précéda le mouvement politique et lui donna sa forme... »

Et à ce Kant qui « répond » à la Révolution, Croce en oppose un autre, qui s'en évade : « le Kant qui ouvre l'avenir, le Kant de la « synthèse *a priori* », est le premier anneau d'une nouvelle philosophie dépassant la philosophie qui s'incarne dans la Révolution française... »

Croce reconnaît bien qu'il y a une philosophie qui « s'incarne » dans la Révolution, mais ce n'est pas celle du Kant philosophiquement révolutionnaire[17].

En tout cas, il reste prisonnier de la problématique des influences, ou de ce que j'appellerais, faute de mieux, des relations « immédiates », comme l'étaient plus ou moins, avant lui, Huber, Constant, Heine, et comme continue de l'être, dans une large mesure, Gramsci lui-même. Ce qu'ils envisagent seulement, ce sont des rapports directs entre des philosophies particulières, notamment celle de Kant, et des phénomènes politiques contigus ou successifs. Cette limite de leur pensée émeut particulièrement dans le cas de Gramsci, cet homme d'action, — un Robespierre en puissance — violemment empêché d'agir par l'emprisonnement et condamné, en somme, à la méditation à perpétuité. Dans cette situation, et malgré quelques velléités d'approfondissement, il s'en tient au concept de la politique comme d'un *discours* qui peut supporter la *traduction* : comme on dit métaphoriquement, « traduire une pensée en acte ». Mais il pense surtout à la traduction du discours philosophique en discours politique et réciproquement, sans s'arrêter au fait que la politique ne se réduit pas aux discours politiques ou aux doctrines.

---

16. GRAMSCI A. , *Op. cit.*, p. 259, note 24.
17. Cité par GRAMSCI, *Op. cit.*, p. 235.

C'est par rapport à cette problématique commune de l'influence, de la traduction, de la relation immédiate, que celle de Hegel, dont pourtant quelques uns s'inspirent, manifeste toute son originalité.

Non pas que Hegel lui-même ait échappé, dans sa jeunesse surtout, à la tentation de la relation « immédiate » du philosophe et du politique ! Lui aussi, avec ses compagnons de Tübingen, avec les partisans allemands de la Révolution française, complètement isolés de leur peuple, il a nostalgiquement rêvé d'une Allemagne *active,* d'une révolution allemande à la fois semblable à la française et différente d'elle, meilleure qu'elle. Et il a même voulu voir en Napoléon le continuateur de la Révolution française et son exportateur en Europe, l'introducteur violent des idées libérales en Allemagne.

Au début, avec tant d'autres, il a rattaché cet espoir politique à l'option philosophique kantienne. En 1808 encore il écrit : « le travail théorique — je m'en convaincs chaque jour davantage — apporte au monde davantage que le travail pratique ; si le domaine des idées est révolutionné (le mot français *revolutioniert !*), la réalité ne peut demeurer ce qu'elle est »[18]. Mais plus précisément, en 1795 il déclarait, suivant en cela l'inspiration de Fichte : « Du système kantien et de son plus haut achèvement, j'attends une révolution en Allemagne — une révolution qui partira des principes déjà existants, lesquels ont besoin seulement de subir une élaboration générale, d'être appliqués à tout le savoir déjà existant »[19]. Il aurait sans doute médiocrement apprécié le rapprochement entre Kant et ce Robespierre qu'il détestait, mais il n'en établissait pas moins une complicité entre les conséquences du concept de liberté abstraite en France et en Allemagne.

Quelle que fût l'aspiration révolutionnaire des *Stiftler,* il leur fallut bien désespérer et renoncer à une révolution prochaine en Allemagne, il leur fallut se contenter, bon gré mal gré, de la révolution philosophique. Abraham Kästner, que Hegel estimait, n'avait-il pas publié et déjà en 1793, ses « *Pensées sur l'incapacité des écrivains de déclencher des révolutions* »[20] ? Bien avant lui, Voltaire, démentant l'exemple qu'il donnait lui-même, avait prétendu qu' « aucun philosophe n'a influé seulement sur les moeurs de la rue où il demeurait... »

Alors, en l'absence d'action, d'influence, de traductions réciproques, comment expliquer les correspondances, même approximatives et précaires, entre les systèmes philosophiques et les réalités politiques et, pour reprendre toujours la même image incendiaire, entre Kant et Robespierre ?

Hegel s'élève finalement pour cela au-dessus des vues immédiates et pour ainsi dire très terre à terre, bien qu'elles se caractérisent par leur idéalisme politique et philosophique subjectif. Il propose impavidement sa propre conception de ce rapport. Il ne s'agit plus pour lui de confirmer seulement que Kant a été lui aussi un admirateur de la Révolution française ou qu'il a « étayé de son nom » la constitution républicaine, ou bien de rechercher si Kant a tiré

18. HEGEL, *Correspondance,* Trad. Carrère, I, 1962, p. 229.

19. HEGEL, *Ibid.*, p. 28.

20. Abraham Gotthelf KÄSTNER, *Pensées sur l'incapacité des écrivains de déclencher des révolutions,* Göttingen, 1793.

un parti philosophique du spectacle de la Révolution française, observée des lointains de Königsberg.

Hegel proclame majestueusement : « Philosophies kantienne, fichtéenne et schellingienne. Dans ces philosophies s'est déposée et s'est exprimée dans la forme de la pensée la révolution à laquelle l'esprit est parvenu ces derniers temps en Allemagne ; dans leur succession nous avons le cours que le penser a pris. A cette grande époque de l'histoire mondiale, [...] seuls deux peuples ont participé : le peuple allemand et le peuple français, si opposés soient-ils, ou précisément parce qu'ils sont opposés... En Allemagne, ce principe a fait irruption (*hinausgestürmt*) en tant que pensée, esprit, concept ; en France, c'est dans la réalité effective (*in die Wirklichkeit*) qu'il a fait irruption »[21]...

Nous voici loin des difficultés de la traduction, de la transposition. Si la politique et la philosophie, si éloignées qu'elles soient d'ailleurs nationalement et linguistiquement, sont profondément « traduisibles » l'une dans l'autre, si elles se développent parallèlement, c'est parce que, se déployant dans des milieux différents, elles ont pour fondement, non pas une foi *opposée* à une autre, comme le croyait Carducci, mais au contraire un même esprit souterrain, un même principe, actif objectivement avant que les politiques et les philosophes en prennent conscience de manière différente. La politique et la philosophie, comme d'ailleurs aussi l'art, la religion, l'industrie ont une même *base* — c'est le mot qu'emploie Hegel —, et cette base est à ses yeux spirituelle. Politique et philosophie divergent comme, en des ordres différents, les deux attributs d'une même substance, qui est sujet.

S'il y a des correspondances déterminées entre la pensée de Kant et l'action de Robespierre, c'est à la recherche érudite d'en décider. Mais la question elle-même n'a de sens que sous une présupposition philosophique générale, qui conteste l'autonomie absolue et du philosophe et du politique. Une politique dans un pays, une philosophie dans un autre, peuvent provenir d'une même source et s'édifier sur une même base sans que leurs auteurs en sachent rien et sans qu'ils se connaissent l'un l'autre.

Si cette hypothèse était réfutée, tout l'idéalisme objectif en serait affecté. Si elle était confirmée, il n'en serait pas pour autant démontré en vérité. L'enjeu philosophique est considérable, et il se joue à gros risque. Hegel pratique une sorte de coup de force intellectuel, à sa manière plus violent que les coups de force de Kant ou de Robespierre, et avec un succès aussi inégal. Heine, Croce, Gramsci ne s'y sont pas pliés, malgré leur affection pour le maître. Ou bien ils en ont eu peur, ainsi que de ses conséquences, ou bien ils ne l'on pas bien compris.

D'autres, plus hardis, croyant le mieux comprendre encore qu'il ne s'était compris lui-même, creuseront plus loin dans ce filon ouvert par Hegel.

Kant est-il le Robespierre de la philosophie ? A côté du sursaut négatif spontané, les réponses positives à cette question surgissent plus nombreuses et plus diverses que l'on ne s'y attendait avant examen et réflexion. Selon le point de vue auquel on se place, elles gagnent plus ou moins en profondeur, sinon en vérité. Avec Hegel, on frôle les abysses.

---

21. HEGEL, *Leçons sur l'histoire de la philosophie,* Tome VII, P. Garniron, 1991, p. 1827.

Mais quand on s'aventure à traire un bouc, il faut bien s'attendre à ce que le profit dépende de la passoire que l'on a tendue.

I

HORIZON POLITIQUE ET PHILOSOPHIQUE

LE SCHÉMATISME DU DROIT ET LA RÉVOLUTION FRANÇAISE COMME SIGNE HISTORIQUE

François MARTY

L'exécution de Louis XVI a été ressentie par Kant comme un des événements marquants de l'année 1793, puisque les écrits postérieurs continuent à y faire référence. Je voudrais faire paraître l'attitude paradoxale qu'ils manifestent vis-à-vis de la Révolution française : cette exécution aurait dû en faire paraître le caractère irrémédiablement pervers, alors que Kant continue à lui accorder toute la valeur positive d'un « signe historique ». Une notion centrale de la philosophie du droit kantienne, le schématisme du droit, pourra éclairer ce paradoxe

UN SIGNE HISTORIQUE AMBIGU

Le *Conflit des Facultés*, en 1798, fait de la Révolution française un « signe historique ». Il ne s'agit nullement là d'un moment où viendraient en lumière plus crue les violences et injustices qui jalonnent l'histoire humaine. Bien au contraire, elle appartient à ces événements qui autorisent une réponse positive à la question qui laisse tellement hésitant : y a-t-il dans l'humanité une tendance à progresser vers le mieux[1]. Je reviendrai plus avant sur les explications alors données par Kant. Si cette réponse si claire fait problème, c'est qu'à la même époque il revient expressément sur l'événement qui, en France, a ouvert l'année 1793, pour le condamner en des termes qui atteignent l'idée même de Révolution.

Il s'agit de la première des remarques qui suivent l'exposé du « droit politique », première partie du « droit public », dans la *Doctrine du droit*, écrit paru également en 1798. Ces remarques, en forme d'appendice, traitent des « effets juridiques résultant de la nature de l'union civile ». La première s'intéresse à l'origine de l'autorité suprême dans l'Etat, et la déclare insondable. C'est ce que voulaient dire ceux qui la faisaient divine, qui ne visaient pas par là quelque fondement historique, mais la simple idée du pouvoir de légiférer, qui ne serait pas tel s'il ne demandait d'être obéi, quelle que soit son origine[2]. Il suit cependant de cette non pertinence de l'historique que ce qui arrive dans le cours de l'histoire ne saurait rendre caduque une telle autorité. Cette révolte contre l'autorité suprême qu'est une révolution est donc

---

1. *Conflit des Facultés*, 7, 84,10-87,2 ; Pl 3, 893-897.— La première référence est à l'édition de l'Académie de Berlin, la seconde aux Oeuvres, traduction Pléiade.

2. *Doctrine du droit*, 6, 318 ,15-319 ,11 ; Pl. 3, 584-585.

illégitime. Soumettant cette autorité aux aléas de l'histoire, elle ne peut que la détruire, ruinant du même coup le lien de société[3].

On n'est pas pour autant condamné à l'immobilisme, car si la révolution partant d'en bas, des événements qui se déroulent dans l'histoire, est incompétente à l'endroit du non-historique, l'autorité suprême qui se fonde en celui-ci a bien pouvoir sur ce qui se produit dans l'histoire, et peut y introduire une réforme concernant la constitution elle-même[4].

C'est à ce propos qu'une longue note développe la question du régicide, illustrée par l'exécution de Charles 1er en Angleterre, et par celle, encore récente, de Louis XVI. On s'attend, après ce qui vient d'être dit, à un refus de tout régicide. On est surpris, cependant, par la violence de la condamnation : il s'agit là d'un « crime immortel », « inexpiable ». Il faut le rapprocher du « péché contre l'Esprit », qui est irrémissible. L'horreur ainsi exprimée vient précisément de l'exécution faite selon les formes du droit. Il faudra revenir sur ce sentiment d'horreur, que rien n'autorise ni à considérer comme feint, ni à ramener à quelque amplification oratoire[5].

Même si la Révolution française ne se réduit pas au régicide, il reste cependant qu'il met en brutale lumière l'illégitimité de toute entreprise visant à renverser l'autorité suprême, ce qui disqualifie une révolution non pas seulement dans telle ou telle de ses procédures, mais bien dans sa nature même. Comment donc ce qui est ainsi intrinsèquement faussé peut-il encore être la marque irréfutable de la possibilité pour l'humanité de progresser vers le mieux ?

L'EXCES DE RIGUEUR

L'embarras de Kant me paraît venir ici de la rigidité de ce que l'on est en droit d'appeler « schème du concept du droit ». Ce sera un effet du « signe historique » révolutionnaire, l'enthousiasme, que l'on peut lier au « sublime », qui suggérera une issue et permettra ainsi d'éclairer tant la pensée juridique que la pensée politique de Kant.

C'est à la fin de l'*Introduction* à la *Doctrine du droit* que Kant en vient, comme fruit des étapes précédentes, à dire en quoi consiste le concept de droit strict, qualificatif indiquant seulement que nous avons affaire au concept propre de droit. C'est par une contrainte qu'il faut le définir, contrainte que je puis exercer sur un autre sujet, sujet de droit lui aussi, ce qui donne à la contrainte un caractère de réciprocité. Une telle contrainte n'est pas autre chose que la limitation réciproque de deux libertés dans l'extériorité. Une telle contrainte ne peut être réciproque que si elle se fait selon une loi extérieure universelle[6].

Cela revient à dire que cette loi conjugue universalité et sensibilité. Aussi demande-t-elle une présentation, ce qui lui fait rencontrer le propos du schématisme, même si Kant préfère parler d'analogie, pour des raisons qu'il

3. *Ibid.*, 6, 319, 12-320, 34 ; Pl. 3, 585-587.
4. *Ibid.*, 6, 321, 1-322, 15 ; Pl. 3, 588-590.
5. *Ibid.*, 6, 320, 35-322, 39 ; Pl. 3, 587-589.
6. *Ibid.*, 6, 232, 1-29 ; Pl. 3, 480-481.

n'est pas possible ici de chercher à expliciter. Cette contrainte réciproque des libertés est une construction, ce qui oriente vers une analogie mathématique. Le modèle en est pris à la physique mathématique de Newton, puisqu'il s'agit de la loi de l'égalité de l'action et de la réaction, troisième des lois newtoniennes du mouvement, portant la science du mouvement, la physique, à hauteur d'univers. Il s'agit bien là d'une présentation dans l'intuition pure *a priori*, en raison de la forme mathématique. Aussi bien l'appellation même de droit est-elle un emprunt à la géométrie, la rectitude étant aussi bien celle de la ligne droite opposée à la courbe, que celle de la verticalité du fléau de la balance, unique en sa position, tout comme est unique la ligne droite joignant deux points, contre la diversité sans fin des jonctions opérées par une courbe.

On comprend qu'un tel schématisme permette d'obtenir un concept de droit strict. Il fonde une distinction entre droit et morale, complètement oubliée par les lectures « rigoristes » de la morale kantienne : le droit ne tolère aucune exception, alors que la morale se caractérise par leur possibilité (le terme latin employé par Kant : *latitudinem*, fait croiser les parages du « laxisme »)[7].

Le rapport légitime au souverain relève du droit strict, dans la mesure où il s'insère dans le plein exercice du droit. Par deux fois cependant il reçoit un traitement spécial par rapport à ce qui vaut pour l'ensemble du droit strict.

Il s'agit la première fois du droit équivoque, dont traite un appendice, qui suit la définition du « droit strict ». Les formes de ce droit équivoque sont l'équité et le droit de nécessité. C'est la seconde qui intéresse ici, et qui s'énonce ainsi : « la nécessité ne connaît pas de loi ». Il s'agit d'une exigence légitime (par exemple sauvegarder sa vie), l'unique voie possible entraînant quelque violence (situation où un seul peut « s'en tirer », et où je ravis cette place à un autre). On ne peut, strictement, déclarer légitime cette voie, mais aucun juge ne peut porter sentence de condamnation. Un tel droit est « équivoque » parce qu'il est en marge du droit, sans que l'on puisse dire cependant qu'il le viole[8]. Quand il s'agit du régicide, le droit de nécessité peut sans doute servir de prétexte à un coup de force, contraignant le souverain au départ, et Kant laisse entendre que ce coup de force pourrait aller jusqu'à le mettre à mort. Mais il faudrait lui garder l'objectivité d'un meurtre, et aucune excuse de nécessité ne peut être invoquée pour une exécution qui voudrait avoir quelque forme de légalité[9].

Il faut même dire, c'est le second renvoi au droit strict, qu'il y a dans le cas du rapport au souverain une sorte d'aggravation. Kant, en effet, exclut expressément la réciprocité dans le cas du rapport entre sujet et souverain, celui-ci ayant, comme tel, seulement des droits, et pas de devoirs auxquels il puisse être contraint[10]. Il y a donc, il faudra encore y réfléchir, une mise hors portée de l'origine du droit.

---

7. *Ibid.*, 6, 232, 30-233, 29 ; Pl. 3, 481-482.
8. *Ibid.*, 6, 233, 30-236, 16 ; Pl. 3, 483-486.
9. *Ibid.*, 6, 320, 35-321, 26 ; Pl. 3, 587-588.
10. *Ibid.*, 6, 319, 12-18 ; Pl. 3, 585.

LE PASSAGE AU SUBLIME

A ce point, où toute issue pour avoir le dernier mot dans un conflit avec le souverain semble bouchée, il faut revenir au caractère de « signe historique » que la Révolution française reçoit, alors même que le diagnostic sur le régicide de 1793 paraît la contaminer tout entière. Cette qualité peut faire reconnaître en elle l'expérience du sublime. C'est en effet un enthousiasme qu'elle éveille en des spectateurs[11]. Or l'enthousiasme est, dans la *Critique de la Faculté de juger*, une façon de nommer l'expérience du sublime. Il se trouve même que cette expérience n'est pas alors celle d'un simple individu, mais bien celle d'un peuple pour sa Loi. Ce peuple est le peuple Juif, et cette Loi est précisément ici celle de l'interdiction de toute image taillée. L'attitude ainsi proposée est bien celle de l'excès, où l'imagination n'échoue que pour avoir dû tenter de manifester dans un être sensible une destination supra-sensible[12].

L'explication donnée pour l'enthousiasme suscité par les révolutionnaires vient appuyer le rapprochement. Il s'agit bien, là aussi, de ce qui vient constituer un peuple, et même en le faisant progresser vers un mieux. La force des révolutionnaires venait en effet du droit qu'ils cherchaient à établir, ce dont étaient dépourvus les mercenaires qui les combattaient[13]. Il est permis de reconnaître là l'Etat républicain, où le droit de cité est donné péremptoirement à chacun, au lieu de se borner aux droits octroyés selon le bon plaisir du prince[14]. Il s'ensuit que l'enthousiasme, même s'il est considéré dans un spectateur individuel, le concerne en tant qu'il est membre d'un peuple, mis en face de ce qui est sa destinée.

Cet appel à l'enthousiasme pour dire le sentiment d'un peuple en face de ce qui le constitue comme tel permet de comprendre la portée de la réflexion où cet enthousiasme est qualifié de sublime, et du coup de généraliser cette caractérisation. L'inaccessibilité du sublime est ici celle du fondement de la vie ensemble. Certes on peut trouver bien occasionnelle la déclaration qu'en fait Kant. Il faut pourtant noter que ce qui affleure alors dans le sublime n'est pas autre chose qu'un thème de fond de l'analyse du beau, celui du sens commun qu'il suppose, et qui fonde une communication[15]. La sublimité de la Loi d'un peuple prolonge cette réflexion, à la fois dans le sens de la fondation d'une communauté politique, et dans le sens de son inaccessibilité. Aussi bien celle-ci n'est-elle pas étrangère au caractère énigmatique du jugement de goût[16], sensible porté à l'universel.

Ainsi s'éclaire l'erreur irréparable des révolutionnaires, dans le régicide. Leur acte revenait à mettre la main sur le fondement insondable. Ce ne pouvait en être que la destruction. Et on comprend pareillement que cet

---

11. *Conflit des Facultés*, 7, 85, 26 ; Pl. 3, 895.

12. *Critique de la faculté de juger*, 5, 274, 20-275, 5 ; Pl. 2, 1048.

13. *Conflit des Facultés*, 7, 86, 6-87, 2 ; Pl. 3, 896-987.

14. *Ibid.*, 7, 85, 30-86, 5 ; Pl. 3, 895-896 ; sur la république, cf *Doctrine du droit*, 6, 340, 23-341, 8 ; Pl. 3, 612-613.

15. *Critique de la faculté de juger*, § 40.

16. *Ibid.*, Préface, 5, 169, 36 ; Pl. 2, 920.

enthousiasme ait à se vérifier paradigmatiquement chez un spectateur étranger[17]. L'actualité du fondement ainsi rencontré se vérifiant dans un autre groupe, il ne risque pas de le corrompre en en faisant un moyen de pouvoir.

Il faut ici faire valoir un des traits qui appartenait au paradoxe de la révolution, à la fois louée et rejetée. Kant explique en effet qu'un changement de constitution, obtenu par le moyen illégitime de la révolution ne saurait être ensuite remis en cause, le droit que peut conserver le souverain déchu constituant un autre problème[18]. — Ce qui vient d'être atteint du caractère inaccessible du fondement du droit n'éclaire pas seulement ce paradoxe. C'est sur un problème majeur du droit que s'ouvre une fenêtre. Un des non moindres paradoxes du droit public (hors duquel il ne saurait y avoir de droit privé) est bien son origine dans quelque violence. Le seul titre incontestable serait celui du premier occupant. Mais l'impossibilité de l'établir n'est qu'une autre face de l'inaccessibilité du fondement. Il est donc un moment où ce qui était illégitime est à reconnaître comme légitime. Cela revient à mettre le fondement hors d'un ordre déterminé du droit.

Ce passage de l'illégitimité à la légitimité peut paraître relever du simple cynisme, où c'est le droit du plus fort qui s'impose. La même chose peut se dire dans cette sorte d'intangibilité du souverain, chez Kant, qui oblige à attendre de lui l'initiative des réformes, ce qui peut passer au minimum pour naïveté. — Mais une autre lecture est possible. Aucun ordre du droit n'est à hauteur de son fondement si bien qu'il ne peut éviter la question de ses mutations. Le droit peut être strict ; il ne saurait se donner comme un absolu.

Théorie et pratique traitait, dès 1793, à propos de Hobbes, du rapport du peuple au souverain, bannissant avec force tout droit à la rébellion, et écartant même avec netteté tout recours au droit de nécessité[19]. Ce verrouillage du pouvoir établi revenait cinq ans après, dans le texte majeur de la réflexion kantienne sur le droit. Y devenait en même temps manifeste la racine de ce risque d'immobilisme : la rigidité que le droit strict semblait hériter de son modèle mathématique. A cette même époque, cependant, la Révolution française, entachée du régicide, était reconnue comme « signe historique », attestant que l'histoire chaotique de l'humanité est en marche vers le mieux. Or ce propos du progrès humain faisait partie de ces vérités dont Kant disait, en 1793, contre Mendelssohn, qu'on ne peut se contenter de les tenir en théorie, alors qu'on les disqualifie pour la pratique[20]. L'inadmissible régicide ne peut masquer la raison qui est en l'homme, et qui ouvre le champ à une progression vers un juste Etat de droit et, au-delà, vers la société pacifique des citoyens du monde[21]. L'échec même des Révolutionnaires qu'animait cet Idéal éveille l'enthousiasme. La destinée qu'il atteste ne relève pas de ce qui se déduit de quelque idée de l'homme. Elle est la promesse qui se déchiffre dans l'insondable de la liberté.

17. *Conflit des Facultés*, 7, 86, 17-87, 2 ; Pl. 3, 897.
18. *Doctrine du droit*, 6, 322, 16-323, 20 ; Pl. 3, 590.
19. *Théorie et praxis*, 8, 299, 22-300, 18 ; Pl. 3, 282-283.
20. *Ibid.*, 8, 307, 22-308, 34 ; Pl. 3, 293-294.
21. *Ibid.*, 8, 312, 19-313, 21 ; Pl. 3, 299-300.

LA RÉVOLUTION ENTRE L'ENTHOUSIASME ET LA *SCHWÄRMEREI*

Jean ROY

1793 débute avec l'exécution de Louis XVI. Le procès aura révélé ceux qui à la fin de l'année vont instituer le « gouvernement révolutionnaire » et la Terreur. Pourtant, cette année-là, Kant fait paraître *Théorie et pratique* où la cible principale est Rehberg et *La religion dans les limites de la simple raison* qui, à première vue, n'a aucun rapport avec les événements de France. Prenant le relais de Burke, A.W. Rehberg, conseiller de la chancellerie de Hanovre, ne se contente pas de condamner la tournure violente prise par la Révolution mais également les principes qui l'inspirent, notamment l'idée de volonté générale. À travers le durcissement gouvernemental dans son pays, c'est le statut des principes purs tirés de la raison elle-même qui sont en jeu. Au-delà de la conjoncture du moment, Kant prend donc position sur une question de fond. Certes, le prince (ou le régent) doit agir avec prudence car il n'est pas d'activité humaine dans laquelle la considération des circonstances ait autant de poids qu'en politique. Cependant, le responsable politique ne peut se contenter d'un empirisme sans principes. Les hommes, il est vrai, sont égoïstes et méchants mais on ne peut tirer argument de ce fait pour exercer un commandement autoritaire allant jusqu'à réprimer les opinions déplaisantes comme des violations de la loi. Cette défense des principes généraux du droit ne suffit pas, selon nous, à faire de Kant un partisan sans réserves de la Révolution. Sur la tranquillité de l'ordre public Kant ne transige pas. La rigueur de sa condamnation du droit de révolution est bien connue. On peut même estimer que dans la dialectique de la liberté et de l'ordre, il sacrifie la première au second[1].

Dans une très importante note de la *Doctrine du droit* (1797) et dans *Le conflit des facultés* (1798), il prend position sur la question du régicide, d'une part, et d'autre part, il commente la réaction spontanée du public vis-à-vis le projet révolutionnaire. Sur le premier point, il exprime son horreur, sur le second, sa « sympathie qui confine à l'enthousiasme ». D'un côté, un crime impardonnable d'autre part, un événement inoubliable[2].

Au bord de « l'abîme », selon sa propre expression, Kant ne parvient pas à unifier son jugement, irrémédiablement cassé en deux : celui du spectateur et des principes régissant le jugement, celui de l'acteur engagé et des principes gouvernant l'action. Cet abîme insondable est l'abîme même de la liberté

---

1. Voir A. PHILONENKO, *Souveraineté et légitimité chez Kant et Fichte*, *Cahiers de la Revue de théologie et de philosophie*, no. 2, 1978.

2. E. KANT, *Le Conflit des facultés*, *Œuvres philosophiques*, T. III, 1986 [VII, 85, 86], pp. 895-896.

capable du meilleur et du pire. Mais ce que doit être la vocation de la république ne peut dépendre de notre appréciation de la moralité concrète des hommes. Contre Rehberg et au-delà, contre Hobbes, on ne peut tirer la conclusion du recours au despotisme comme la riposte appropriée à la méchanceté des hommes : par le biais de « la ruse de la raison » on peut d'ailleurs tirer du mal même l'espérance d'un progrès mais aussi et surtout peut-être — car on ne se méfie pas assez du démon du Bien — on ne peut tirer argument de la bonté naturelle de l'homme une politique de régénération capable d'extirper radicalement le mal du cœur des citoyens, de redresser la courbure de l'égoïsme, opération que l'on croit nécessaire à l'avènement de la république.

Bien que Kant n'ait pas thématisé le détournement de l'espérance religieuse dans la praxis révolutionnaire, il nous fournit cependant un cadre systématique à partir duquel on peut mieux comprendre critiquement la déraison totalitaire. Chez Kant, on le sait, la déraison se nomme *Schwärmerei*. Mot quasi intraduisible que nous conserverons pour le distinguer d'*enthousiasme* pris dans son original de « sensibilité aux Idées »[3]. La *Schwärmerei* n'exprime pas un sens parfaitement univoque : selon les contextes, le sens oscille entre exaltation, délire visionnaire, enthousiasme (au sens péjoratif attaché au mot au XVIIIe siècle), fanatisme, extravagance, divagation, mysticisme, démence, folie, etc.[4] Kant distingue formellement

3. E. KANT, *Anthropologie du point de vue pragmatique*, § 57, *Œuvres philosophiques*, T. III, 1986 [VII 224-226], pp. 1041-1043 ; *Critique de la faculté de juger*, Remarque générale, *Œuvres philosophiques*, T. II, 1985, [V, 267-278], pp. 1038-1053. Leibniz rappelle le sens originellement positif du terme. Cependant, l'élan sublime dégénère aisément en son contraire *Corruptio optiomi pessima*. « L'enthousiasme était au commencement un bon nom. Et comme le sophisme marque proprement un exercice de la sagesse, l'enthousiasme signifie qu'il y a une divinité en nous. *Est Deus in nobis*. Et Socrate prétendait qu'un dieu ou démon lui donnait des avertissements intérieurs, de sorte qu'enthousiasme serait un instinct divin. Mais les hommes ayant consacré leur passions, [et fait passer] leurs fantaisies, leurs songes et jusqu'à leur fureur pour quelque chose de divin, l'enthousiasme commença à signifier un dérèglement d'esprit attribué à la force de quelque divinité, qu'on supposait dans ceux qui en étaient frappés, car les devins et les devineresses faisaient paraître une aliénation d'esprit lorsque leur dieu s'emparait d'eux, comme la sibylle de Cumes chez Virgile ». *Nouveaux essais sur l'entendement humain*, L. IV, chap. XIX, GF, 1990, p. 399. Voir Y. Congar art. « enthousiastes », in *Catholicisme*, Paris, 1956 ; Susie I. Tucker, *Enthusiasm. A Study in semantic change*. Cambridge University Press, 1972.

4. J.-L. BRUCH, *La philosophie religieuse de Kant*, Aubier, 1968, p. 172, n. 39. A. Philonenko propose finalement « enthousiasme » en sous-entendant la nuance légèrement péjorative qui était autrefois celle de ce terme et en espérant rendre ainsi plus sensible ce complexe de mysticité et d'esthétique qui définit le « génie ». Préface à *Qu'est-ce que s'orienter dans la pensée*, Vrin, 1967, p. 39. Cette traduction ne va pas sans inconvénient du fait que « Kant parle d'« enthousiasme » par opposition à la *Schwärmerei*. « Délire » serait acceptable, notamment à cause de l'analyse de la *Schwärmerei* dans *Le rêve d'un visionnaire* où il procède à un démontage de la doctrine de Swedenborg », ainsi que le note D. Colas, *Le Glaive et le Fléau. Généalogie du fanatisme et de la société civile*, Grasset, 1992, p. 348, n. 5. Voir M. David-Ménard, *La folie dans la raison pure, Kant, lecteur de Swedenborg*, Vrin, 1990. L'a. fournit d'intéressantes remarques sur la genèse de la démarche kantienne sur ce point. R. Vernaux, *Le vocabulaire kantien*, Aubier, 1967, pp. 183-184. J. F. Lyotard, *L'enthousiasme. La critique kantienne de l'histoire*, Galilée, 19863 ; *Le différend*, Minuit, 198, p. 238-240. Sur la référence à Shaftesbury comme l'une des sources de Kant, voir J.-P. Larthomas, *De Shaftesbury à Kant*, Didier édition, 1985. R. Spaemann, « Fanatisch und Fanatismus », *Archiv Für begriffsgeschichte*, Band XV, 1971. James Farr, « Political Science and the Enlightenment of Enthusiasm », *American political Science Review*, vol. 82, 1988. M. Crampe-

l'enthousiasme qui n'est qu'un état passager où l'imagination s'enflamme pour un pur idéal, sans présentation d'images (ainsi, la réaction du public dans la Révolution française) et la *Schwärmerei* qui est une sorte de délire, une passion déréglée profondément enracinée qui « consiste à voir quelque chose par delà toutes les limites de la sensibilité, c'est-à-dire vouloir rêver suivant des principes (délirer avec la raison) »[5]. Cette distinction soigneusement formulée dans *La critique de la faculté de juger*, Kant la reprend et l'applique au cas de la Révolution. Bien que les « moralistes despotiques » à la Robespierre ne soient pas qualifiés de *Schwärmer*, il ne fait guère de doute que le terme leur convient compte tenu de son indignation extrême devant le fanatisme des régicides. En revanche, il s'émeut jusqu'au lyrisme de l'*enthousiasme* spontané provoqué dans le public par le spectacle sublime d'un peuple mobilisé par le projet de créer une constitution reflétant la pure idée du droit.

Cette proximité du meilleur et du pire est fort suggestive. Elle nous signifie que le mal le plus terrible s'appuie sur le vœu même de la raison à la totalité du Vrai et du Bien, que la pire déraison n'est que la perversion de la raison tendue vers son accomplissement. L'idéal du souverain bien, l'objet entier de la volonté qui apparaît d'abord dans le *Canon de la raison pure*, puis dans la dialectique de la raison pratique sous forme de postulat ne peut pas ne pas susciter un puissant affect, l'espérance de la réconciliation parfaite de la vertu et du bonheur. Ce désir véhément de la totalisation effective du Bien qui est au cœur de *La religion dans les limites de la simple raison* définit l'essence même de la religion raisonnable. Cette visée totalisante de la *Dialectique* complète et achève en la « dépassant » le mouvement de purification abstraite de l'*Analytique*. Par conséquent, un kantisme amputé de sa partie dialectique ne peut être qu'un kantisme tronqué. Pour prendre tout son sens le moment pur de l'Analytique doit donc être réinséré à l'intérieur du mouvement totalisant de la Dialectique. Le point de vue déontologique articulé sur le thème de l'obligation est irremplaçable, nous le verrons, mais il n'est qu'un segment abstrait à replacer à l'intérieur de la dynamique concrète du désir téléologiquement orienté vers son achèvement.

C'est sur cette trajectoire de l'élan vers le souverain bien que nous trouvons des institutions totalisantes, Église(s) et État qui, en principe, sont au service de cette finalité eschatologique mais qui, trop souvent, captent et détournent à

Casnabet, *Kant, une révolution philosophique*, Bordas, 1989, pp. 149-150. Comme toujours l'étymologie est suggestive : « Les mots *Schwärmer, Schwärmerei* viennent de *Schwarm* (Lat. *examen*), essaim d'abeilles (qui essaime, *schwärmt*), foule en effervescence, où chaque individu est à la fois cause et effet inconscient de cette effervescence qui *exalte* les facultés affectives et imaginative de chacun. Exaltation dont la contagion ne cesse de l'amplifier, et qui entraîne la rupture avec l'ordre établi, telle celle de l'essaim quittant la ruche-mère. Le *Schwärmer* est donc l'*exalté*, et par là aussi l'hérétique, le subversif, le révolutionnaire. Dominé par l'imagination, c'est aussi l'inspiré, ce peut être celui qui est plus ou moins dérangé (*verrückt*), le fou. La *Schwärmerei* est l'attitude de *Schwärmer* et le contenu de sa pensée » (P. GARNIRON in G. W. F. HEGEL, *Histoire de la philosophie*, t. 6, *La philosophie moderne*, Vrin, 1985, p. 1771, note B.) F. Proust, *Le ton de l'histoire*, Payot, 1991, pp. 302-305.

5. E. KANT, *Critique de la faculté de juger*, Remarque générale, Vrin, 1989, p. 111. On peut lire la lettre de Kant à Borowski (mars 1790) dans *Lettres sur la morale et la religion*, Aubier, pp. 131-135.

leur profit leur fonction médiatrice par rapport à la plénitude raisonnable de l'espérance. Les médiations institutionnelles qui doivent servir de « véhicules » ou de supports dans notre effort de réalisation totale du Bien sont elles-mêmes infectées par le mal. Le mal qui guette l'Église est bien connu des *Aufklärer*. Il s'appelle superstition (*Aberglaube*), culte hypocrite (*Afterdienst*) cléricalisme (*Pfaffentum*). L'écueil des sectes protestantes est certes, « l'enthousiasme », l'illusion propre à celui qui se croit directement inspiré par Dieu et autorisé du même coup à faire respecter ses volontés. Les maux qui affligent les États sont également légion. Entre l'anarchie et la tyrannie, la panoplie des dysfonctions et des abus de pouvoir, aussi ancienne et variée que l'histoire du pouvoir, ne cesse de renaître sous des formes toujours nouvelles. Outre ces pathologies spécifiques qui guettent le politique, l'État se prête à la surexploitation du fait qu'il occupe une fonction médiatrice entre la nature et la liberté. En effet, l'ordre politique est le plan le plus élevé que la nature peut atteindre par elle-même — il n'est pas nécessaire d'être vertueux pour être citoyen, démons peuvent former une république et vivre en bonne intelligence pourvu qu'ils soient éclairés — et le seuil inférieur de la liberté (l'État de droit ne prend en compte que le fait de l'obéissance à la loi). Assuré de sa sécurité, l'individu peut alors devenir vertueux ; vertueux, il devient digne du bonheur. Puisque le bonheur ne dépend pas seulement de lui, il peut espérer que le bonheur s'ajoute à la vertu en sorte qu'il atteigne dans une certaine mesure, le bien total, le souverain bien.

Dès lors que l'espérance du souverain bien dans l'au-delà s'érode, l'État devient le candidat par excellence à la succession. Lieu d'immenses pouvoirs, c'est dans et par l'État que l'on peut, dès maintenant, espérer pouvoir réaliser le Bien. En plus, de sa finalité propre, « le prince » peut prétendre pouvoir assumer effectivement la finalité de la communauté éthique, par conséquent, non seulement la conservation de l'humanité mais sa régénération (les jacobins radicaux), son émancipation (Marx). Or, c'est précisément ce déplacement de l'espérance religieuse qui s'accomplit avec la Révolution française. Beaucoup d'historiens l'ont montré de Michelet et Quinet jusqu'aux travaux récents de F. Furet et M. Ozouf en passant par Durkheim, Mathiez et Cochin, la Révolution française surinvestit l'action politique d'une finalité eschatologique qu'elle ne peut naturellement réaliser par ses moyens propres. Se situant au point d'émergence de l'idéologie révolutionnaire moderne, Kant ne pouvait pleinement thématiser le déplacement considérable qui s'opère sous ses yeux. L'admiration et l'exécration qu'il porte à la Révolution selon qu'il se place du point de vue du spectateur ou qu'il juge la conduite des acteurs, nous laisse croire cependant qu'il avait bien senti que le sens ultime de l'événement débordait les catégories du juridico-politique et concernait le plan plus profond du théologico-politique[6]. De fait, il nous fournit le cadre conceptuel à partir duquel on peut penser la *Schwärmerei* à l'origine du délire totalitaire. Ce *Schwärmer* franchit toutes les limites : il affirme plus qu'il ne sait et prétend faire plus qu'il ne peut. Il croit savoir et pouvoir réaliser lui-

6. M. REVAULT D'ALLONES, *D'une mort à l'autre. Précipices de la Révolution*, Seuil, 1989, notamment pp. 14, 150, 155-166.

même ce qui ne peut être qu'espéré. Il croit pouvoir faire des hommes nouveaux, vertueux et heureux, par les moyens de la politique c'est-à-dire la ruse et la force. Cette dérive Kant l'avait pour ainsi dire anticipé et stoppé sur le plan théorique par la critique de l'illusion transcendantale et sur le plan pratique par son essai sur le mal radical.

LES LIMITES DE L'ESPACE PUBLIC KANTIEN

Luc LANGLOIS

Dans son essai de 1784, *Idée d'une histoire universelle au point de vue cosmopolitique*, Kant a montré comment, à la faveur des visées expansionnistes des Etats, s'instituait une dynamique de progrès de la liberté qui échappe au contrôle et à la volonté des Princes. Pour qu'ils puissent mener à terme leurs desseins bellicistes, ceux-ci ont besoin d'une industrie puissante, indissociable de la liberté de commerce et de l'aiguillon d'un libre marché. En relâchant leur étreinte sur l'industrie et les métiers, les Souverains enclenchent, malgré eux, un procès de développement des libertés civiles qu'ils ne pourront plus guère réfréner par la suite sans encourir le risque de l'instabilité sociale et de l'affaiblissement général. Ainsi sont-ils forcés, sous la pression de leurs sujets, d'accorder la liberté de religion, les libertés politiques minimales, et de tolérer l'expression d'une *opinion publique* qui va contribuer à l'éclosion des *Lumières*, dont Kant attend qu'elles parviendront peu à peu jusqu'aux trônes et concourront à l'amélioration progressive des principes du gouvernement[1]. Il est en fait permis de voir dans ce processus inconscient, fruit d'une « ruse de la nature » que Kant cherche à mettre en évidence à l'aide de l'hypothèse téléologique, la réponse, imparfaite mais non négligeable, à la célèbre *aporie du maître*, dont la courbure essentielle vient compromettre la réalisation de la constitution civile parfaite[2]. Puisqu'il ne faut pas compter sur un Saint législateur, dramatiquement absent, pour édicter des lois parfaitement justes, on pourra attendre des percées de l'*Aufklärung*, nourrie par un espace public où la seule force des idées doit entraîner l'adhésion, l'indispensable correctif devant permettre l'avènement d'une constitution civile conforme aux exigences de la raison. L'espace public devient ainsi dans l'horizon ouvert de l'histoire l'instance d'une double médiation, entre Etat et société, et entre politique et morale, grâce à laquelle la raison n'est plus condamnée à rendre les armes devant une *Machtpolitik* sans principe, mais peut graduellement affirmer sa précellence dans un *Etat de droit* répondant aux requêtes d'une société éclairée[3].

Ce rôle de l'*Öffentlichkeit*, d'une publicité qui doit garantir l'accord de la politique et de la morale, Kant va le réaffirmer avec force dans son opuscule

---

1. Cf. *Idée d'une histoire universelle au point de vue cosmopolitique* (IHU), huitième proposition, Ak. VIII, 27-28.

2. Kant présente cette aporie dans la sixième proposition de l'IHU, qui a donné lieu à des interprétations divergentes dans la littérature secondaire récente. A titre d'exemple, cf. Luc Ferry, in E. Kant, *Oeuvres philosophiques*, II, Pléiade, pp. 1437-1438, note 2 de la p. 195.

3. Ce rôle de médiation de l'*Öffentlichkeit* a été souligné avec force par Jürgen Habermas. Voir, *inter alia*, « Publizität als Prinzip der Vermittlung von Politik und Moral (Kant) » in *Materialen zu Kants Rechtsphilosophie*, Zwi Batscha Hrsg., Suhkamp #171, 1976.

sur les Lumières, publié la même année que l'essai sur l'histoire universelle dont il constitue en quelque sorte le prolongement[4]. C'est d'un *usage public illimité de la raison*, sans préjudice au devoir d'obéissance dans l'exercice des fonctions civiles, que dépendra la formation d'une volonté collective émancipée, et c'est par la libre *communication* (*Mitteilung*) des pensées au sein de ce forum public que les idées reçues et les préjugés de tous ordres pourront être mis à l'épreuve[5]. Dans sa double exigence, celle qui nous enjoint à la fois de penser par nous-mêmes et de penser en *communauté avec autrui*, l'*Aufklärung* est conçue en 1784 comme l'agent indispensable de la réalisation d'un ordre politique conforme à la raison. C'est par elle que la finitude morale du Prince, qui comme tout homme est un bois courbe, *versus in sui amorem*[6], cessera d'être un obstacle infranchissable : le procès des Lumières, déployé dans un espace public, empêchera que l'Idéal ne demeure lettre morte, et servira de catalyseur au mouvement de la réforme constitutionnelle.

En réalité, Kant ne revient pas sur ses positions en 1793 dans son essai *Théorie et pratique*. La *liberté de plume* (*Freiheit der Feder)*, celle qui consiste à pouvoir communiquer publiquement ses pensées, sera considérée comme l'unique palladium des droits du peuple[7], ce qui doit le prémunir contre la barbarie des gouvernements despotiques. A cette différence près cependant que le régime de l'espace public devra cette fois être conjugué avec une théorie de la souveraineté et du droit dont l'élaboration manquait encore en 1784. Ce nouvel apport, comme nous le verrons à l'instant, est loin d'être sans répercussions sur l' *Öffentlichkeit*.

C'est un motif d'actualité qui, comme chacun sait, mobilise les efforts de Kant dans *Théorie et pratique*. La Révolution française a en effet convaincu plusieurs que liberté et ordre décrivent les termes d'une antinomie absolue : un mouvement qui a fait de la liberté son leitmotiv, au nom d'une transformation en profondeur de l'ordre politique, a dégénéré dans un chaos sans nom, prouvant ainsi hors de tout doute que la stabilité des Etats ne peut être fondée sur un principe aussi abstrait. Ce constat des forces contre-révolutionnaires, puissamment défendu par Rehberg et Burke, ne pouvait être que très dirimant pour une philosophie, celle de Kant, qui avait précisément fait de l'Idée transcendantale de la liberté son concept de prédilection. Aussi Kant s'emploiera-t-il dans son écrit de 1793 à montrer comment cette dernière, loin d'être aux antipodes de l'ordre et de la stabilité juridique, en constitue le seul fondement valable, signe que la théorie philosophique peut s'accorder en tout point avec la pratique. A cette fin, il convenait d'abord de

---

4. Cf. *Réponse à la question : « Qu'est-ce que les Lumières ? »*, Ak., VIII, 33-42.

5. Sur ce rôle de la communication des pensées, la CRP, dans un passage étonnamment « pragmatique » de la Méthodologie, affirmait déjà que « La pierre de touche servant à reconnaître si la croyance est une conviction ou une simple persuasion est extérieure : elle consiste dans la possibilité de la communiquer et de la trouver valable pour la raison de chaque homme ». (A820 ; B848).

6. Sur le sens de cette métaphore luthérienne, voir A. PHILONENKO, *La théorie kantienne de l'histoire*, pp. 100 sq., Vrin, 1986. Philonenko, dans cet ouvrage, défend l'image d'un Kant plus luthérien qu'*Aufklärer*. Nous croyons qu'il sous-estime l'attachement et l'espoir que Kant plaçait dans le mouvement des Lumières.

7. Cf .*Théorie et pratique*, Ak., VIII, 304.

rappeler le statut conditionné du droit positif, porté aux nues par les défenseurs de la tradition et de la coutume, pour le rattacher à sa condition *a priori* et rationnelle : la liberté. C'est elle seule qui, dans l'expression précaire qu'en donne le droit naturel, rendra nécessaire le passage au droit civil, et la conclusion d'un *Pactum unionis civilis* qu'est l'Etat. Procédant intégralement de l'Idée de liberté, le droit sera ni plus ni moins appelé à garantir celle-ci dans les rapports extérieurs de tout un chacun. Son concept est dès lors établi et justifié rationnellement : le droit renverra à l'essentielle limitation de la liberté de chacun sous la condition de son accord avec la liberté de tout autre homme. Et puisque cette limitation implique une contrainte, la constitution civile désignera un rapport d'hommes libres se soumettant à des lois générales de contrainte auxquelles ils doivent obéissance, puisqu'elles les prémunissent contre les aléas de la liberté sans règle de l'état de nature. C'est ainsi que le droit seulement provisoire de l'état de nature, comme Kant s'exprimera plus tard dans la *Rechtslehre*, pourra devenir péremptoire et recevoir la fermeté que lui confère l'état politique. Kant peut affirmer par conséquent que la liberté est fondatrice de l'ordre politique, et qu'elle n'en est nullement l'autre absolu. Pour rendre crédible cette synthèse, il lui fallait simplement inscrire l'entrée dans l'état civil dans l'orbe du devoir, donc d'une loi de réalisation de la liberté, et rappeler que la consistance rationnelle de cette dernière la fait échapper à la dichotomie fatale entre l'anarchie et le despotisme.

Le résultat de cette déduction consistera à faire du peuple libre l'origine de la souveraineté, mais à considérer en même temps le Prince comme l'unique dépositaire de cette souveraineté, que le contrat social lui transfère de façon irrévocable. En 1793 Kant se sépare donc définitivement de Rousseau : le peuple n'est que l'origine de la souveraineté, il n'en est pas le gérant. Et puisqu'il incarne à lui seul la souveraineté, qu'il en est le représentant exclusif, le Prince aura un pouvoir de contrainte illimité auquel il sera strictement interdit de résister, sans qu'il puisse être lui-même soumis aux lois qu'il édicte. C'était là la seule façon pour Kant de préserver intacte la synthèse entre liberté et ordre politique, en la mettant à l'abri à la fois de la révolution et des forces contre-révolutionnaires montantes.

Seulement ce compromis n'est pas sans conséquence pour la conception de la publicité. Celle-ci connaît en fait un dédoublement chez Kant, qui passe souvent inaperçu[8]. Etant seul au-dessus de toutes les lois, échappant seul à la contrainte du droit civil, le Souverain aura le devoir d'imposer les seules lois qu'il sait être en accord avec la volonté générale. La publicité est ainsi promue au rang de condition transcendantale du droit public, bien qu'entièrement dépendante de la volonté du Prince (a). Au peuple sera par ailleurs laissée la seule liberté de penser et de communiquer ses pensées au sein de l'espace public, pourvu qu'elle ne porte pas atteinte à la majesté de l'ordre civil (b). Il s'agit même là d'un droit authentifié par la raison. Cependant, il est clair que ce droit ne va pas jusqu'à contraindre le Souverain, dont Kant fait, plus

8. Sur le sens pluriel de l'*Öffentlichkeit*, cf. *Historisches Wörterbuch der Philosophie*, Bd. 6, Ritter, Gründer, Hrsgb., 1134-1139.

clairement encore qu'en 1784, l'unique initiateur de la réforme politique. C'est ici qu'il est peut-être permis de voir les limites de l'espace public kantien.

L'idée, chère à Kant, qu'une propagation des Lumières dans le public puisse contribuer à l'amélioration des principes du gouvernement reste en définitive suspendue, dans l'optique de la théorie du droit, au vouloir arbitraire du Prince. Celui-ci a le devoir de ne pas faire obstacle au règne de la critique et de la réflexion publique, mais sa finitude morale, son essentielle imperfection, inlassablement soulignées par Kant, n'offrent qu'une très faible caution au mouvement de l'*Öffentlichkeit*. Le paradoxe est que plus l'ordre juridique en place sera déficient et soumis à l'arbitraire du Souverain auquel seul le devoir interdit d'être un despote, moins le Prince sera enclin à laisser surgir les manifestations d'un espace public qui le pousse à la réforme.

Certes, Kant tente bien dans *Théorie et pratique* de conjuguer les deux facettes de sa conception de la publicité, qui est à la fois critère de droit public et droit à la communication des idées dans un espace public. Il souligne qu'une loi inique, manifestement incompatible avec la volonté unifiée du peuple, donne ouverture à la critique : « on peut, écrit-il, porter à son sujet des jugements généraux et publics, mais jamais faire appel contre elle à une résistance verbale ou physique »[9]. Ce passage illustre on ne peut mieux le projet de Kant dans la partie politique de son essai de 1793 qui est de concilier l'obéissance et l'esprit de liberté. Mais cette synthèse est perpétuellement exposée à l'échec, sitôt que la loi positive et la censure d'Etat viennent régir la critique publique, pour peut-être même l'interdire. Il faudra alors obéir et ne pas critiquer publiquement, et la liberté de plume, sensée stimuler la rationalisation de l'ordre juridique, cédera le pas devant l'autorité du Prince. Kant en fera lui-même l'expérience lorsque, inquiété par les censeurs pour ses écrits religieux, il choisira de préserver la légalité de sa conduite en s'abstenant de publier sur ces matières[10]. La théorie du droit a voulu faire de la liberté de plume l'unique palladium, c'est-à-dire l'unique garantie des droits du peuple, mais la conception de la souveraineté qui en découle revient, par un curieux retournement, à la livrer au règne du droit positif : ses décrets pourront toujours contraindre l'espace public. Assurément, la liberté d'expression publique est un droit supra-positif cautionné par la raison, mais dont l'exercice effectif tombe entièrement sous la coupe de la loi positive, qui pourra l'interdire sans qu'on ne puisse rien y opposer. On peut tirer deux conclusions de ce qui précède.

(a) L'assujettissement de l'espace public au droit existant, c'est-à-dire à un facteur contingent, risque sérieusement d'en affecter le potentiel critique et la portée réformatrice, pourtant vigoureusement mis en évidence par Kant. Défendant contre Hobbes la liberté de plume comme antidote au despotisme, Kant ne peut véritablement, dans sa philosophie du droit, en affirmer la précellence sur le règne de l'arbitraire princier. Aussi pourrait-elle bien n'être qu'un coup d'épée dans l'eau porté contre la puissance du Léviathan. On a

9. Cf. *Théorie et pratique*, Ak., VIII, 305.

10. Sur cet épisode de la censure vécu par Kant, voir la lettre du 4 mai 1793 de ce dernier à Stäudlin, et V. Delbos, *La philosophie pratique de Kant*, pp. 540-542, note 2.

beau opposer à cela que la liberté de plume, comme principe moteur de l'espace public, demeure un droit et une instance critique qui transcendent le fait de la loi positive, et que l'analyse de Kant, dans *Théorie et pratique,* se situe au plan du droit rationnel, et nullement au niveau factuel du droit positif, l'objection ne vaut qu'à moitié, dès lors qu'on reconnaît que c'est au sein même du concept rationnel de l'Etat qu'est sanctionné le caractère irrésistible du pouvoir du Souverain. En clair, le « dispositif » théorique de la philosophie du droit de Kant, ne permet plus guère ici de « faire jouer » le droit rationnel contre le droit positif.

(b) Si l'espace public n'est pas à l'abri des inflexions autoritaristes qui marquent, il faut bien en convenir, la conception de l'Etat dans *Théorie et pratique*[11], Kant peut par contre en mieux garantir l'efficace dans sa réflexion sur l'histoire, comme il fut mentionné au début. C'est qu'il est tout de même permis d'espérer que tous les interdits portant sur l'exercice d'une critique publique des principes du gouvernement seront levés avec le temps, grâce à un processus de progrès de la liberté indépendant de la volonté des gouvernants, et que décrit l'opuscule de 1784. Si le peuple ne peut contraindre d'aucune façon le Souverain à acquiescer aux requêtes de l'*Öffentlichkeit*, c'est la contrainte de l'histoire qui en définitive va l'y forcer, faisant en sorte que l'esprit de liberté finisse par triompher et nourrisse ainsi le patient travail de la réforme. Et c'est cet ouvrage de l'histoire, qui permettra seul de pallier aux limites que pose malgré elle la théorie du droit au plein épanouissement de l'espace public.

---

11. Dans son beau livre *Théorie et praxis dans la pensée morale et politique de Kant et de Fichte en 1793*, Vrin 1968, A. Philonenko met bien en relief cette conception autoritariste de l'Etat qui caractérise l'essai *Théorie et pratique.*

1793-1795 : VERS L'IDÉE D'UNE « CULTURE DE LA RAISON PRATIQUE »

Monique CASTILLO

Avec la Révolution française, Kant a affronté la question de savoir comment terminer une révolution. Question redoutable dès lors qu'il se refuse à l'évaluer simplement du point de vue du succès, ce qui la ferait tomber dans un relativisme historique.

Il semble que Kant a analysé trois manières d'achever une révolution. La première, en 1793, avec le régicide, met en péril sa conception de la civilisation elle-même. Auparavant, Kant avait déjà conceptualisé le mal spécifique de la civilisation : il l'avait présenté, dans *Qu'est-ce que les Lumières*, comme la banalisation culturelle du despotisme en tant que pratique religieuse, pédagogique et militaire. Mais cette obéissance sans loi et cette minorité perpétuée dans le peuple sont sans commune mesure avec la solution finale imposée à la monarchie par une violence qui ose se légitimer elle-même : le droit, en effet, ne peut plus servir de fil conducteur à l'intelligibilité de la civilisation. Kant laisse entendre qu'il aurait préféré la spontanéité de la violence, qui permettait, du moins, de mettre au compte de la nature le signe d'une réaction à l'intolérable. Mais la violation du droit, érigée en droit révolutionnaire, a fait apparaître une forme nouvelle du mal politique qui consiste dans le refus de l'institution, analogue au refus de la loi dans la morale. Tout s'est passé comme si la liberté elle-même optait contre la loi, contre la liberté organisée en Etat.

L'explication kantienne prend le parti de naturaliser l'événement qu'elle justifie par la psychologie de la peur. Les acteurs auraient anticipé sur la terreur d'une sorte de contre-révolution, et garanti, par la mort du roi, leur survie physique. Par ce renvoi du régicide à une sorte d'état de nature éthique, le fondement du droit peut être sauvé, puisque la condamnation de la liberté par la liberté a été, en fait et en droit, hors-la-loi. Kant n'a pas pu et n'a pas voulu comprendre le régicide du point de vue des acteurs, dont le propos était non pas de dire le droit, mais de faire l'histoire, d'affirmer, par la violence, leur rôle de fondateurs d'un nouvel état de choses, qui fasse table rase du passé, par une rupture définitive. Il a refusé d'introduire dans l'intelligibilité du droit le culte de la fécondité dialectique de la mort et préféré réduire ce type d'apologie aux mécanismes d'une psychologie collective.

On comprend pourquoi le *Conflit des facultés* témoigne avec enthousiasme de la seconde manière de terminer une révolution. Il met en avant la sauvegarde du droit dans la révolution, le fait qu'un peuple ait su se donner une constitution. Les raisons de cette approbation tiennent manifestement au fait que Kant peut maintenant réconcilier l'événement et l'explication, le droit et l'histoire. Deux brouillons de la deuxième section du *Conflit des facultés*[1] permettent d'établir que l'événement décisif, propice à l'interprétation, a été la mise en place du Directoire. Ce serait donc avec et après le Directoire que Kant pourrait récapituler et se réapproprier conceptuellement le phénomène révolutionnaire dans son ensemble, dans une totalité de sens qui inclut et dépasse les atrocités commises.

Mais en quel sens exactement peut-on dire qu'il s'agit là d'une manière de terminer la Révolution ? Admettre que Kant salue tout bonnement le retour à l'ordre est une interprétation tendancieuse qui fait de lui un réactionnaire en matière politique, qu'il a le culte de l'ordre établi. Cette version est manifestement hors de proportion avec les études détaillées que Kant consacre à la signification de l'événement. Si l'on consulte les différentes versions du *Conflit des facultés*, on s'aperçoit que le progressisme kantien cherche sa formulation en suivant deux niveaux d'analyse qui sont deux interprétations de l'achèvement d'une révolution : le premier concerne la politique intérieure de la France et il est spécifiquement juridique, le deuxième concerne sa politique extérieure et il contraint Kant à développer une théorie délibérément anti-réactionnaire de l'histoire.

La présentation que Kant fait du Directoire dans la *Réflexion 8077* énonce ce qui est spécifiquement révolutionnaire dans la révolution : la transformation d'un gouvernement absolu en un mode de gouvernement républicain. Le principe général de l'analyse étant connu, on indiquera comment il s'applique historiquement au Directoire.

Kant a trouvé dans le Directoire l'illustration de sa propre conception de la république, à savoir que l'on peut régner d'une façon monarchique tout en gouvernant d'une façon républicaine[2]. S'il en fait un point fort de son argumentation, c'est pour l'opposer au conservatisme monarchique anglais, dans lequel il voit un faux parlementarisme, un simulacre de république, assujetti en fait à l'exécutif. En contrepartie, il insiste sur la signification du Directoire comme première forme de républicanisme en Europe, et dont il fait une sorte de *factum juris* de la reconnaisance des droits du peuple. Il retient tout particulièrement la nécessité de consulter le peuple au sujet de la guerre et le principe de la représentation populaire dans une assemblée. Si bien que le *Brouillon du tome XXVIII* peut aller jusqu'à dire qu'avec le Directoire, la liberté et l'égalité ne sont pas représentatives de la propriété, mais « de la volonté et de son unité », le nombre impair dont se compose le Directoire rendant possible « une unité transcendantale *a priori* ». Entendons par là

---

1. La Réflexion 8077 est une ébauche du *Conflit des facultés*, elle est contenue dans le tome XIX de l'édition de l'Académie, pp. 604 - 612 ; le tome XXVIII renferme des brouillons de différents ouvrages de KANT. Le brouillon de la deuxième section du *Conflit* est reproduit dans les pages 455 à 462. Nous en avons proposé une traduction in *Kant et l'avenir de la culture*, PUF, 1990, Annexe p. 283 à 295.

2. « Régner *autocratiquement*, et néanmoins *gouverner* à la façon républicaine, c'est-à-dire dans l'esprit du républicanisme et d'une manière analogue à celui-ci, voilà ce qui rend un peuple satisfait de sa constitution » (*Conflit des facultés*, trad. PIOBETTA, Aubier, p. 225, note). Notons que les éditions de la traduction PIOBETTA comportent une erreur en reproduisant « automatiquement » au lieu de : « autocratiquement ».

qu'il n'est pas dicté par des circonstances empiriques, mais par un souci formel de validité constitutionnelle.

On identifie sans difficulté la conception criticiste d'un réformisme qui introduise des transformations en allant du sommet à la base et non de la base au sommet. A cet égard, le Directoire achève la révolution en permettant que la voie des réformes puisse se substituer aux moyens de la violence révolutionnaire. Cette analyse, comme on peut le constater, s'établit sur le plan juridique des formes. Ce qui est obtenu, sur le terrain proprement politique, au niveau du pouvoir exécutif, c'est l'obligation de respecter les formes constitutionnelles, celles de la représentation populaire et de la publicité des maximes. Kant en fait état d'une manière fort pragmatique : pourquoi le monarque « se voit-il contraint, à la limite, de feindre dans ses ordonnances du respect pour les droits du peuple (respect qu'il n'a pas) » ? La réponse tient dans le formalisme lui-même qui s'érige en contrainte à l'égard du pouvoir, puisque « le politique se voit forcé, contre sa volonté, de s'attacher au principe du droit comme à un point fixe »[3] (brouillon, p. 294). Ainsi, le pouvoir se voit si bien lié par la publicité du droit qu'il a mise en place que le texte publié du *Conflit* va jusqu'à faire valoir dans ce formalisme obligé la reconnaissance d'un *droit de résistance* au bénéfice du peuple[4]. En 1793, dans l'opuscule *Théorie et pratique*, le droit de faire valoir publiquement des protestations était donné comme « l'unique palladium des droits du peuple ». En 1798, l'exemple français a mis sur la voie d'un respect des formes qui peut passer pour la garantie d'un maintien quasi-automatique de l'esprit constitutionnel.

Cette solution juridique et formelle ne suffit pourtant pas à justifier l'enthousiasme du public, dont Kant va faire un argument de nature morale. comme l'image ou le schème pratique de l'avenir de l'humanité, comme la marque de son installation définitive dans la voie du progrès. La question reste donc entière : pourquoi et à propos de quoi Kant se mêle-t-il de prophétiser sur l'achèvement de la révolution, alors qu'il se méfie à l'ordinaire de la manie de faire des prédictions ?

A ce point de l'analyse, nous pouvons constater deux choses : en premier lieu, le paradoxe, souvent souligné, de la démarche kantienne : tout en voulant faire les louanges de la Révolution française, Kant affirme en même temps, avec la dernière assurance, « qu'il n'est pas légitime de recourir à une révolution, qui est toujours injuste »[5]. En deuxième lieu, l'approbation donnée au Directoire montre que, pour Kant, *le contraire d'une révolution n'est pas une contre-révolution, mais une république.* Nous pouvons, sur cette base, reformuler plus complètement notre question de départ : une révolution ne peut ni déboucher sur une révolution permanente, (car la nécessité de maintenir son propre succès l'obligerait à recourir à la perpétuation de

---

3. *Brouillon du Tome XVIII*, AK., p. 459 ; trad. p. 294.

4. « Pourquoi un souverain n'a-t-il jamais osé dire ouvertement qu'il ne reconnaît aucun droit au peuple contre lui... parce que ce droit renferme en lui-même le concept d'une résistance permise » (*Conflit*, Aubier, p. 224, note).

5. *Conflit*, p. 225, note.

l'injustice), ni échouer dans une contre-révolution qui renierait jusqu'au principe républicain. L'égale impossibilité de ces deux issues est ce qui permet de comprendre la raison de l'intervention personnelle du professeur Kant en faveur de la France.

Pour ce qui concerne le premier point de l'alternative, la France n'a pas perpétué la révolution, puisqu'elle s'est donné une constitution républicaine. Mais, pour ce qui concerne le second point, elle se trouve en but à la contre-révolution sur le plan international. C'est l'Angleterre, et plus précisément la personnalité de William Pitt, que Kant rend responsable de cette volonté d'un retour à l'ordre par la guerre, dans la crainte d'une contamination révolutionnaire en Europe. D'où l'affirmation kantienne, dirigée contre Pitt, de la popularité de la Révolution dans l'opinion publique internationale, popularité signalée dans la fameuse mention de l'enthousiasme des spectateurs. Le *Conflit des Facultés* représente ainsi la réponse donnée par Kant lui-même à la question de savoir comment terminer une révolution : l'Europe doit la laisser s'achever en la reconnaissant comme irréversible. Pour cela, il faut argumenter au-delà du formalisme juridique, car ce dernier conforte tout aussi bien le système anglais, présenté comme un faux républicanisme, comme une « machine politique faite pour exécuter les décisions du monarque »[6]. Kant est donc amené à *légitimer la révolution française, non seulement sur le terrain du droit, mais surtout sur le terrain de l'histoire*. Pour cela, la totalité du phénomène révolutionnaire, actions et exactions comprises, doit apparaître comme la réalisation d'une légitimité. Il s'agit de l'imposer à Europe comme la *date* de son entrée dans la modernité politique. Pour ce faire, Kant utilise un moyen qui lui est habituel dans sa propre philosophie de l'histoire : il va remonter du primitif à l'originaire. Afin de prendre le contrepied des interprétations réactionnaires de Pitt, il ne va pas attribuer cette réalisation du droit à la violence (en tant que source simplement factuelle ou primitive), mais, plus profondément ou plus originairement, à un besoin irrépressible de la nature humaine morale. Il va ainsi retirer à l'événement toute contingence historique, afin de le soustraire à l'idée anti-révolutionnaire que l'on peut détruire ce qui a été accompli.

En fondant dans la disposition morale de l'humanité et dans la culture de la raison pratique un besoin qui pousse, non seulement à espérer le triomphe du droit, mais bien à le réaliser, Kant entend donner à l'histoire de la Révolution un sujet transcendantal. Il peut ainsi échapper à l'alternative entre révolution perpétuée et contre-révolution par une voie originale, qui consiste à ne pas penser la révolution en fonction de son terme, mais relativement à sa fin. En tout état de cause, c'est cette finalité qu'il s'agit de sauver de la contre-révolution. Kant choisit alors de faire de la disposition morale le principe de mouvement qui anime la postérité révolutionnaire, postérité qui est déjà entrée en action par sa dimension cosmopolitique et qu'il serait vain de contrarier.

Sur le plan de la doctrine et du système, on peut juger que cette solution introduit autant de difficultés théoriques qu'elle ouvre d'horizons. Par souci

---

6. *Réflexion 8077*, AK, p. 607 ; trad., p. 286.

de brieveté, nous ne soulignerons que les ouvertures données à la philosophie kantienne de l'action. Ici, Kant s'avance très loin dans la reconnaisance d'une signification morale de la culture, car il s'agit de donner un équivalent culturel à la morale de l'intention dont il est le théoricien. Pourtant, cette audace n'est pas isolée, et les différentes versions du *Conflit* gagnent à être confrontées à la *Métaphysique des Moeurs* et, tout particulièrement aux passages qui concernent ce que Kant appelle « une esthétique des moeurs ». Il s'agit, en effet, d'accorder une valeur pratique à part entière à la satisfaction éprouvée, au sentiment du droit, à la sympathie, au sentiment spontané de participation suscités par l'événement français. Cela n'aurait aucun sens si Kant se référait simplement à des réactions émotionnelles de nature psychologique. Mais si l'on consulte la *Doctrine de la vertu*, il apparaît que la disposition morale n'est pas assimilable à un penchant[7] : le texte s'efforce d'appréhender d'une manière *a priori* le domaine de la sensibilité, de découvrir une sensibilité pratique. Or, dans le *Conflit*, Kant attend du sentiment moral qu'il fasse la preuve qu'il n'est pas une réaction, mais bel et bien l'action de la loi ou de l'Idée du droit en lui-même. L'éminence du droit révèle en chacun sa propre capacité de vouloir le droit ; la sensibilité elle-même se trouve ainsi chargée de dire le pouvoir d'une détermination *a priori*.

On peut juger que cette argumentation est aux limites du kantisme et que l'analyse transcendantale de la sensibilité est restée inachevée. Néanmoins, les raisons de l'introduire dans le contexte révolutionnaire sont parfaitement critiques : il s'agit d'interdire la réduction de l'homme à une anthropologie sommaire, ou, comme le dit la *Doctrine de la vertu*, de ne pas se servir de l'anthropologie comme d'une anthroponomie. Pitt prend ici la figure du « moraliste politique ». Les arguments favoris du moraliste politique, signalés dans le *Projet de Paix perpétuelle*, sont ceux de la faiblesse et de la méchanceté humaines ; le despotisme y puise ses raisons, les adeptes d'un « ordre moral » aussi. Kant choisit précisément de saper à la base ce mépris de la nature humaine, dans lequel il identifie le principe contre-révolutionnaire par excellence. S'il se mêle de prophétiser en la circonstance, c'est qu'il lui faut combattre un pessimisme réactif, détruire l'idée que tout progrès est destiné à être aboli par des oscillations allant de l'action à la réaction, désamorcer le réalisme intéressé des puissants qui voient dans l'histoire le triomphe exclusif de l'égoïsme. Kant ne se fonde pas sur la moralité individuelle, mais sur le fait qu'un peuple a pu vouloir se régler par une constitution et non par la fatalité qu'on lui a toujours désignée comme inéluctable. Prenant acte du fait que les intellectuels européens l'ont approuvé et que, par cette approbation désintéressée, ils se sont désolidarisés du fatalisme politique, Kant en retient ce qu'on appellerait aujourd'hui une

---

7. « La conscience de ces dispositions n'est pas d'origine empirique ; elle ne peut être que la conséquence de la seule loi morale, en tant qu'effet de cette dernière sur l'âme » (DV, Intr. XII, p. 71). KANT nomme « esthétique des moeurs » « la représentation subjective » d'une métaphysique des moeurs (id., XIV, p. 78). Entendons par là que ces sentiments privilégiés, rendent sensible, non pas la loi elle-même (car on serait dans une typique du jugement), mais l'efficacité de la loi. Ainsi, la force obligatoire d'une idée est représentable dans des sentiments qui en font la monstration. On peut analyser de la même manière le sentiment d'horreur qui accompagne la mort du roi.

nouvelle sensibilité intellectuelle et qu'il nomme dans le *Brouillon du tome XXVIII* un « mobile purement moral »[8].

Cette analyse est pourvue d'un intérêt historique réel si l'on veut bien considérer que tous les adeptes d'une Restauration ou d'un maintien de l'ordre ancien se fonderont précisément sur la sensibilité en tant qu' arme de combat contre le progrès. On sait que le romantisme politique en fera la source d'une résistance culturelle et nationaliste aux idées cosmopolitiques des Lumières. En se plaçant directement au niveau de la sensibilité, le texte kantien va dans le sens d'une humanisation intégrale de l'espèce humaine. La mention de l'enthousiasme des révolutionnaires français pour leur oeuvre est destinée à faire la preuve qu'est possible un dépassement de la sensibilité par la sensibilité elle-même.

Si le dernier mot de Kant en faveur de la Révolution est d'oser esquisser une histoire prophétique de l'humanité, il témoigne qu'il n'est pas absurde de penser l'histoire en fonction d'une tension continue vers l'émancipation. Il se peut bien que les interprètes de la Révolution (ici représentés comme ses spectateurs) n'approuvent pas le procédé empiriquement utilisé et qu'ils ne considèrent pas la voie empruntée par les Français comme un modèle à imiter, mais la direction qui a été choisie ne peut manquer d'être poursuivie. C'est ce que Kant exprime dans sa propre terminologie, en considérant que, désormais, il faudra compter la disposition morale comme ressource indispensable à l'intelligibilité de notre nouveau rapport au monde[9].

---

8. « *Die Kraft einer rein moralischen Triebfeder* », AK., p. 458 ; trad., p. 293.

9. « La culture toujours croissante du savoir-faire, qui ne peut manquer de se produire, se verra forcée d'utiliser aussi à ces fins-là la disposition morale, et le progrès de la première entraînera nécessairement les progrès de cette dernière » (*Brouillon du tome XXVIII*, AK., p. 457 ; trad. p. 292).

II

« THEORIE ET PRATIQUE »

LE CONCEPT DE PRATIQUE CHEZ KANT

Françoise PROUST

« *Est pratique*, écrit Kant, *tout ce qui est possible par liberté* ». Par cette formule du « Canon de la raison pure », Kant inventait le concept de *pratique* qu'il substituait à celui de *moeurs*.

Certes, il arrive à Kant de parler encore de *moeurs*. N'a-t-il pas écrit une *Métaphysique des moeurs* ? Les moeurs, terme élevé à la dignité de concept par les Lumières anglaises (Hume) et françaises, désignent les principes de sociabilité, les modes de conduite (goûts, manières, civilités) qui définissent une culture. Lieu où se croisent vie privée et vie publique, sciences et arts d'un côté, commerce et industrie de l'autre, les moeurs font l'objet tant de l'étude que de l'action du XVIIème siècle. Etablir, dans le sillon leibnizien, une *Caractéristique des moeurs* (observer, puis classer les moeurs de tous pays), puis chercher à agir sur elles en les raffinant et en les polissant, tel est l'objectif des Lumières qui rassemblent morale, politique et économie sous le chiffre commun de la *culture*. On sait comment Rousseau fut le premier à demander qu'on cesse de faire de la morale et de la politique une question de bonnes ou de mauvaises moeurs. Avec Rousseau, morale et politique deviennent *autonomes*, parce que, précisément, leur principe est l'autonomie. Mais c'est Kant qui met fin au règne des moeurs en ouvrant un nouvel espace conceptuel : celui de la *pratique*. Dès lors, dans le même geste, la liberté entrevue par Rousseau comme *fin* de la morale et de la politique, devient commencement et commandement, c'est-à-dire *principe* de la morale et de la politique : « *Est pratique tout ce qui est possible par liberté* ».

On sait que Kant distingue la pratique de la pragmatique. Cette dernière considère l'action sous le couple conceptuel fins-moyens. C'est, si l'on veut anticiper et utiliser le vocabulaire arendtien, le monde de l'*oeuvre* (ou du faire). Tout autre est le schéma de l'action par liberté (volonté), c'est-à-dire l'action *pratique*. L'action pratique n'obéit pas à une fin, elle ne choisit pas un ou des moyens, elle court-circuite l'opération moyen-fin en produisant du réel. La volonté a « *un pouvoir de produire des objets correspondant aux représentations ou de se déterminer soi-même à réaliser ces objets (que le pouvoir physique soit suffisant ou non), c'est-à-dire de déterminer sa causalité* »[1]. Non seulement elle s'autodétermine (c'est l'autonomie rousseauiste : elle n'obéit qu'à la loi qu'elle s'est donnée) mais, en quelque sorte, elle s'autoengendre. Il n'y a plus ici de finalité et sans doute non plus, bien que Kant en utilise le vocabulaire, de causalité : l'action est autoposition de soi ou autoprésentation de soi. En langage kantien, la raison, si bien sûr elle existe, est *pratique par elle-même*. Elle produit par elle-même des effets

1. *Critique de la Raison pratique*, Introduction, AK. V, p. 15, Pléiade II, p. 623.

et, pour ne pas confondre ces effets avec ceux de la causalité naturelle, on nommera ces effets des *faits* (*Taten*).

A vrai dire, il n'y a qu'un seul fait : le fait de la raison (*Tat der Vernunft ; factum rationis) : sic jubeo, sic volo*. Le « fait de la raison » n'indique rien, sinon que la pratique est un *fait* de la raison. La pratique n'a rien d'une mise en pratique, d'une mise en oeuvre d'une théorie préalable. Elle est la théorie faite pratique ou, ce qui revient au même, elle est la pratique faite théorie. Elle est la redécouverte, voire l'invention, à chaque cas, ici et maintenant, des principes qui doivent la régler. Et c'est ce que Kant nomme justement *liberté*.

A vrai dire, nous entrons ici dans un noeud de problèmes que, faute de place, nous nous contentons d'effleurer. Car Kant tente d'identifier, non sans difficultés, trois idées : la première est que la raison *règle* la pratique, la seconde est que, en matière pratique, la règle n'est pas constative mais *impérative* et la troisième que cet impératif est, étrangement, un *fait*.

Tantôt en effet (première *Critique*), la règle est une règle *de fait*, une production d'un métaentendement, une catégorie spontanée que gouverne l'entendement du savant. Tantôt (troisième *Critique*), la règle est une règle de droit que ne régule plus un entendement, mais un jugement. Tantôt enfin (deuxième *Critique*), la règle n'est plus du tout une règle, mais une loi qui ordonne et oblige. C'est tout le problème des rapports entre première et troisième *Critiques*, c'est-à-dire entre théorie et pratique ce sont les problèmes du statut de la pratique. Or l'impératif ne fait que compliquer les problèmes. On identifie souvent l'impératif pratique kantien au seul impératif éthique, mais c'est là, comme de nombreux commentateurs l'ont souligné avant moi, une profonde erreur. S'il est vrai que la loi morale est la synthèse *a priori* de la moralité (synthèse de la volonté et de la raison), alors elle énonce un principe qui doit régir toutes les actions de la volonté, qu'elles soient « internes » ou « externes ». Le droit régit les rapports externes des volontés. Il est « *une règle pratique par laquelle une action en elle-même contingente est rendue nécessaire* »[2]. L'impératif juridique n'*ordonne* donc rien. Certes, il *contraint* les volontés. Non pas qu'il oblige les volontés à agir de telle ou telle manière, mais il contraint les volontés à agir dans un espace réglé, c'est-à-dire d'une manière telle que l'exercice d'une volonté n'empêche pas l'exercice d'une autre (son action est négative : il est un obstacle à ce qui pourrait faire obstacle à l'exercice de l'arbitre). Mais jamais le droit n'oblige : jamais il n'est le mobile d'une action. C'est pourquoi d'ailleurs il ne légifère pas sur des libertés, mais sur des libres arbitres. Il est indifférent à la forme *interne* (morale ou immorale) de l'action. Bref, l'impératif juridique est une *règle* : il régule l'exercice des libertés en les rendant compatibles entre elles.

Dans le domaine éthique, au contraire, l'impératif est on ne peut plus *impérieux*. Il ne contraint pas de l'extérieur, il *oblige*. La volonté ne doit pas agir « en conformité avec la loi », mais doit être la loi morale en action. L'action morale est la raison pratique même. La volonté doit vouloir la loi. C'est la grandeur de Kant d'avoir rompu avec les morales antérieures en montrant que la loi précède et la volonté et le bien. En matière éthique, la

---

2. *Métaphysique des Moeurs*, Introduction générale, IV, AK. VI, p. 222, Pléiade III, p. 468.

volonté n'est pas mue par l'amour ou le désamour du bien, mais elle se place sous la loi qui la détermine et la transit, quoi qu'elle en ait, de part en part.

Cette oscillation entre règle (juridique) et impératif (éthique) est l'indice, selon nous, du fait que Kant ne parvient pas, malgré ce qu'il dit, à unifier les deux domaines éthique et juridique en un même territoire, celui de la pratique. L'impératif rencontre, en effet, outre la règle, une deuxième difficulté, celle du *jugement*. L'impératif dit : « tu ne dois pas ». En matière éthique et juridique, l'impératif est un impératif d'universalité, il ne peut donc concerner que la forme de la volonté ou de l'action et sa formulation ne peut donc être que négative. Il ne dit pas ce que je dois faire *ici et maintenant*. L'ici et le maintenant ne relèvent pas de l'impératif (de la règle) mais du jugement (du cas). C'est au jugement d'évaluer non seulement de quelle règle relève ce cas-ci, mais également comment se présente ce cas-ci. Or le jugement est *pratique* : il ne relève pas de la théorie, c'est-à-dire de « *l'ensemble des règles pratiques entendues comme des principes* »[3]. C'est un *art* qui suppose un *don* (de la nature) et qui se *pratique*, c'est-à-dire s'acquiert par l'usage et par l'expérience[4]. Le jugement est l'art de juger d'un cas sans règle donnée.

En d'autres termes, la pratique relève du jugement. Le jugement est non un vouloir, mais un pouvoir : on a ou on n'a pas de jugement. Ce pouvoir s'exerce à même l'expérience. Juger, c'est savoir (entendons : un savoir qui est en même temps un pouvoir) réinventer à chaque cas la règle ou l'impératif singulier qui, rétrospectivement, le commande. Mais il n'est pas sûr que, ainsi redéfini, le jugement doive encore se nommer tel. Car non seulement, comme nous venons de le voir, juger n'est pas appliquer une règle à un cas, mais même (et ici nous « déplaçons » Kant, car le terme de jugement est pour nous trop judiciaire, trop évaluateur, trop moralisateur), « juger », c'est être à même d'expérimenter un *ici et maintenant*, c'est-à-dire être capable d'expérimenter sa liberté à même le réel.

Si nous pouvons cependant « déplacer » Kant, c'est qu'il a semé pour nous des « petits cailloux » permettant d'élaborer une philosophie pratique. Les difficultés rencontrées par l'impératif moral (est-ce une règle ou non ? Que commande-t-il ?) sont peut-être une invitation pour une philosophie pratique à en abandonner le concept. C'est ce que Kant fait lui-même, notamment dans sa *Réponse à la question : Qu'est-ce que les Lumières ?*. La devise des Lumières, dit Kant, est « *Ose te servir de ton entendement* ». Ose : Prends des risques, lance-toi, commence, fuis, etc. Il ne s'agit pas là d'un impératif, même s'il s'adresse à une deuxième personne. Car l'impératif oblige et soumet au devoir et il y aurait contradiction à *obliger* une liberté à s'en affranchir et à rejeter toute tutelle. Certes l'impératif est un impératif d'*autonomie* et, en tant que tel, il exclue l'hétéronomie et l'état de tutelle. Mais il ne commande pas de ne pas être hétéronome : un tel impératif serait sans doute conditionné. Mais le « Ose te servir de ton entendement » n'est ni conditionné ni inconditionné. Plus exactement, il est l'un et l'autre. D'une certaine manière, en effet, il est

3. *Théorie et Pratique*, Introduction, AK. VIII, p. 275, Pléiade III, p. 251.

4. Cf. *Critique de la raison pure*, De la faculté de juger transcendantale en général, A 133, B 172, Pléiade I, p. 881. Sur la question des rapports entre le jugement et la raison, cf. l'introduction à notre traduction de *Théorie et Pratique*, G. F. Flammarion, 1994, p. 7. 14.

inconditionné. Il dit « Commence ! », « Commence absolument ! ». Nous reconnaissons là la forme « impérative » de la liberté transcendantale, c'est-à-dire de « *l'aptitude à commencer par soi-même un nouvel état des choses* ». Etre libre, c'est être une cause qui n'est pas elle-même l'effet d'une précédente cause, c'est mettre en oeuvre sa capacité à affronter et à produire un « sans précédent » dans la pensée (invention de nouvelles Idées : c'est là la tâche du génie en général, qu'il soit esthétique ou philosophique) ou dans l'agir (agir d'une manière nouvelle, d'une manière telle que se produise un nouvel état du monde). « Ose » est donc bien un inconditionné, mais cet inconditionné n'est pas une règle impérative ordonnant de donner une forme universelle à l'action. Cette adresse ne précède pas l'acte, mais se confond avec lui : « Ose te servir de ton entendement » signifie « Exerce ton entendement ». Elle est coextensive à l'acte, elle est *sous-condition* de l'acte et à peine a-t-elle une valeur rétroactive : elle n'est tout simplement pas une règle.

Cette adresse n'est donc ni un prescriptif (elle n'oblige pas) ni un impératif (elle n'est pas une règle d'universalisation). Est-ce un performatif ? D'une certaine manière, il faut répondre *oui*. « Ose te servir de ton entendement », comme nous l'avons dit, signifie : « Exerce ton entendement », pratique-le, active ce qui est fait pour être activé, maximise ta puissance d'agir et de penser. Il ne s'agit pas d'universaliser la forme de la pensée ou de l'action, mais de porter, en agissant, l'agir à sa plus haute puissance, ou encore, si l'on veut utiliser des termes kantiens, de *maximiser* sa puissance. Cette maximisation, s'opérant dans l'acte lui-même, est une sorte de performatif. Mais le performatif manque l'invitation pressante du « Ose ». Kant lance un appel, un appel au passage, au passage à la limite. Il ne s'agit pas seulement de rappeler que le libre exercice de l'entendement suppose au préalable une « *émancipation de la minorité* » dans lequel on est tenu. De même cet appel ne s'adresse pas à la volonté. Il y a là un genre particulier d'énoncé que j'ai proposé d'appeler un *déclaratif* [5]. Cet appel peut en effet s'énoncer de la manière suivante : « Déclare publiquement ton pouvoir (*Vermögen*) de penser et d'agir et, pour cela, exerce-le. » Comme le performatif, le déclaratif est un énoncé qui produit le fait lui-même : l'énoncé est sous condition de son effectuation. Mais, à la différence du performatif qui est à la première personne et n'a, comme le constatif, ni destinataire ni destinateur, le *déclaratif* est une adresse dont le destinataire et le destinateur sont constitués par la déclaration même : « Ose te servir de ton entendement et cet acte fera de toi un homme libre. »[6] La liberté est un *fait d'expérience* : non pas un fait empirique, un vécu, un *Erlebnis*, mais un fait pratique, un fait de la pratique. « *Est pratique*, rappelions-nous en commençant, *tout ce qui est possible par liberté* ». Nous pouvons maintenant définir la liberté. La liberté est ce dont

5. Je me permets de renvoyer à mon ouvrage *Kant, le ton de l'histoire*, Payot, Paris 1991, p. 89-90. Il faudrait mettre en rapport ce que je nomme maladroitement le « déclaratif » avec ce que je nomme tout aussi maladroitement le « séductif » tel que je le repère dans la déconstruction par Derrida de la loi kafkaïenne (cf. sur ce point mon article, « L'Idée de Kant » in *L'Actualité de Kant*, Filozofski Vestnik, Ljubljana 1992, p. 140-141).

6. Ainsi la *Déclaration des droits de l'homme et du citoyen* institue-t-elle et le peuple français et l'humanité.

nous faisons l'expérience dans l'agir. Pas dans n'importe quel agir, mais dans l'agir maximisé, poussé à ses limites, là où il est amené à se déplacer et à inventer une autre manière d'agir et donc à inventer un nouvel état des choses. En d'autres termes, faire l'expérience de la liberté, c'est l'*expérimenter*. *Expérimenter*, c'est s'essayer, recommencer indéfiniment ses essais pour éprouver ses pouvoirs. Essayer, c'est à la fois commencer, oser, se lancer (agir pour la première fois, provoquer et soutenir le nouveau, l'inconnu) et éprouver la teneur, les limites de ses capacités. La raison « s'essaie » : elle se tente et se teste. Toute tentative est une tentation, tout essai est un risque, un « essai et erreur », une aventure. La « raison » ne sait ce qu'elle peut que lorsque, maximisant son pouvoir, elle prend le risque du faux-pas, du lapsus, de la défaillance, voire de la faillite. Expérimenter, c'est se laisser tenter par son pouvoir, par sa « puissance d'agir » si nous voulons parler comme Spinoza, forcer sa « teneur de vérité » et éprouver sa capacité à se mesurer à un réel. Et, d'un seul et même geste, c'est s'incliner sur ses limites, la déplacer imperceptiblement et lui faire produire un nouveau réel. La raison, qu'elle soit pure ou pratique, *produit* du réel. En d'autres termes, elle est toujours *pratique*.

LA PRATIQUE COMME INTENTION DOGMATIQUE DE LA RAISON PURE DANS LA RÉFUTATION DE L'EXPRESSION COURANTE « IL SE PEUT QUE CE SOIT JUSTE EN THÉORIE, MAIS EN PRATIQUE CELA NE VAUT RIEN »

Alexis DIETH

Je voudrais montrer en cette communication que Kant réfute cette expression courante en faisant voir que la pratique se conçoit immédiatement et simplement en son essence comme effet sensible de la théorie et des idées transcendantales. Car elle est la réalisation de l'impératif catégorique. Elle est aussi comme expérience, le résultat de la synthèse catégoriale effectuée *a priori* par l'entendement. Révélée simplement comme libre devoir dans l'usage transcendantal de la raison pure, la pratique est *a priori* fondée subjectivement dans la croyance morale et la conviction de pouvoir réaliser dans la nature ce que la raison pure conçoit et commande *a priori* parce que simplement elle le conçoit et le commande.

Cette vue simple par laquelle se révèle dans l'évidence la signification pratique du message de la raison dans ses projets transcendantaux, est profondément la finalité ultime qui justifie la nécessité de la critique de la raison en tant que l'instauration de l'espérance et de la foi en est la conclusion. Dans la dialectique de la raison, le troisième homme qui tranche la discussion au profit du dogmatisme de la raison pure est la raison commune. (*Critique de la raison pure,* p. 358) qui a cependant besoin d'une métaphysique des moeurs pour recueillir dans leur pureté et leur simplicité les lois du devoir. *La critique de la raison pure* ouvre en effet la raison à sa fonction ultime comme source des idées pratiques destinées à réguler l'action. « Le zèle ardent » de l'idéalisme de la raison pure (*Critique,* 1, p. 359) veut simplement dire que l'homme doit agir d'après les impératifs catégoriques pour accomplir le souverain-bien en dépit des obstacles liés aux influences de la sensibilité et de la nature en admettant que le monde tel qu'il est *a priori* conçu d'après les idées transcendantales est réalisable ici-bas. Le caractère dogmatique des affirmations pratiques de la raison pure est l'unique preuve de l'effectivité de la théorie.

Dans *Théorie et pratique*, Kant fonde ainsi *a priori* la validité des exigences pratiques de la raison pure sur la croyance et la conviction qu'elles suscitent immédiatement par leur simple représentation comme rationnellement satisfaisantes (*AK,* pp. 287-288, 306, 313). Déterminée par l'idéalisme de la raison pure, la pratique est toujours le concept de la réalisation de l'intention dogmatique de la raison pure comme obéissance inconditionnée à la loi morale en vue de l'accomplissement de sa fin ultime. La formule de la morale comme impératif catégorique traduit le sens de cette exigence rationnelle inconditionnée. Il signifie que l'homme doit agir dans le sens des vues de la raison commandant l'accomplissement d'un monde moral (*Critique,* 1, p. 545) dont les trois idées transcendantales garantissent la possibilité. La modalité de l'assentiment provoquée par la prestation transcendantale de la raison pure comme motif subjectif de l'action est la croyance en la raison et l'admission inconditionnée de ses principes.

Que l'homme ne comprenne pas ainsi, par suite de l'hétéronomie de fait de son existence et de la faiblesse de son coeur, ce que la raison pure conçoit dogmatiquement et commande, c'est cette fonction pratique des idées transcendantales qu'explicite la *Critique de la raison* en dévoilant la destination morale de la raison pure. Théoriquement inconnaissables le Souverain-Bien et les trois idées dogmatiques de la raison pure imposent seulement à l'homme une manière d'exister conformément à sa fin comme créature raisonnable. La métaphysique des moeurs est en ce sens la théorie indispensable qui éclaire l'homme en vue de l'accomplissement de sa fin ultime en lui indiquant la nature de la formule de la morale et le mode de réflexion des idées transcendantales (*Fondement Préface et Progrès de la métaphysique*, p. 55). Mais profondément, la nécessité de la théorie est imposée à la fois par la rationalité profonde de l'homme et par la rationalité de la nature. En sa qualité de créature raisonnable, l'homme est déjà, en son existence singulière d'homme privé, un homme pratique soumis à l'universel des lois pures de la raison pratique. Et le monde sensible est comme nature le système des lois rationnelles en tant qu'elles constituent par leur relation un monde qui apparaît ainsi du point de vue de sa forme pour l'entendement ordinaire jugeant moralement comme le type d'une nature intelligible (*Critique*, 2, p. 72). La théorie se révèle en ce sens philosophie pratique c'est-à-dire moment originaire de la contemplation où mûrit la conscience pratique, la bonne volonté, par laquelle la liberté accomplit en fait dans la nature téléologiquement organisée en vue de cela l'oeuvre rationnelle ultime. Que l'homme admette que la fin de son existence privée est de se rendre digne du bonheur et qu'il a le pouvoir d'y parvenir en tant que doué de liberté (*Théorie*, 1ère section) ; qu'il admette que l'idée du contrat originaire est cela qui détermine la constitution de l'Etat comme lieu du Droit (*Théorie*, 2ème section) ; et qu'il règle sa conduite sur ces idées, cela est le jugement moral absolu et l'action conséquente que la raison pure autorise souverainement l'homme à effectuer immédiatement en dépit de l'objection du cours du monde et des obstacles naturels.

L'acquis fondamental de la métaphysique de la nature et de la métaphysique des moeurs est d'élever l'admission et la croyance pratique subjective au rang de preuves objectives fondées en raison et comme moyens pour l'accomplissent des actions de la raison. Elles apparaissent désormais comme des motifs auxquels l'homme peut se tenir fermement.

Dans *Théorie et pratique* la réfutation kantienne apparaît comme une réfutation non pas théorique spéculative mais simplement pratique dans laquelle l'admission et la certitude qu'impose, par sa simple représentation à la conscience, l'idée rationnelle, justifient la valeur de la théorie pure dans la pratique qui n'en est toujours que la conséquence. Et ce mode de réfutation nous enseigne d'une certaine manière que la naïveté de la commune raison humaine (*die Gemeine Menschenvernunft*) est ici-bas la figure originaire de la rédemption. La saine raison commune a immédiatement la conviction de la réalité de la liberté et envisage le monde comme existence morale sans connaître spéculativement la liberté et les conditions de la réalisation du Souverain-Bien. Et elle admet, en vue de l'accomplissement de cette fin ultime, que l'ordre de la nature y est finalement approprié. La conscience philosophique doit alors dans la morale redescendre dans la pauvreté de son essence, dans la commune raison humaine pour recueillir, à la source de la naïveté moralement bienfaisante de la croyance, la signification pratique profonde de l'impératif catégorique qui veut dire « agis par devoir et crois ! ». Kant ne recommande cependant pas cette direction du regard de la philosophie pour proscrire toute théorie en matière morale mais plutôt pour montrer que, de l'inconditionné de la liberté, du caractère impératif des principes pratiques et de la raison pure et des idées transcendantales, il ne saurait y avoir d'explication causale mais simple admission et simple obéissance.

Destinée à sauver la métaphysique en tant que la moralité en est la fin ultime et le fondement, la *Critique de la raison pure* avait pour but de couper dans leurs racines le matérialisme, le fatalisme, la superstition, l'idéalisme et le scepticisme des écoles. (Préface, 2ème édition). Dirigée respectivement contre les thèses eudémonistes et empirico-pragmatiques de Garve, de Hobbes et de Mendelssohn, la réfutation de l'expression courante est donc en réalité une réfutation de l'empirisme de la raison. Cette réfutation doit être comprise comme une dénonciation du mal radical dans l'univers même de la philosophie. Car l'incroyance morale dogmatique et le relativisme auquel conduit l'empirisme dogmatique de la raison scientifique aveuglée par la causalité ont pour conséquence la ruine de la morale et de la métaphysique elle-même dans la mesure où l'empirisme dénie toute valeur aux idées rationnelles et dérive toute la connaissance de l'expérience ; de même qu'il refuse la législation de la raison et l'autonomie du sujet.

Le principe de l'effectivité *a priori* de la théorie spéculative et de la théorie pratique est la raison elle-même et le sujet transcendantal qui, dépositaire des catégories et de la liberté, est l'ultime vérité de la nature. D'un point de vue purement pratique, c'est-à-dire approprié au but final de la raison, la critique confère à l'homme la confiance qui lui permet de s'insérer dans le monde des sens et dans le déterminisme comme ce à quoi il n'est pas entièrement soumis en vertu même du pouvoir de la spontanéité fondatrice qui est son caractère en tant que *Je pense*. Mais la spontanéité du *Je pense* ne devient véritablement pratique que sur le fondement de la conviction et de la certitude morale en tant que disposition causée par l'obligation intérieure que suscite la raison pure. Cette confiance pratique est le caractère par lequel se manifeste originellement la bonne volonté comme moteur de l'effectivité pratique de la théorie rationnelle pure.

La réfutation kantienne montre que transcendantalement fondée, la pratique transcende la causalité et le cours inéluctable des choses. Plus précisément, elle est ce par quoi la causalité et le cours des choses se transfigurent en cheminement matériel de la liberté. Car elle est la spiritualisation active du monde que l'homme effectue lorsqu'il se juge rationnellement dans la nature selon le but total en tant qu'il y est toujours, à chaque instant, la reprise de la synthèse idéale comme commencement.

CONTRAT ORIGINAIRE ET DROIT DU SOUVERAIN

José CASTAING

L'Idée d'une constitution civile, et en général celle du fondement de toutes les lois, est définie : « Une constitution ayant pour but *la plus grande liberté humaine* selon des lois qui font que *la liberté de chacun peut subsister en même temps que celle des autres...* ». Cette définition de *CRP* 373 est identiquement reprise dans *D.D*, Intro. § C sous le nom de « Principe universel du droit », Principe que Kant appelle dans les trois passages où il l'utilise : « axiome du droit ». L'Idée du droit apparaît immédiatement fondée sur la loi de la raison pure dont on peut facilement montrer la signification originairement politique. Cet enracinement de l'Idée politique dans la raison pure dont la loi est la loi d'essence d'une Volonté Sainte, c'est-à-dire de Dieu lui-même, est fondamental pour comprendre la valeur que Kant accorde à l'Etat et au pouvoir qui le fonde. De même le caractère absolu du commandement de la raison pure permet de comprendre celui de la nécessité de sortir de l'état de nature, nécessité qui n'est plus fondée sur des exigences empiriques, ou cet absolu qu'est la crainte de la mort pour Hobbes.

Le « contrat originaire » est un « acte », « mais, à proprement parler, seulement l'Idée de celui-là », précise Kant au § 47 de *D.D* (un des trois passages de *D.D.* qui y font référence). L'expression « Idée du contrat originaire » est reprise une fois dans *P.P* (Ak. 350, 2) exactement dans la même perspective que dans *TP*. Que le contrat originaire dont tout le contenu est développé dans des « Principes » soit un acte, ne nous éloigne pas de la thèse fondamentale de la fonction originairement synthétique du Sujet qui amène, par exemple, Kant à définir la catégorie comme un acte. Mais dans le cas du Contrat cet acte, pensé dans son achèvement, est non pas un fait, mais l'Idée d'un devoir ou d'un résultat à produire. On trouve une double série de Principes dans le Contrat : liberté, égalité, unité d'une part, liberté, égalité, indépendance, d'autre part. En ce qui concerne la liberté, il faut souligner que c'est de la liberté pratique qu'il est question, c'est-à-dire ici de la liberté pour l'arbitre de s'approprier tout objet qui lui peut convenir. La métaphysique du droit, c'est-à-dire une science *a priori* du droit, emprunte, en tant que connaissance *a priori* de ce qui se présente dans l'expérience, nécessairement à celle-ci un élément. Et cette référence empirique est posée au § 2 de *DD* sous le nom de « Postulat juridique de la raison pratique » : « C'est donc une présupposition *a priori* de la raison pratique que de considérer tout objet de mon arbitre comme étant objectivement un mien ou un tien possible. » On soulignera seulement ici que l'énoncé de la loi pure marquait avec le petit mot *zugleich* que, s'il est question d'un vouloir humain, celui-ci est nécessairement aussi vouloir d'un objet empirique en général. C'est d'ailleurs en cela que se trouve le problème de l'homme comme être raisonnable et fini, et l'Idée politique n'est rien d'autre que celle de sa solution.

Kant souligne que, si cet exercice de la liberté de l'arbitre a pour fin le bonheur, ou la satisfaction du désir et du besoin, le problème de l'Etat n'est pas celui de ces fins empiriques singulières, mais de la garantie pour chacun de poursuivre ses propres fins, c'est-à-dire celle de sa liberté « qui peut coexister avec la liberté de chacun selon une loi universelle possible... » Le texte de *CRP* affirmait que « le plus grand bonheur possible découlerait de lui-même » d'une telle constitution parfaite. Kant souligne qu'il serait absurde de faire un devoir d'une fin que chacun poursuit naturellement, et le devoir ne peut concerner que cette forme de l'universalité que doit instaurer l'Etat. « La loi morale...détermine notre volonté à donner au monde sensible la forme d'un tout d'êtres raisonnables » affirmait Kant dans *CRPr* 75.

TP reprenant une formule des *Vorarbeiten* indique : « A proprement parler les concepts de la liberté extérieure, d'égalité et d'*unité* de la volonté de *tous* concourent pour produire ce concept (*sc.* de « République ») ». Il faut remarquer que cette formule est reprise dans *PP* (Ak. 349, 9) à cette différence purement extérieure près que l'égalité y est présentée comme « la *dépendance* de tous d'une unique législation commune (comme sujets) ». Cette trilogie définit l'Etat. Je n'insiste pas sur ce point, mais sur une difficulté de la réflexion kantienne liée à la notion d'indépendance qu'introduit *TP* et que reprend *DD*. Par elle-même elle ne fait pas problème : dans la mesure où le problème du droit ne se pose qu'à partir du fait de la propriété, il est simplement cohérent de soutenir que l'Etat n'est à proprement parler l'affaire que des seuls propriétaires qui auront seuls le titre de citoyens, sous réserve que la loi instituée n'interdise pas aux non-possédants l'accession à la propriété, donc à la citoyenneté, et que tous bénéficient de la même protection. La difficulté vient de ce que Kant, qui affirme par ailleurs que le commencement de l'Etat n'est pas à chercher dans quelque acte juridique, mais dans et par la simple force, semble ainsi admettre que le vote pourrait bien être au commencement d'une constitution. Je noterai simplement que, si Kant dénonce avec vigueur le régime anglais dont la liberté est un simple trompe-l'oeil, son accord fondamental avec la Révolution française ne se démentit jamais, bien au contraire, même s'il en regretta toujours les atrocités. On peut se reporter à la *Ref.* 8077 qui permet d'éclairer certaines difficultés de l'exposition kantienne. Sur ce point il faut donc retenir que si, en général, les seuls citoyens actifs peuvent participer à l'élaboration (voire au vote) de lois dans un Etat déjà institué, si la constitution le prévoit, il en va *a fortiori* de même si, éventuellement, il doit être question de l'instauration d'une nouvelle constitution.

Cette Idée du Contrat apparaît comme la norme de toute décision du détenteur du pouvoir de l'Etat. Dans *PP* on voit apparaître avec la « *formule transcendantale* du droit public », qui définit l'injustice des « actions se rapportant au droit des autres hommes » par le fait que « leur maxime ne supporte pas la publicité », une norme dont on pourrait sans doute montrer la parenté avec celle que constitue l'Idée du Contrat. Ce que tous peuvent vouloir est juste. Et c'est le devoir du « souverain » en exercice de conformer ses décisions à cette universalité du vouloir qui est l'essence même de toute loi pratique. C'est également son devoir que d'adapter progressivement la constitution existante à l'Idée. Devoir du détenteur du pouvoir suprême et non du peuple dont celui-là a pris en charge les devoirs comme le dit la première phrase de la Remarque C de *D.D.* Un devoir au respect duquel nul ne peut le contraindre et dont on doit dire qu'il est un devoir de vertu. Paradoxalement en apparence « le *droit* des hommes *sous des lois publiques de contrainte* » est défini au premier alinéa de *TP* exactement comme devoir de vertu : « ...la fin qui dans une telle relation externe est en elle-même un devoir...c'est le *droit* des hommes... ». Même définition dans le *Conflit* II, 6, 85, 33. Cette intersection de l'Ethique et du Politique vaut d'être soulignée et renvoie au statut spéculatif du « souverain ». Il est l'incarnation de la loi se réalisant dans le monde, incarnation sans laquelle, tant que la loi ne « gouverne pas par elle-même » (*DD* § 52), la raison pure est absente d'un monde où, d'ailleurs, l'injustice, comme violence imposée à autrui, n'est peut-être pas la règle, et même où les hommes peuvent être satisfaits comme des moutons heureux. Mais cette absence de soi-même, la raison ne peut pas la vouloir et ainsi se trouve établi le devoir absolu de sortir de l'état de nature. Tout ceci fonde le caractère sacré du pouvoir politique et son infinie responsabilité.

Mais le souverain, qui n'est pas « un être gratifié d'inspirations divines et supérieur à l'humanité » (*TP* 304, 14), peut se tromper. Il est donc de son devoir (et même de son intérêt) d'accepter d'être éclairé par « des jugements généraux et publics » c'est-à-dire par la voix des philosophes, s'exprimant publiquement et non à titre privé. Il s'agit bien aussi de leur intérêt, car s'ils se laissent aller à la tentation du pouvoir réduit au simple usage de la force le peuple pourrait bien « faire l'essai de la sienne ». Autant dire que le souverain est responsable aussi de la révolution. Pourtant la révolution est toujours injuste, même si (indépendamment de toute référence à une infraction à une *joyeuse entrée*) on ne fait aucun tort au tyran en le détrônant, ce que répétera *PP.* Il n'y a là aucune difficulté, bien au contraire. Il suffit de tenir compte de la différence des points de vue à partir desquels les énoncés sont établis. Du point de vue de l'Idée, ou de la raison pure, il serait contradictoire de fonder en droit le non-droit ; la raison ne peut pas vouloir elle-même la suppression du commencement de sa propre effectivité, et le philosophe qui sait que, sous le masque de la déraison (politique), c'est le travail de la raison qui commence, ne peut pas tirer argument de cette mauvaiseté de l'Etat existant pour justifier le recours à la négation du droit qu'est le moment révolutionnaire. Mais le philosophe sait (et en informe le souverain) que la nature des hommes est telle que l'oubli permanent et systématique de leur droit à trouver librement la satisfaction et du fait qu'ils trouvent dans cette liberté la plus haute satisfaction (cf. *Conflit* II, 6, note 2 et *CFJ* § 83, note) les conduira inévitablement à la révolution et à opposer la force à la force. On peut rappeler les deux premiers alinéas du § 82 de l'*Anthropologie* et en particulier la fin du 2ème : « Ainsi non seulement le concept de liberté sous des lois morales suscite un affect qui s'appelle enthousiasme... », concept dont l'analyse est développée dans la *Rem. géné. sur l'exposition des jugements esthétiques réfléchissants* (*CFJ* 121 sqq) et dont on sait l'usage que Kant en fait dans le *Conflit.*

C'est bien un avertissement que Kant donne aux souverains dans *TP.* Si la pratique politique ne se conforme pas à la théorie telle que l'élabore la *CRPr* et la *M.M.* (certes non publiée, mais bien présente à l'esprit de Kant), à quoi on peut ajouter l'analyse des trois formules de l'impératif catégorique dans le *FMM.*, c'est la nature qui amènera les hommes à faire quelque pas en avant dans la direction de la réalisation de la loi de la raison pure. Kant affirme dans *TP* que : « Dans toute république doit régner une *obéissance* à la constitution selon des lois de contrainte (qui concernent le tout) mais en même temps un *esprit de liberté...* » ; dans le *Conflit* II, 6, note 2 Kant liera dans le concept d'une constitution satisfaisante pour le peuple l'autocratie de la forme du pouvoir et l'esprit républicain du mode de gouvernement. Même la compatibilité entre une manière de gouverner « *républicaine* » et le caractère « despotique » de la « *puissance qui règne* selon la constitution en vigueur » est affirmée dans *PP.* (Appendice, I, 372, 28) Mais il rappelle qu'il n'est pas permis que « l'accomplissement de l'Idée du droit... se produise par la révolution qui est toujours injuste », car « cet accomplissement est limité à la condition de l'accord de ses moyens avec la moralité » (*Conflit* II, 6, note 2). De cet accomplissement le détenteur du pouvoir suprême dans l'Etat est responsable, pour autant qu'il est le pouvoir législatif qui appartient en soi à la volonté du peuple universellement unifiée, mais qui n'existe effectivement (comme phénomène) que dans et par la personne en charge du pouvoir quelle qu'en soit la figure (monarque, noblesse ou union démocratique, *DD.* § 52). Dire « volonté universellement unifiée » et dire « liberté d'après des lois universelles » sont une et la même chose. (*DD* § 8), et telle est bien l'essence du Contrat originaire. Si le souverain est bien la manifestation mondaine de cette volonté, le caractère absolu de son pouvoir est bien fondé dans le contrat originaire ou tout simplement dans l'Idée d'une raison pure agissant dans le monde. Kant peut bien dire que « tout pouvoir vient de Dieu ».

« *Le droit des hommes* » est « ce que Dieu a sur terre de plus sacré », il est « ce qui est pour Dieu la prunelle de ses yeux » (*PP.* 352-353, note) mais il n'est pas possible de reconnaître aux hommes le droit de poursuivre leur droit contre l'Etat institué. Pourtant leur droit ne peut pas ne pas s'imposer « par une révolution spontanément mûrie ou amenée à maturation par des moyens pacifiques » (*PP.*, Appendice I, 373, note). Ce refus n'est pourtant ni condescendance ni flagornerie à l'égard des souverains mais suit de la logique même de la philosophie kantienne. C'est dans l'idée d'un progrès par le mal qu'on pourrait trouver une contradiction. Celle-ci existe bien dans la philosophie de Kant qui, commandée par la présupposition de l'existence d'un Dieu qui ne peut vouloir le mal, doit pourtant penser l'instauration du Bien à travers le mal sans que Dieu en soit responsable. La seule théodicée possible est pour Kant le « système » de la philosophie transcendantale, mais dans quelle mesure parvient-elle à ses fins ? L'effort de Kant pour renvoyer dans *La Religion* à la seule liberté de la créature le « mal radical » témoigne de ce souci de garantir l'innocence de Dieu.

Ce à quoi nous sommes ainsi reconduits, du point de vue spéculatif, est la question du rapport entre Dieu, le monde et l'homme. Comment est-il possible que Dieu se réalise comme monde, ou, en termes kantiens, que le Souverain Bien archétype se réalise par la liberté comme le Souverain Bien ectype, c'est-à-dire mondain, que Kant appelle « *das Weltbeste* » dans *CFJ ?* Cette question est d'abord celle du passage entre la nature et la liberté qui est celle de *CFJ*. Une question qui, posée dès *CRP* 386 est reprise par *CRP* 843-844 et à laquelle, déjà, répond l'Idée de finalité, et ne cessera de hanter la réflexion kantienne comme en témoignent les dernières pages écrites par lui, à partir de décembre 1800, et qui constituent la première liasse de l'*Opus posthumum*. Mais une philosophie peut-elle se développer de façon absolument cohérente en maintenant la transcendance absolue de l'Infini et sa réalisation comme Monde. La cohérence d'un Système n'impose-t-elle pas la suppression, inacceptable pour Kant, fût-ce comme *Aufhebung*, de la séparation du fini et de l'Infini ? Inacceptable, mais à laquelle toute sa démarche conduit.

N.B. Sauf en ce qui concerne les Critiques (citées d'après l'éd. originale, la 1ère pour *CRPr* et la 2ème pour *CRP* — à part les textes propres à A et B — et *CFJ)* les citations sont faites d'après l'édition de l'Académie de Berlin (Ak.), le premier nombre en chiffres arabes désignant la page, le suivant la ligne. Les abréviations suivantes sont utilisées :

DD : *Doctrine du droit*
FMM : *Fondement de la métaphysique des mœurs*
MM : *Métaphysique des mœurs*
PP : *A la paix perpétuelle*
TP : *Théorie et pratique*

III

AUTOUR DE « THEORIE ET PRATIQUE » : PRECURSEURS ET CONTEMPORAINS

KANT ET HOBBES

À PROPOS DE LA SORTIE HORS DE L'ÉTAT DE NATURE

Pierre KERSZBERG

Kant a développé un concept de droit qui est lié *analytiquement* à l'autorisation de la contrainte : « est immédiatement liée au droit, suivant le principe de contradiction, une habileté à contraindre celui qui porte préjudice [à la liberté]. »[1] L'habileté à contraindre est l'expression de la permission à défendre des domaines de liberté universellement compatibles les uns avec les autres (p. 496). On peut se demander pourquoi Kant ne procède pas à une déduction réelle du droit, pourquoi le droit ne se prête pas en son principe universel à une démonstration transcendantale, alors même que son concept n'est pas empirique (pp. 479-80). Chacune des déductions de concepts juridiques (possession, acquisition, occupation) est une preuve analytique, alors même que les propositions juridiques où entrent ces concepts sont synthétiques parce qu'*a priori* extensives (p. 507). La réponse est à chercher dans une analogie : il ne semble pas possible de distinguer absolument le principe du droit de l'impératif catégorique. Or, si le principe suprême de la raison pratique est bien une proposition synthétique *a priori*, même s'il ne peut être qu'exposé et non déduit[2], l'impossibilité d'une déduction dans le cas du principe universel du droit signifie-t-elle que ce dernier est privé d'un caractère fondamentalement synthétique ?

Pour établir le concept de contrainte, Kant s'appuie sur une analogie avec la physique mathématique, exactement comme dans le cas de la connaissance objective : « la loi d'une contrainte réciproque est pour ainsi dire la *construction* de ce concept, c'est-à-dire sa présentation dans une intuition pure *a priori* d'après l'analogie avec la possibilité des libres mouvements des corps selon la loi de l'*égalité* de l'*action* et de la *réaction* » (*MM,* pp. 481-2). Peut-être est-ce la référence à l'*espace* plutôt qu'au temps, dans la constitution du concept de droit, qui justifie le rejet de toute synthèse *a priori*. De fait, l'état de nature précédant la constitution d'une volonté commune et publique (le contrat social) est une simple idée, non un fait auquel on pourrait assigner une origine chronologique dans le temps de l'histoire[3]. Par suite, si le concept de droit est lui-même impossible à présenter dans l'intuition, il n'en va pas de même pour celui de contrainte, dont on vient de voir qu'il est cependant lié analytiquement à celui de droit.

---

1. *Métaphysique des Moeurs*, trad. J. Masson et O. Masson, in *Oeuvres Philosophiques*, t. 3 (Paris, Gallimard, coll. « Pléiade », 1986), p. 480. Cité *MM*.

2. *Critique de la Raison Pratique*, Ak. V, p. 46.

3. *Sur Le Lieu Commun : Il se peut que ce soit juste en théorie, mais, en pratique, cela ne vaut point*, trad. L. Ferry in *Oeuvres Philosophiques*, *op. cit.*, p. 279. Cité *LC*.

Alors que l'oeuvre de Newton était la référence obligée dans le travail par analogie qui conduisait à la constitution transcendantale de la connaissance, le nom de Hobbes s'impose dans le cas du droit et de la politique. Hobbes songe à appliquer la méthode mathématique à la philosophie politique afin de transformer celle-ci en connaissance rationnelle. Il s'agit de penser la sortie hors de l'état de nature de telle façon que les passions naturelles perdent de leur efficacité. La doctrine kantienne du droit avalise celle de Hobbes : elle « veut connaître précisément (avec une exactitude mathématique) ce qui pour chacun est le *sien* » (*MM*, p. 482). Le terme « précisément » veut dire ici : la délimitation d'un espace qui ne souffre aucune exception, comme ce serait le cas dans une doctrine de la vertu. En fait, la référence à Hobbes est une constante dans l'oeuvre critique ; elle culmine dans le texte de 1793 sur les rapports problématiques qui unissent et désunissent à la fois la théorie et la pratique.

Dès la *Critique de la Raison Pure,* Kant est d'accord avec Hobbes pour trouver injustice et violence dans l'état de nature[4]. Qu'est-ce qui pousse les hommes à accepter le passage à l'état civil ? Pour Hobbes, c'est la violence elle-même, et donc la crainte mutuelle entre les hommes, en tant que fait empirique. La crainte mutuelle est une expérience d'un type plus élevé que la vie spontanée, car elle est une « inférence tirée des passions. »[5] La capacité humaine de raisonnement est pour ainsi dire déduite de cette passion, car on la voit confirmée par des exemples qui montrent l'homme *faisant retour sur lui-même :* « partant en voyage, il s'arme et cherche à être bien accompagné, ...allant se coucher, il verrouille ses portes, ... dans sa maison même il ferme ses coffres à clef. » Au contraire, Kant s'interdit de tirer un concept d'une passion ou d'un sentiment. Le passage à l'état civil résulte plutôt d'un jeu de sentiments contraires à l'intérieur même de l'état de nature, un jeu qui pousse l'homme à sortir de lui-même. Au fondement de toute connaissance selon la critique réside une polémique de la raison avec elle-même, où des hypothèses peuvent être admises essentiellement pour les besoins momentanés d'une bonne cause (*CRP*, p. 1344). Or, l'évolution qui conduit hors de la barbarie est également fondée sur un conflit originel. En effet, le trait particulier de la condition humaine qui conduit à la société civile est « une certaine fausseté » qui n'est rien d'autre que « cette inclination qu'on a à cacher ses véritables sentiments et à en afficher certains autres qui sont des sentiments d'emprunt que l'on tient pour bons et honorables » (p. 1323). La recherche de l'apparence avantageuse civilise parce qu'elle empêche le retour sur soi : personne, en effet, ne peut « percer le fard de la bienséance, de l'honorabilité et de la décence. » La vie publique, à la différence de la connaissance, représente une victoire du faux sur le vrai.

Dans la *Métaphysique des Moeurs*, la sortie hors de la condition naturelle est présentée comme un commandement de la raison, mais c'est un commandement qui n'aurait cependant aucune raison d'être s'il ne dérivait

---

4. E. KANT, *Critique de la Raison Pure*, trad. A. Delamarre et F. Marty in *Oeuvres Philosophiques*, t. 1 (Paris, Gallimard, 1980), p. 1326. Cité *CRP*.

5. *Léviathan*, trad. F. Tricaud (Paris, Sirey, 1971), p. 125. Cité *L*.

d'une condition absolument provisoire, savoir l'acquisition de quelque chose d'extérieur par occupation ou par contrat (*MM*, p. 577). Or, si ce n'est pas avant la mise en place de l'état de légalité publique qu'on peut parler de mise en rapport réciproque et nécessaire des individus, ce n'est donc pas non plus en dehors de la société civile qu'on peut parler de violence. Tout se passe comme si, du point de vue transcendantal, il n'y avait aucun sens à parler d'une violence qui sévirait *aveuglément* dans l'état de nature, puisque l'action y vit toujours déjà de l'*attente* de l'opinion d'autrui.

Une telle précarité d'un absolu aussi contraignant que l'impératif de la raison rappelle la fragilité du sentiment esthétique. Le sentiment esthétique est justement le seul où l'on ne cherche pas à montrer des sentiments que l'on n'a pas. En effet, il s'agit d'une attente qui ignore le temps. Quelqu'un qui dit : « cette chose est belle » le dit « en comptant sur l'adhésion des autres à son jugement exprimant la satisfaction qui est la sienne, non pas parce qu'il aurait maintes fois constaté que leur jugement concordait avec le sien ; mais, bien plutôt, il exige d'eux cette adhésion. S'ils jugent autrement, il les en blâme et leur dénie ce goût dont, par ailleurs, il affirme qu'ils doivent l'avoir. »[6] Dans le jugement esthétique, ignorant la récusation si souvent vécue de ma prétention, j'attribue d'avance à toute l'humanité un sentiment identique au mien ; les barrières du privé et du public sont abolies dans l'instant du sentiment. Je me sens autorisé à *faire violence* à l'autre en empiétant sur son jugement, parce qu'à travers lui je ne m'adresse jamais qu'à tous les autres, à l'humanité qui est en lui : le jugement d'autrui, sur lequel j'étaye mon propre sentiment, n'est pas le jugement réel mais le jugement simplement possible (pp. 1072-3), faute de quoi le conflit vécu entre jugements n'aboutirait à aucune communication. De faire ainsi violence à autrui, mais en idée seulement, résulte incontestablement un *sentiment de violence*, dont le point de départ est le blâme. Mais comment, au nom de l'humanité commune, puis-je supporter de me trouver alors en flagrant conflit avec la moralité ?

Dans sa critique systématique de Hobbes, Kant commence par rejeter la visée du bonheur comme « principe déterminant » du droit extérieur (*LC*, p. 270). Pas de fin déterminée, pas de détermination : nous sommes donc bien à l'intérieur de la réflexion. Rejetant toute origine assignable dans le temps à un contrat social, Kant plaide en faveur d'un « *contrat originel* » (p. 279), qui naît de la volonté générale et unie du peuple. Il est comme une sorte de jugement esthétique dans lequel mon sentiment aurait pour ainsi dire réussi à se protéger *a priori* de la récusation des autres. Dans l'exigence de l'assentiment des autres, je ne me gausse plus de la douce illusion, telle celle d' « un homme abandonné sur une île déserte » pour qui « un objet ne satisfait pas s'il ne peut partager cette satisfaction dans la société d'autrui » (*CJ*, p. 1077). Non pas que l'illusion soit supprimée. Le contrat originel permet plutôt de vivre le paradoxe de la solitude dans la société même. En effet, « si cette loi [publique] est faite de telle façon qu'il soit *impossible* qu'un peuple tout entier *puisse* lui donner son assentiment ... alors elle est injuste ; mais s'il

6. *Critique du Jugement*, trad. J. R. Ladmiral, M. de Launay et J. M.Vaisse in *Oeuvres Complètes*, t. 2, *op. cit.*, p. 969. Cité *CJ*.

est *seulement possible* qu'un peuple lui donne son assentiment, c'est alors un devoir de considérer la loi comme juste » (*LC*, p. 279).

Comme il se maintient dans le registre du pur possible, le contrat originel interdit inconditionnellement toute rébellion physiquement violente contre le pouvoir législatif suprême. L'opposition par la violence au chef ne repose sur rien d'autre qu'une confusion trompeuse entre fondement et résultat, condition et conditionné. La violence consiste en une sorte de contamination du certain par l'incertain, de la condition par le conditionné, dont l'effet est de suspendre le contrat originel. Le sujet non rebelle, dit Kant, « doit pouvoir admettre que son souverain *veut* ne pas commettre d'injustice envers lui » (p. 287). Celui qui se considère légitimement victime du pouvoir est tenu de comprendre le droit à l'erreur ou l'ignorance de la part du pouvoir suprême de certaines conséquences des lois. Kant, notons-le, n'envisage pas du tout la possibilité d'une incertitude au niveau de l'intelligibilité de la loi proprement dite. Mais si la quantité de propriété requise pour correspondre à la qualité fondamentale du citoyen d'être son propre maître est pratiquement indéterminée (*LC*, p. 277n.), Kant est très près, pour ainsi dire malgré lui, d'investir les fondements du droit public d'une incertitude radicale. Seule une croyance naïve (acceptant le jeu de la détermination) en la bienveillance du souverain est à même de conférer une image qui passe pour un reflet de la soi-disant certitude des fondements.

Dans le système de Hobbes, le mécanisme de la socialisation se déduit de la crainte mutuelle essentiellement parce que celle-ci est commutative. La commutation de la crainte conduit à la réciprocité des points de vue, et celle-ci pour ainsi dire mécaniquement à la reconnaissance explicite de l'intérêt général. Il n'y a plus ici l'ombre d'une incertitude, parce que l'intérêt est distribué d'une manière parfaitement égale. Or, l'égalité des hommes était *déjà* en pratique la caractéristique essentielle de l'état de nature : Hobbes déduit la guerre, comme phénomène propre à la condition naturelle, de l'égalité des aptitudes et de l'égalité dans l'espoir d'atteindre nos fins (*L*, p. 122). Le passage à l'état civil s'effectue donc sans que jamais l'égalité des hommes soit bousculée dans son principe. Dès lors, le transfert des forces au Léviathan ne peut avoir d'autre but que de manifester la visibilité du passage. Il n'est certes plus question de violence naturelle entre le souverain et ses sujets. Mais ce système reste ouvert à une incertitude d'un tout autre ordre. Rien n'assure l'absence d'un autre type de violence, la violence politique dans les cas d'abus de la part du chef de l'Etat. On pourrait alors imaginer une nouvelle inférence tirée de la passion pour la violence politique, une inférence qui fournirait la base à un autre contrat destiné à l'abroger, et ainsi de suite indéfiniment. Au fondement de cette régression indéfinie se trouve une incertitude radicale qui n'est jamais vraiment touchée par le contrat social ; elle n'est que déplacée. En effet, on peut se demander pourquoi Hobbes insiste sur le fait que la passion fondamentale permettant de surmonter le choc des opinions est la peur de la mort violente *aux mains des autres.* Ma vie n'est-elle pas déjà vulnérable à une fin violente dans l'état de nature ? La crainte prise à son niveau le plus fondamental, c'est que *l'homme empêche la nature de faire son oeuvre*. Dans la société civile, la crainte n'est pas apaisée, elle est pour ainsi dire enterrée vivante en hommage à la toute-puissance intouchable de la nature que la rigueur mathématique dans l'analyse des passions n'a donc pas vraiment désacralisée.

Kant vise à couper court à toute série de subordinations qui s'élèverait jusqu'à l'infini (*LC*, p. 272). Le contrat originel, dit-il, « sert d'étalon infaillible » (p. 281) pour mesurer si le législateur est en accord ou non avec le principe du droit. Renverser une constitution est « une contradiction manifeste, car il faudrait alors qu'elle contienne en plus une puissance opposée *constituée publiquement* » (p. 286). Une telle puissance aurait son propre chef, ce qui supposerait qu'à l'origine du droit on puisse penser une différence toujours déjà existante entre des éléments antagonistes, c'est-à-dire l'existence de la coercition mutuelle *avant* la reconnaissance des domaines finis d'exercice de la liberté. Le principe analytique du droit, en vertu duquel contrainte et finitude sont simultanés, s'en trouverait ruiné.

Le droit réduit autant que possible une différence à l'origine que le mouvement de l'histoire désigne comme de plus en plus intolérable. Dès lors, le souverain ne tient pas son prestige de sa seule visibilité, puisque sa fonction est plutôt d'assurer la visibilité de ses sujets par l'intermédiaire de la liberté d'expression publique de l'opinion. Contre le prestige de la visibilité, il faut admettre au souverain le droit à l'erreur ou l'ignorance. C'est pourquoi le seul cas légitime de rébellion coïncide avec l'abrogation de la liberté d'expression. Tout comme le jugement esthétique, la vie en société est le fait d'une attente déçue.

KANT ET HOBBES À PROPOS DU DROIT

Guy LAFRANCE

Comme l'opposition aux thèses de Hobbes semble avoir représenté une sorte de lieu commun de réflexion pour bon nombre de philosophes des Lumières, il n'est donc pas étonnant de voir Kant s'afficher d'emblée contre Hobbes dans ses écrits politiques et en particulier à partir de son écrit de 1793 *Du rapport de la théorie à la pratique dans le droit politique*. Toutefois, cette opposition mérite, croyons-nous, d'être précisée et examinée de plus près.

À l'intérieur de la thèse contractualiste développée par Kant, dans cet écrit, nous examinerons plus particulièrement les rapports Kant-Hobbes sur trois questions, soit celles de la citoyenneté, de l'injustice du souverain et du droit de résistance du peuple. Le thème de l'injustice commise par le chef de l'État envers le citoyen représentant, comme on le sait, l'opposition explicite de Kant à l'endroit de Hobbes.

Sur la question de la citoyenneté d'abord, dont Simone Goyard-Fabre et Alexis Philonenko ont déjà souligné le rapprochement avec Hobbes[1], il importe de rappeler que Kant semble bien en effet s'être inspiré de la distinction établie par Hobbes, dans son *De Cive*, entre l'homme libre et l'esclave : « Toute la différence qu'il y a entre un homme libre et un esclave, affirme Hobbes, est que celui qui est libre n'est obligé d'obéir qu'au public et l'esclave doit obéir aussi à quelque particulier »[2]. C'est essentiellement cette distinction que l'on retrouve à l'intérieur du troisième principe *a priori* de l'état civil, posé par Kant, soit le principe de l'indépendance (*sibisufficientia*) ou principe de citoyenneté. Mais là s'arrête, à toute fin utile, le rapprochement possible entre Kant et Hobbes sur ce point particulier. Kant parle d'indépendance et Hobbes parle de liberté. Le principe de la liberté retenu par Kant sert essentiellement à définir la capacité juridique à partir de la distinction faite entre le gouvernement paternel et le gouvernement patriotique ; ce dernier étant, selon Kant, « le seul qui puisse être conçu pour des hommes qui sont capables de droit, et être en même temps en relation avec le bon vouloir du souverain »[3]. La liberté étant ainsi présentée comme une condition de l'indépendance, mais non son équivalent en extension. Le principe de l'indépendance vient restreindre, en quelque sorte, le principe de la liberté en ne reconnaissant le titre de citoyen qu'aux seuls membres vraiment actifs et autonomes de la communauté, c'est-à-dire à ceux qui

---

1. Voir Simone GOYARD-FABRE, *Kant et le problème du droit*, Vrin, 1975, pp. 202-203, et A. PHILONENKO, *Théorie et praxis dans la pensée morale et politique de Kant et de Fichte en 1793*, Vrin, 1968, pp. 61-62.

2. HOBBES, *De Cive*, Ch. IX, § 9.

3. KANT, E., *Sur le lieu commun*, section II *Du rapport de la théorie à la pratique dans le droit politique*, dans *Oeuvres philosophiques*, Bibliothèque de la Pléiade, Tome III, p. 271.

participent à la législation, soit les co-législateurs. « L'unique qualité requise (pour être citoyen), ajoute Kant, en dehors de la qualité naturelle (de ne pas être un enfant ni une femme) est qu'il soit son propre maître (*sui juris*), qu'il possède par conséquent une quelconque propriété (on peut y inclure toute technique, tout métier ou tout art ou science) qui lui permette de vivre »[4]. Et on connaît la note embarrassante de Kant qui cherche à mieux définir l'autonomie du citoyen à l'aide d'exemples qui conduisent davantage à l'impasse qu'à la clarification du concept d'indépendance : « Il est, je l'avoue, affirme-t-il au terme de cette note, quelque peu difficile de déterminer ce qui est à exiger pour pouvoir prétendre à la condition d'un homme qui est son propre maître.[5]

Il n'en reste pas moins que le principe général de l'indépendance est maintenu dans sa dimension restrictive qui affecte directement le deuxième principe de l'état civil posé par Kant, soit le principe d'égalité. Tous les sujets de droit ne sont pas également citoyens puisqu'ils n'accèdent pas tous à l'indépendance et ne participent pas tous à la législation. « Tous ceux qui sont libres et égaux sous des lois publiques déjà existantes ne doivent pas toutefois être regardés comme égaux quant au droit de faire ces lois. Ceux qui ne sont pas aptes à ce droit sont cependant, en tant que membres de la communauté, soumis au respect de ces lois, et ils ont par là une part à la protection qu'elles assurent ; seulement ce n'est pas en tant que citoyens mais en tant que protégés »[6]. L'égalité dont Kant fait le deuxième principe est une égalité de soumission à la loi pour tous les sujets à l'exception, bien entendu, du chef de l'État.

Si on compare cette thèse de Kant avec celle développée par Hobbes, surtout dans le *Léviathan*, qui paraît neuf ans après le *De Cive*, les divergences sont considérables. Hobbes ne parle pas d'indépendance et sa conception de la liberté et de l'égalité des citoyens ne comporte pas de distinction ni de degrés. Avant l'avènement de la République, les hommes sont tous égaux « quant aux facultés du corps et de l'esprit », affirme Hobbes[7]. Et dans la constitution ou la génération de la République, ils participent tous également à cet acte de législation. Les considérations de Hobbes sur les dominations paternelle et despotique n'affectent en rien l'égalité de tous dans la constitution de la République d'institution. Là où cependant Kant et Hobbes se rejoignent à nouveau, c'est dans l'égalité de la soumission de tous les sujets au souverain, c'est-à-dire au droit et aux lois, bien que le souverain n'ait pas tout à fait la même signification chez Kant et chez Hobbes. Il n'apparaît pas d'emblée évident que la soumission des sujets pour Hobbes soit aussi inconditionnée à l'égard du souverain et du chef de l'État qu'elle le semble chez Kant. Nous y reviendrons un peu plus loin.

Quant au thème de l'injustice du souverain ou du chef de l'État envers le citoyen, il est vrai comme le rapporte Kant, que Hobbes a soutenu, dans le *De Cive*, que « ceux qui gouvernent la république ne sont obligés par aucuns

4. *Ibid.*, pp. 276-277.
5. *Ibid.*, p. 277.
6. *Ibid.*, p. 276.
7. HOBBES, T., *Léviathan*, Ch. XIII, trad., Tricaud, éditions Sirey, p. 121.

pactes à personne, (d'où) il s'ensuit qu'ils ne peuvent point faire d'injure aux particuliers »[8]. L'injure étant considérée par Hobbes comme l'équivalent de l'injustice. Cette affirmation de Hobbes est aussi reprise dans le *Léviathan*[9]. Or, Kant interprète d'abord correctement, mais de façon conditionnelle, l'affirmation de Hobbes quand il dit : « Cette proposition serait tout à fait exacte, si l'on entendait sous le terme d'injustice la lésion qui donne à celui qui la subit un droit de contrainte contre celui qui commet l'injustice envers lui », mais il ajoute aussitôt après, sous le mode indicatif, « mais, prise ainsi en général, la proposition est effrayante »[10]. Ce qui laisse supposer très nettement que l'interprétation conditionnelle n'est pas la bonne et que l'affirmation de Hobbes doit être interprétée de façon absolue, ne laissant aucune possibilité d'admettre que le souverain puisse commettre quelque forme d'injustice, et ne laissant au citoyen aucune possibilité de la dénoncer ou de la « faire connaître publiquement »[11].

Or, en durcissant ainsi l'interprétation de Hobbes, Kant se méprend sur la signification véritable que celui-ci a donné à l'injustice du souverain, ainsi qu'il le précise dans le *Léviathan* en invoquant pour le souverain la distinction entre l'injustice et l'iniquité. « Il est vrai, reconnaît Hobbes, que les détenteurs du pouvoir souverain peuvent commettre l'iniquité : mais il n'en est pas de même de l'injustice, du tort, pris au sens propre de ces mots ». Dans le texte latin il précise davantage : « Je ne nierai pas, dit-il que le souverain puisse agir contrairement à l'équité : on appelle en effet contraire à l'équité ce qui va contre la loi de nature, et injuste, ce qui va contre la loi civile (car le juste ou l'injuste n'avaient aucune existence avant la constitution de la cité) »[12]. Il faut toutefois donner à Kant le crédit d'avoir souligné, dans la doctrine de Hobbes, l'absence de moyen juridique donné au citoyen de pouvoir protester, ne serait-ce que de façon très modérée, contre l'injustice ou l'iniquité du souverain. Mais le pouvoir du souverain n'est pas pour autant, chez Hobbes, sans limite. Cette limite se trouve dans sa raison d'être qui est d'assurer la paix entre les citoyens et la protection de leur vie. Or, tout acte du souverain qui porte atteinte à la vie et à la sécurité des sujets, n'enlève pas à ces derniers la liberté inaliénable qu'ils ont de se protéger. Et l'obligation qu'ont les sujets de respecter les droits du souverain est également limitée par l'aptitude ou non du souverain à protéger ses sujets[13]. Mais cette question touche déjà au troisième thème que nous voulons considérer dans le rapport Kant-Hobbes, soit le droit de résistance du peuple.

Sur ce point, Kant rejoint fondamentalement Hobbes dans sa logique qui le conduit à nier le droit de résistance du peuple. Le juridique, une fois constitué, forme un absolu qui ne peut, de façon cohérente, prévoir sa propre

---

8. *De Cive*, Ch. VII, § 14, trad. Sorbières, Garnier Flammarion, p. 174.

9. *Op. Cit.*, Ch. XXI, p. 225. « Rien de ce que le représentant souverain peut faire à un sujet ne peut, écrit Hobbes, à quelque titre que ce soit, être proprement nommé injustice ou tort : car tout sujet est auteur de toute action accomplie par le souverain ».

10. KANT, *Théorie et pratique*, p. 287.

11. *Ibid.*, p. 288.

12. *Op. Cit.*, Ch. XVIII, p. 183, ainsi que la note 22.

13. Voir *Ibid.*, p. 233.

dissolution ; d'où l'irréversibilité du contrat affirmée par Hobbes et par Kant, d'où aussi l'impossibilité qui leur est commune de concevoir la résistance légale du peuple. Pour Hobbes comme pour Kant, l'édifice juridique, une fois constitué et exprimé dans l'idée même de souveraineté chez Hobbes et dans celle du chef de l'État chez Kant, représente une valeur principielle absolue sur laquelle les sujets ou le peuple n'ont plus aucun droit de regard, encore moins un droit de contrainte ni un droit de résistance.

Si Kant a cherché à donner au droit toute son autonomie en le dissociant de la condition du bonheur, Hobbes a cherché à faire de même, mais en des termes différents, soit en posant au souverain l'obligation d'assurer la paix et de se maintenir comme souverain, c'est-à-dire comme pouvoir de droit ; d'être « successful », de réussir, d'assurer le droit au risque de courir à sa propre perte.

À travers cette brève analyse, on en vient à conclure que l'opposition entre Hobbes et Kant n'est pas aussi nette que ce dernier le laisse supposer. Bien au contraire, la similitude de pensée sur les questions fondamentales touchant le contrat de société civile, nous apparaît très grande. En ce sens, le sous-titre de l'écrit de Kant, *Contre Hobbes*, ne nous semble pas tout à fait justifié puisque le texte ne révèle pas véritablement l'adversité annoncée.

DU DESPOTISME À LA CONTRAINTE : MOTIFS HOBBIENS

Louise MARCIL

L'écrit de 1793 sur le lieu commun *Il se peut que ce soit juste en théorie mais en pratique cela ne vaut point* se déroule en trois parties. Après une introduction décrivant les cas de figure possibles d'une dé-liaison entre la théorie et la praxis, Kant aborde la question de la morale [c'est son contre Garve], la question du droit politique [c'est son contre Hobbes] et la question du droit universel des gens [c'est son contre Mendelssohn]. Il y a bien des « contre » dans cette histoire dont les déclarés cacheraient les Burke, Rehberg, Danton et Rousseau. Mais il y a aussi des « pour » cachés dans cette histoire, en l'occurrence, sur la question de l'égalité, la proximité de Kant et Hobbes.

Parlant du *Contre Hobbes*, A. Philonenko notait déjà qu'il sera toujours d'une interprétation délicate, mais son propos étant de démarquer Kant et Rousseau par-delà leur promiscuité présumée du fait d'avoir eu le même adversaire, le rapport de Kant à Hobbes était alors secondaire. Il en ressortait surtout une opposition gravitant autour de la question de la liberté comme essence du politique : « Kant estimera défendre assez la liberté humaine pour être en droit d'écrire en tête de son exposé politique de 1793 *Contre Hobbes*. »[1]

L'analyse de Philonenko n'en produisait pas moins plusieurs exemples de proximités entre Kant et Hobbes qui méritent une plus ample analyse. Leur proximité sur l'état de nature, état d'injustice et de violence, proximité rompue toutefois dans la raison invoquée pour en sortir, trouver le bonheur (Hobbes), accomplir sa liberté (Kant). Leur proximité dans les aspects « très autoritaires » du texte de 1793, proximité rompue encore une fois étant donné la défense kantienne de la liberté de penser. Leur proximité sur le statut du souverain qui possède tous les droits, est au-dessus des lois, soumis uniquement à sa conscience, est elle aussi rompue dans la mesure où Kant admet qu'un souverain peut être injuste. Mais, écrit Philonenko, cela ne mène pas loin, étant donné que dans les droits de l'homme, Kant n'estimera pas légitime d'inscrire la résistance à l'oppression. La seule proximité entre Kant et Hobbes qui n'est pas rompue — et pour Philonenko c'est la plus troublante — porte sur la question de l'égalité des citoyens, c'est-à-dire sur la distinction entre le citoyen (*Staatsbürger)* et le bourgeois (*Stadtbürger*) laquelle peut être rapportée à la distinction entre le citoyen et l'esclave dont Hobbes parlait dans le *De Civ*.[2]

---

1. A. PHILONENKO, *Théorie et pratique dans la pensée morale et politique de Kant et de Fichte en 1793*, Bibliothèque d'histoire de la philosophie, Paris, Vrin, 1968. Voir surtout les pages 9, 39, 31, 41, 43, 44.

2. A. PHILONENKO, *op. cit.*, p. 65.

La manière dont Kant discute d'égalité dans son écrit de *1793* suggère pourtant que son *Contre Hobbes* est traversé de motifs hobbiens. L'état civil kantien est fondé sur un triple principe. La liberté de chaque membre de la société en tant qu'homme suppose que nul ne peut contraindre à être heureux à sa manière. L'égalité de chaque membre de la société avec tout autre en tant que sujet suppose que chaque membre de la communauté a vis-à-vis des autres des droits de contrainte dont seul le chef est exempt. L'indépendance de tout membre suppose que tous les membres, libres et égaux sous des lois publiques existantes, n'ont cependant pas tous le droit de faire les lois, c'est-à-dire d'être co-législateurs.[3] Exclus ici sont les enfants et aussi les femmes. Quant aux hommes adultes, pour être citoyen, il faut posséder une propriété ou une technique (un métier, un art ou une science) qui permette de vivre, c'est-à-dire d'aliéner quelque chose comme sien.

Le fameux embarras de Kant sur l'*opus* (l'artiste qui fait et vend une oeuvre) et l'*opera* (l'usage de ses forces) ne doit pas créer ici d'illusion d'optique. Ce qui est en cause est la manière dont, en passant du despotisme à la contrainte, Kant limite le champ possible du principe et de l'application de l'égalité, en restreignant l'égalité générale des hommes soutenues par les deux premiers principes à l'inégalité proclamée par le troisième principe. Cette restriction ne relève pas de l'inadvertance. C'est Kant qui l'affirme : l'égalité générale coexiste parfaitement avec la plus grande inégalité. Il parle alors de la propriété, c'est-à-dire de l'importance et du degré de ce que les hommes possèdent, c'est-à-dire du critère permettant de définir le statut des co-législateurs. Car si l'égalité exclut que des privilèges héréditaires barrent à quiconque la route permettant d'atteindre le niveau de situation auquel son talent, son activité et sa chance peuvent le conduire — nul ne peut donc transmettre à ses descendants le privilège de la situation qu'il occupe mais seulement ce qui, matériel, peut être acquis et cédé comme propriété — l'égalité exclut aussi qu'un enfant, une femme et un homme ne vivant pas de son travail participe à la formulation des lois.

Je soumets que c'est pour avoir pensé l'égalité à partir de motifs hobbiens que le lieu commun de *-1793* est incapable de poser l'égalité autrement que dans la transition du despotisme à la contrainte, c'est-à-dire de limiter la pensée de l'égalité à sa reconnaissance formelle dans la généralisation de la liberté.[4] Le problème est que la transition depuis l'absence d'égalité à sa présence par la loi confirme alors l'inégalité elle-même, ce qui n'est pas sans rapport avec la manière dont Kant disqualifie le bonheur. Il se trouve en effet que si, d'une part, l'ensemble du parcours kantien marque sa distance à l'égard des thèses hobbiennes, s'agissant surtout du rapport entre le politique et le bonheur, il faut aussi remarquer que le rejet du bonheur comme finalité du contrat social — rejet effectué par Kant dès son « Contre Garve » — n'implique pas le rejet de l'individualisme eudémonique dans la justification kantienne de la limitation que prend le principe d'égalité. En outre, le rejet du

3. A. PHILONENKO, *op. cit.*, p. 276.

4. Selon L. A. MULHOLLAND, c'est le seul sens de l'égalité dans l'écrit de 1793 (voir, *Kant's System of Rights*, Columbia University Press, 1990, p. 305) ; selon BOBBIO, il s'agit d'une liberté libérale mais non démocratique (voir *Annales de philosophie politique*, IV, PUF, 1962 , p. 117).

bonheur comme finalité du contrat social n'implique pas le rejet de l'égoïsme comme force à l'oeuvre dans la constitution de la communauté, partant les limitations à l'oeuvre dans le passage du despotisme à la contrainte comme forme suprême d'égalité. C'est de ce double sous-entendu que la dissociation entre l'égalité juridique et l'égalité économique opérée par Kant dans sa discussion de l'indépendance apparaît comme largement redevable de motifs hobbiens.

Dans l'écrit de 1793, c'est en effet l'impossibilité de généraliser le bonheur qui l'écarte du statut législatif requis comme principe de cette union qui constituerait une fin en soi. Parlant de toutes les fins empiriques comprises sous le nom général de *bonheur*, Kant écrit : « les hommes ont des idées totalement différentes, en sorte que leur volonté ne peut pas être ramenée à un principe commun, ni par conséquent à une loi extérieure en accord avec la liberté de tous »[5]. Un argument semblable se retrouve concernant l'idée selon laquelle un peuple doit obéir même s'il estime « perdre très vraisemblablement son bonheur sous une certaine législation présentement effective ». Kant explique : « les circonstances temporelles, les chimères extrêmement contradictoires, en outre toujours changeantes, d'un individu à l'autre où chacun place son bonheur [...] rendent tout principe solide impossible... »[6]. Sans compter qu'il faudrait attendre de l'expérience la confirmation des moyens à prendre pour assurer qu'un peuple soit heureux.

Ces propos évoquent fortement la disqualification même (gardons le mot de Kant) du bonheur dans la déduction qu'opérait Hobbes depuis le chapitre VI du *Léviathan* sur les passions et leur logique jusqu'au chapitre XIII consacrée à l'égalité naturelle. Ceci d'ailleurs jusqu'aux chapitres XIV et XV déduisant les lois naturelles et la nécessité d'une reddition totale des droits de chacun au Léviathan dans les deux lois de reddition et les dix-sept autres lois naturelles qui en découlent.[7] Car si, chez Kant, le rejet du bonheur comme finalité du contrat social n'implique pas le rejet de l'argument eudémonique dans la justification négative que doit prendre le principe d'égalité en tant qu'égalité formelle comme généralisation de la liberté, inversement, chez Hobbes, l'admission du bonheur (ou dans ses termes à lui, l'admission de la *félicité*, c'est-à-dire ce succès continuel dans l'obtention des choses désirées de temps à autres, le « continual prospering » dont parle le chapitre VI n'implique pas l'admission de sa généralisation possible comme source et comme objet du pacte social. L'objet du pacte, en termes hobbiens, est la paix et non le bonheur.

Surgit dans les deux cas une proximité dans la disqualification du bonheur, ce qui, chez Kant, s'appelle l'empiricité et qui, chez Hobbes, s'appelle le *summum bonum*. La définition du bien au chapitre VI du

5. E. KANT, *Oeuvres philosophiques*, tome III, « Bibliothèque de La Pléiade », Paris, Gallimard, 1986, p. 270.

6. E. KANT, *op. cit.*, p. 280.

7. Voir mon étude, L. MARCIL-LACOSTE, « *Equality as Egoism* », dans J. Carens (dir.), *Democracy and Possessive Individualism ; The Intellectual Legacy of C. B. Macpherson*, SUNY Press, 1993, chap. 3, pp. 45-77.

Léviathan — et qui est l'objet du désir est ce que l'homme appelle *le bien* — implique sa relativité comme raison de sa disqualification politique. Il est impossible que les mêmes choses produisent le même appétit ou la même aversion. Encore moins serait-il possible que les hommes consentent dans le désir de quelque objet que ce soit, ce qui disqualifie le contenu même du désir (ou bien). Hobbes disqualifie la notion de bonheur pour des fins politiques à cause d'une réalité empirique demeurant irréductiblement non généralisable. Les hommes, écrivait Hobbes, ont les mêmes passions, mais non les mêmes objets, le désir étant finalement puissant dans la mesure où c'est précisément l'*absence* de l'objet qui le définit. D'où, selon Hobbes, l'impossibilité d'un *summum bonum*. D'où surtout l'impossibilité d'un consentement sur le bonheur qui pourrait servir de base à la transition depuis l'état de nature vers l'état civil.

Le rapprochement entre Kant et Hobbes sur la question de l'égalité devient dès lors intéressant si l'on tient compte du fait que le rejet du bonheur comme finalité du contrat social n'implique pas, chez Kant, le rejet de l'égoïsme comme force à l'oeuvre dans la constitution de la communauté. La forme que prend l'égalité civile comme droit universel et mutuel de contrainte emprunte à l'état de nature hobbien ce que O. Hoffe a appelé sa prémisse la plus faible, à savoir ce qui porte sur l'état de guerre.[8] De fait, dans le lieu commun de *1793*, l'insociable sociabilité des hommes que célébrait l'*Idée d'une Histoire universelle d'un point de vue cosmopolite* (1784) se retrouve à nouveau.[9] Elle s'y retrouve de diverses manières, s'agissant des hommes dans leur situation d'antagonisme de leurs libertés ; de la dureté de leur coeur où la prudence ressemble au désespoir[10] ; il n'est pas jusqu'au concept de devoir qui ne soit, et de loin, plus « prometteur de succès » que toutes les motivations empruntées au principe égoïste[11], sans compter l'importance que prendra l'égoïsme dans la troisième partie du lieu commun où Kant parlera des fins exactement opposées des hommes que seule une Providence permettrait d'assujettir dans leur ensemble pour faire régner le bien en superposant une finalité[12].

De cet « amour de soi de tout le siècle » où l'impuissance devant l'antagonisme réalise ce que la bonne volonté aurait dû faire, Kant nie sans doute qu'elle puisse réhabiliter le bonheur comme principe du contrat social, voire abolir la recherche de la paix comme devoir, partant la possibilité d'un état juridique selon un droit des gens, c'est-à-dire une fédération. Ceci n'enlève pas que, sans aller aussi loin que le paroxysme en quelque sorte logique de la guerre de tous contre tous à l'oeuvre chez Hobbes, la violence généralisée et la détresse qu'elle fait naître pour les individus et les collectivités — c'est-à-dire dans les termes de Kant, la nature s'ajoutant au devoir — contraignent à la contrainte, c'est-à-dire à suivre une voie que la raison prescrit comme moyen. L'égalité comme droit mutuel de contrainte culmine ainsi dans la soumission

---

8. O. HOFFE, *Introduction à la philosophie pratique de Kant, la morale, le droit et la religion*, Castella, 1985, pp. 262-220.

9. E. KANT, *La philosophie de l'histoire, Opuscules*, Paris, Aubier, 1947, p. 65.

10. E. KANT, *op. cit.* pp. 290-291.

11. E. KANT, *op. cit.* p. 265.

12. E. KANT, *op. cit.* pp. 298-299.

de tous à la puissance souveraine, ce qui pose effectivement le problème du principe devant sévir pour des chefs d'état libres de toute contrainte, ainsi que l'a vu Kant. Il répondra à ce nouveau dilemme en disant se fier, ici encore, à la nature des choses qui contraint d'aller là où l'on ne veut pas aller de bon gré.

Quel que soit donc le statut des droits chez Kant et des lois naturelles chez Hobbes, ce qui frappe alors est la conception négative de l'égalité qui, dans les deux cas, se met en place et que l'on peut traduire par l'idée de mettre un terme par la contrainte au mal que la nature égoïste fait subir aux humains. S'éclaire ainsi la manière dont la question du rapport entre le juridique et l'économique offre plusieurs domaines de rapprochement entre Hobbes et Kant. Lorsque Kant affirme que l'égalité générale des hommes « coexiste parfaitement avec la plus grande inégalité » dans leurs possessions, ceci n'est pas sans rappeler le passage du *Léviathan* au chapitre XV, là où Hobbes offre une nouvelle définition de la distinction aristotélicienne entre la justice commutative et distributive. Grâce à cette nouvelle distinction, l'égalité proclamée dans la neuvième loi de la nature — reconnaissant tout autre homme comme égal par nature — devient compatible avec l'inégalité économique consacrée dans cinq autres lois. La justice commutative, celles des contracteurs, se dit d'une proportion arithmétique mesurée par l'appétit des contracteurs. La justice distributive, celle de l'arbitre, se dit de la proportion géométrique entre le bénéfice et le mérite. Le tout, entendu par Hobbes comme le travail secret de Dieu que les hommes appellent « la chance » et que Kant appelle « la Providence » dans la manière dont le progrès continuel vers le mieux peut être tout à fois maintenu et disqualifié.[13] On aboutit ainsi à ce qui se présente chez Hobbes comme l'interchangeabilité entre l'égalité et l'inégalité — que les hommes soient ou non égaux, il faut les postuler comme tels dans la loi — et chez Kant comme la co-existence parfaite entre l'égalité juridique et l'inégalité économique. Sans oublier que pour des raisons économiques, l'égalité juridique n'est pas acquise à tous, dans l'écrit de *1793*.

Ceci n'est pas sans rapport avec la manière dont le bonheur est disqualifié comme finalité du contrat social. Car si le devoir ne tient pas compte des fins, par suite de leur somme, — le bonheur est « tout ce que la nature peut procurer mais rien de plus », tandis que la vertu comprend ce que « nul autre que lui-même peut se donner ou se retirer » — la disqualification du bonheur permet de poser l'équivalence des conditions. Kant écrit : « On peut, en quelque état que ce soit, tenir l'homme pour heureux si seulement il est conscient de ce qu'il ne dépend que de lui-même (de ses capacités ou de sa volonté expresse) ou bien de circonstances dont il ne peut faire porter la responsabilité à personne d'autre, mais non de la volonté irrésistible d'autrui,

---

13. *Léviathan*, chap. 10 : « *the secret working of God which men call good luck* » ; KANT, *op. cit.* pp. 296-297 : Car il n'y a que de la Providence que « nous pouvons attendre un succès qui va au tout et de là aux parties », tandis que les hommes restent aux parties et ne peuvent étendre jusqu'au tout, surtout que se contrariant réciproquement dans leurs desseins, « ils auraient peine à s'unir en faveur du tout en partant d'une intention libre qui viendrait d'eux ».

qu'il ne se hisse pas au même niveau que d'autres qui, en tant qu'ils sont co-sujets, n'ont sur lui aucun avantage pour ce qui touche au droit »[14]

Dans un premier temps, le problème du bonheur, c'est qu'il manque de contrainte et c'est bien ce que disait Hobbes. Les préceptes liés au bonheur ne lient absolument personne et l'on peut choisir ce que bon semble, d'où la nécessité chez Kant d'une contrainte intérieure. Dans un deuxième temps, le problème du bonheur est qu'une fois situé comme conséquence de la vertu, c'est-à-dire de la liberté, il suppose de chercher une fin qui serait la somme totale de toutes les fins possibles, tout en interdisant de calculer la somme des biens qui lui seraient associés. Il faut donc trouver une fin qui, en lui enlevant ce qu'elle peut avoir d'empirique, ne commanderait que par maxime et un ensemble de fins qui ne commanderait pas par le résultat. Cette conception du rapport entre le bonheur et la moralité esquissait donc déjà deux thèses importantes du point de vue de la conception kantienne de l'égalité, à savoir que n'ayant pas à tenir compte de la somme des biens, Kant pouvait, à l'instar de Hobbes, poser la coexistence de l'égalité et de l'inégalité, c'est-à-dire l'équivalence des conditions comme égalité parfaite, tant et aussi longtemps que la contrainte était assurée.

A. Philonenko est moins sévère que P. Riley qui présente cette contradiction entre l'égalité juridique et l'inégalité économique comme la pire chose de la pensée sociale de Kant[15]. Mais dans sa tentative de sauver la cohérence de la théorie de Kant sur l'égalité (pour être cohérent, il faudrait définir la *sibisufficientia* uniquement par des qualités naturelles), Philonenko ne convoque rien de moins que la *Critique de la raison pure*, en l'espèce, les modalités de la substance, pour rapporter la distinction des citoyens actifs ou passifs aux moments respectivement inessentiel et essentiel de l'Etat rapportés à leur tour aux moments égalitaires et inégalitaires du propos de *1793*. La position kantienne, conclut-il, retrouve ici ainsi son équilibre. Mais, soupire-t-il, « on voit à quel prix ».[16]

Dans les limites de l'écrit de *1793*, j'aurais tendance à ajouter qu'en écrivant contre Hobbes et en prenant le problème de la liaison entre la théorie et la *praxis* là où il était pour lui soluble — « si ce n'était pas un devoir de viser à un certain effet de notre volonté si cet effet n'était pas non plus possible dans l'expérience » — Kant s'était rendu la partie facile quant à l'égalité et son rapport à l'inégalité. Il pouvait faire des avatars du bonheur comme finalité du contrat social l'alibi permettant d'ignorer quand la notion d'égalité, fut-elle marquée à l'enseigne du droit et du devoir, risque de produire une dé-liaison entre la théorie et la pratique, à cause des contradictions marquant la théorie.

---

14. E. KANT, *op. cit.* p. 275 ; La version anglaise de la même phrase rend mieux la manière dont l'indépendance dans le calcul des biens permet de soustraire les inégalités.(voir H. L. WILLIAMS, *Kant's Political Philosophy* Basil Blackwell, Oxford, 1983, p. 143 : « *man can be considered happy in any condition so long as he is aware that if he does not reach the same level as others, the fault lies either in himself (lack of ability) or with circumstances for which he cannot blame others* ».

15. P. RILEY, *Kant's Political Philosophy*, Rowman & Allanheld, 1983, pp. 111-112 ; dans la même veine, L.A. Mulholland insiste pour ré-introduire l'éthique afin d'étendre le droit de la personne à tout citoyen (voir *Kants System of Rights*, Columbia UP 1990, p. 305).

16. A. PHILONENKO, *op.cit.* p. 66.

En l'absence d'une théorie complète, il se peut, avait écrit Kant au début de son étude, que le lieu commun soit *malgré tout* justifié.[17] Il serait certes sommaire de conclure que tel est le cas de la théorie kantienne de l'égalité. Mais on peut suggérer que le *Contre Hobbes* est suffisamment traversé de motifs hobbiens quant à l'interchangeabilité de l'égalité et de l'inégalité pour refuser d'éliminer ce *malgré tout* du champ des probabilités. Kant, en tous cas, semble s'en être avisé plus rapidement que ses disciples, dans la mesure où cinq ans plus tard, parlant du droit de voter qui ne serait pas accordé à tout le monde, il avait noté dans la *Métaphysique des Moeurs*, son embarras.

17. E. KANT, *op.cit.* p. 253.

LIMITES DE L'OBÉISSANCE

DANS LE *CONTRACTUS ORIGINARIUS*

Bernard ANDRIEU

Par la métaphore du corps politique, Rousseau avait établi dans *Le Contrat Social* (L. I, 6) la nécessité de recevoir, contre Hobbes, « en corps chaque membre comme partie indivisible du tout ».

En reprenant la métaphore à travers l'expression de « corps commun », Kant ne choisit pas la solution hobienne qui ferait du *contractus originarius* le principe d'une obéissance organique et aveugle. La limite de l'obéissance dans le *contractus originarius* provient du modèle politique kantien : celui de la « *coalition* de chaque volonté particulière et privée dans un peuple en une volonté générale et publique ». A l'inverse de Rousseau qui considérait cet acte associatif comme un fait (« A l'instant, au lieu de la personne particulière de chaque contractant cet acte d'*association produit* un corps moral et collectif»), Kant avance la thèse du *contractus originarius* comme simple Idée de la raison.

De cette distinction entre fait associatif et Idée de la raison, Kant dans le contexte de l'année 1793, définit une obéissance antirévolutionnaire par laquelle le droit politique est avant tout un devoir absolu. Cette distinction suffit-elle à définir la limite entre l'absolutisme moral et l'autoritarisme inconditionnel ? Tel est l'enjeu de l'existence ou non des droits de révolte et de résistance, dans le sens où E. Weil écrivait, au terme de *Philosophie politique* : « mais la fin de l'Etat est l'individu libre et satisfait dans la raison. C'est dans l'Etat que l'homme se développe et il peut s'y développer au point d'être raisonnablement mécontent de tout Etat historique ».

LA METAPHORE DE « CORPS POLITIQUE » SOUS-JACENTE AU CONTRAT

Le livre de Hobbes que nous connaissons sous le titre, *Les éléments du Droit*, est formé de deux traités, l'un *De la Nature Humaine* et l'autre *Le Corps Politique*. Les deux traités furent publiés en 1650. L'analogie entre le corps et la politique traverse toute l'antiquité classique[1] : Louis Roux, dans la préface à l'édition de *Le Corps politique*[2], précise que depuis l'antiquité deux idées corrolaires sont véhiculées : celle de « la notion d'ordre (chaîne des êtres, harmonie, unité), et celle d'organisme qui insiste sur l'aspect structural

1. HALE D. G., *The body politic, a political metaphor in Renaissance English literature*, Paris, Mouton, 1971.

2. HOBBES, *Le corps politique*, Ed. L. Roux, Université de St. Etienne, 1977, p. 9.

du tout et la relation fonctionnelle des parties de ce tout ». Bien que Hobbes utilise la métaphore, il en refuse une conception organique, pour défendre une conception mécanique que l'on retrouvera dans le *Léviathan* : le corps politique n'est « qu'un corps intentionel et imaginaire »[3], si bien que le problème de l'obéissance se trouve renouvelé. Il ne s'agit plus d'obéir comme membre d'un tout dont on recevrait la détermination organique. La liberté est conçue ici comme l'exercice de la puissance naturelle qui est limité par l'appartenance mécanique à un corps : de même que la liberté naturelle d'un homme est assujettie par chaque membre de son corps dès lors qu'il doit obéir à la volonté du tout, de même le corps politique contraint ses membres à obéir sans résistance mécanique à la liberté de sa forme. L'appartenance à un corps politique pose donc l'obéissance comme une conséquence mécanique de la position de membre de celui-ci.

Hobbes sépare donc deux sortes de corps politique : « l'un artificiel et arbitraire qui a quelque rapport et ressemblance avec une création, laquelle se fait par une puissance divine en tirant la chose créée de son premier néant ; l'autre naturel, et fait par la nécessité, qui est comme une génération de ce Corps. Je parlerai en premier lieu du Corps politique, qui a été établi par une assemblée et avec le consentement d'une multitude »[4]. En écrivant « Du rapport de la théorie et de la pratique dans le droit politique », Kant écrit contre Hobbes : il refuse cette conception mécanique du corps politique ; la notion d'être commun est la condition du pacte d'union civile (« Une telle union ne peut se rencontrer que dans une société se trouvant dans une constitution civile, c'est à dire constitituant un être commun »). Comme l'a établi Louis Guillermit cette notion d'être commun(*gemein Wesen*) renvoie à *la Critique de la faculté de juger*[5] où Kant écrivait « la tendance active à une socialité légale constitue un peuple en un corps commun durable ». Kant retient donc le sens organique de la métaphore là où Hobbes a retenu le sens mécanique.

La notion de « corps commun », à la différence de celle de corps politique, permet de mettre l'accent sur la communauté organique des membres là où le corps politique établissait une relation hiérarchique de domination non réciproque. Cette communauté indique que la constitution du contrat doit viser la co-existence avec la liberté d'autrui. Le recours à des principes *a priori* doit reconnaître tout membre à la fois comme homme (du point de vue de la liberté), comme sujet (du point de vue de l'égalité), comme citoyen (du point de vue de l'indépendance). Kant critique donc la conception hobienne selon laquelle la puissance d'un corps politique consiste dans la non résistance de ses membres[6]. La souveraineté a pour principe cette impuissance à résister dans la mesure où les lois sont supposées équitables. Kant restaure une dialectique, impossible dans une métaphore mécanique du corps politique, entre le droit des hommes et la contrainte exercée par les lois publiques : « il en résulte que la constitution civile est un rapport d'hommes libres, qui (sans

---

3. HOBBES, *Le corps politique, op. cit.*, 2e partie, chap.II, 4.
4. HOBBES, *Le corps politique, op. cit.*, 2e partie, chap. I.
5. KANT, *La critique de la faculté de juger*, Paris, Vrin, § 60, p. 177.
6. HOBBES, *Le corps politique, op. cit.*, 2e partie, chap I, 16.

préjudice de leur liberté dans le tout de leur union avec d'autres) sont cependant soumis des lois de contrainte »[7].

La critique de Hobbes pourrait donc conduire Kant à une reconnaissance des droits des hommes comme supérieur à toute forme de contrainte publique de la loi. Situé dans le contexte de 1793, Kant semble rejoindre les principes de la Déclaration des droits de l'homme et du citoyen comme préambule nécessaire à la constitution civile. Comme si les droits devaient rester une référence extérieure au termes du contrat de la constitution civile. Kant reconnaît ainsi le droit de la liberté à titre de membre du corps commun, l'égalité universelle des hommes dans un Etat, l'indépendance d'un membre de la République comme citoyen. « S'appuyant sur les thèses révolutionnaires, il faut soutenir que le contrat instituant l'autorité publique suppose la capacité, c'est-à-dire la majorité des sujets qui le concluent. Effet d'une institution, le peuple doit, par définition, être tenu pour majeur et chaque citoyen être doté d'une capacité juridique... Kant rejoint ainsi les révolutionnaires dans leur revendication de l'abolition des privilèges »[8]. Si bien que Kant semble partager les idéaux de la révolution dans la mesure où le corps commun exige une égalité universelle et une reconnaissance de la liberté de chacun.

LA DEFINITION DU SOUVERAIN DANS LE CONTRAT

Coexistant par la liberté, co-sujet par l'égalité, co-législateur par l'indépendance, le membre du corps commun paraît jouir d'une reconnaissance de fait par son caractère constituant de l'Etat. Connaissant la doctrine du *Contrat Social* par l'édition genevoise de 1782, Kant admet contre Rousseau que la souveraineté puisse et doive être déléguée. Fondé sur un engagement réciproque, le souverain était pour Rousseau[9] l'équivalent du corps politique : la sainteté du contrat était une garantie qui « ne peut jamais s'obliger, même envers autrui, à rien qui déroge à cet acte primitif » ; si bien que le refus d'obéissance à la volonté générale aurait pour conséquence une contrainte par tout le corps politique par la force des autres.

C'est sur ce point de la puissance absolue de la volonté générale comme seule définition de la légitimité que Kant se sépare de Rousseau : comme l'a précisé Alexis Philonenko[10], « Kant au lieu d'avancer dans la direction de Rousseau s'est replié sur la synthèse opérée dans le droit allemand ». La mort du Roi constitue l'événement fondamental qui vient limiter la puissance de la souveraineté du peuple : en effet Kant refuse de reconnaître au peuple le droit de résistance au pouvoir de l'Etat. La possibilité du régicide signifierait le suicide de l'Etat, le moment de la contradiction de l'Etat avec lui-même : « Il s'en suit que toute opposition au pouvoir législatif suprême, toute révolte

7. KANT, *Théorie et Pratique*, Paris, Vrin, p. 30.

8. BOITUZAT F., *Un droit de mentir ? Constant ou Kant*, Paris, P.U.F, coll. Philosophie », 1993, pp. 58-59.

9. ROUSSEAU, *Le contrat social*, L I, 7.

10. PHILONENKO A., « Souveraineté et légitimité chez Kant et Fichte », *Etudes kantiennes*, Paris, Vrin, 1982, pp. 89-96.

destinée à traduire en actes le mécontentement des sujets, tout soulèvement qui éclate en rebellion est, dans une république, le crime le plus grave et le plus condamnable, car il en ruine le fondement même »[11]. La délégation de la souveraineté exige un abandon du droit de résistance, et, comme Pufendorf l'affirmait(*Le droit de la Nature et des gens*, 1712) aucune instance supérieure ne peut juger du souverain à partir du moment où par le contrat originaire la renonciation à la force équivaut à son transfert dans le pouvoir de l'Etat.

Kant refuse de reconnaître le contrat social comme un fait dans la mesure où Rousseau avait conçu par là un pouvoir toujours réel de la volonté générale. Il refusait, au nom de la délégation de pouvoir, d'abandonner au souverain l'exercice sans contrôle de l'Etat. Tel est le sens des bornes du pouvoir souverain sans lesquelles l'aliénation des sujets dépasseraient la volonté des citoyens dans la constitution du souverain. De même le droit de vie et de mort est un « acte particulier... aussi cette condamnation n'appartient-elle point au souverain ; c'est un droit qu'il peut conférer sans pouvoir l'exercer lui-même »[12]. La critique de la Révolution française par Kant ne doit pas se confondre avec la lecture du texte de Rousseau.

Il est vrai, cependant que Kant reconnaît l'indépendance de l'effet sur la cause en accordant au chef de l'Etat un statut privilégié : « En voici la raison : c'est que dans une constitution civile déjà existante le peuple n'a plus le droit de continuer à statuer sur la façon dont cette constitution doit être gouvernée. Car, supposé qu'il en ait le droit, et justement le droit de s'opposer à la décision du chef réel de l'Etat, qui doit décider de quel côté est le droit ?». La séparation politique du chef de l'Etat ne permet pas donc de revenir sur les modalités du contrat originaire. Le peuple ne peut retrouver la possibilité de se révolter sans contredire la légitimité de la souveraineté du chef de l'Etat. La limite de l'obéissance du peuple est définie par l'inconditionnalité de l'interdiction de révolte. Cette obéissance peut-elle être qualifiée d'aveugle, au sens où les sujets suivraient sans réflechir les décisions du chef de l'Etat ? Le peuple « Ne doit-il pas résister ? La réponse ne peut être que la suivante ; il n'a rien d'autre à faire qu'à obéir ». Le principe de l'obéissance sera d'autant plus accepté par le peuple qu'il ne confondra pas sa recherche légitime et subjective du bonheur et la législation universelle édictée par le pouvoir suprême : « relativement au bonheur, aucun principe universellement valable ne peut être donné pour loi ». Il ne faut donc pas attendre du contrat originaire qu'il satisfasse le bien être des citoyens : ce n'est la fin de l'établissement d'une constitution civile, mais, précise Kant, seulement le moyen pour garantir l'état juridique. La paix sociale est à ce prix.

L'obéissance du peuple sera rendue d'autant plus possible et supportable que toute loi publique formulée par le législateur sera légitime. L'obéissance ne repose pas sur l'assentiment : la justice d'une loi provient de sa nature ; elle ne peut décréter des obligations contraires à la volonté générale et publique du peuple du point de vue du contenu du contrat originaire. La totalité du peuple

11. KANT, *Théorie. op. cit*, p. 42.
12. ROUSSEAU, *Le contrat social*, L II, 5.

ne peut donner son assentiment à une loi contraire à l'intérêt général. Mais, comme législation d'ordre uniquement juridique, il est possible de tenir la loi pour juste même si elle n'est pas juste. Ce tenant lieu suppose l'assentiment possible du peuple, même si celui-ci le refuserait lors d'une consultation. Sans cette distinction la position de Kant dans le Corrolaire pourrait apparaître contradictoire. Elle se justifie par la nature juridique du contrat originaire et non pas morale. La coalition de chaque volonté particulière et privée en une volonté générale et publique ne permet pas de trouver dans le contrat la dimension d'un assentiment moral : assentiment par lequel chaque citoyen pourrait juger de la justice d'une loi au regard d'une évaluation morale subjective.

La différence entre un contrat originaire comme un fait (*factum*) et comme une simple Idée de la raison est essentielle dans la thèse de l'obéissance rationnelle et juridique : le contrat originaire n'est pas un contrat réel historique par lequel le peuple s'engage comme membre du corps politique. La critique de Rousseau est ici établie : être membre du corps politique est un acte symbolique et juridique qui ne peut être compris comme une partie organique et réelle de ce corps : « tout comme s'il fallait avant tout commencer par *prouver par l'histoire* qu'un peuple, dans les droits et les obligations duquel nous sommes entrés à titre de *descendants*, avait dû un jour *accomplir réellement* un tel acte et nous en avoir laissé, oralement ou par écrit, un avis certain ou un document, permettant de s'estimer lié à une constitution civile *déjà existante* ». Kant ne prend pas le contrat originaire pour un événement historique ; il maintient la dimension métaphorique et la lie à l'aspect juridique du pacte. Originaire ne veut donc pas indiqué ici un commencement temporel mais plutôt le contenu idéel de la raison.

Ainsi Rousseau avait construit le chapitre 6 du livre I du *Contrat Social* sur le fait que « chacun se donnant à tous ne se donne à personne et comme il n'y a pas un associé sur lequel on n'acquière le même droit qu'on lui cède sur soi, on gagne l'équivalent de tout ce qu'on perd, et plus de force pour conserver ce qu'on a ». La donation réciproque est le contraire de la thèse de Kant qui avance la légitimité « comme *pouvant avoir émané* de la volonté collective de tout un peuple ». Rien de nécessaire dans l'engagement du législateur, au sens où il n'a pas pas besoin de vérifier par l'assentiment explicite la conformité des lois avec le contrat originaire. Comme une simple Idée de la raison, le contrat originaire n'est cependant pas une réalité abstraite transcendante à la volonté générale : elle a une réalité pratique indubitable, c'est-à-dire qui ne peut être remise en cause par le peuple et qui ne peut objet d'un doute de légitimité.

Le contrat originaire est une simple Idée de la raison comme Idée régulatrice : le contrat originaire n'indique pas l'origine de l'Etat mais comment il doit être ; aussi la mise en pratique de cette Idée de la raison est toujours bornée et défectueuse, non à cause du contrôle du peuple mais parce que le contrat originaire n'est qu'une idée. Le contrat nécessaire est l'idée de l'unité nécessaire du corps politique sans pouvoir être réalisée ; il doit servir de rêgle à toute pratique politique, comme condition originaire. Si bien l'obligation de tout législateur est de viser le contrat originaire comme fin possible de son édiction des lois. L'action politique trouve dans la dimension juridique une visée rationnelle en supposant en chacun la domination de la sensibilité par l'être raisonnable.

POUVOIR VOULOIR OBEIR : LA LECTURE CRITIQUE D'E. WEIL

« Le contrat social n'est pas un fait, il est une idée et celui qui, tel Danton, veut fonder la justice sur un prétendu fait historique de cet ordre commet un grave contresens. Le peuple, pourrait-on dire avec une formule peu élégante mais précise, doit pouvoir vouloir obéir ; c'est la première exigence de la morale, étant donné que celui qui refuse au peuple des lois qui sont justes selon l'idée du contrat original, agit selon le principe de la violence et soulève contre lui la violence : si le prince, par impossible avait un tel droit, comment le refuserait-on au peuple ? »[13]. En accordant au peuple une obéissance fondée sur le pouvoir-vouloir, Kant pèche par optimisme moral envers le législateur. S'il est vrai qu'aucune loi ne doit pouvoir permettre le consentement de chaque membre du corps politique en tant qu'être raisonnable, rien ne garantit la stricte détermination morale des actes du législateurs. Il est à l'abri de toute vengeance du peuple. Eric Weil pose la question : « Or, si le souverain juge commet une faute contre le principe raisonnable de toute politique, qui le jugera, et selon quelle loi ? Où trouver un arbitre qui puisse décider entre le juge et ceux qui se sont soumis à sa juridiction ? »[14].

Ainsi l'Etat peut être contraire à tous les principes du contrat sans risquer d'être renversé par le moyen de la révolte. La confiance en la raison est telle que seule la critique est l'arme efficace et décisive pour le citoyen pensant. Au sens où il faut répandre les lumières, continuer l'*Aufklärung*. Etre un bon citoyen consiste dans l'exercice de la discussion publique qui préservera à la fois les droits imprescriptibles du peuple envers le chef de l'Etat et la paix de la République. L'autorité de la pensée restera toujours inférieure à l'autorité du gouvernement. La réforme progressive est préférable à la révolution.

Eric Weil perçoit la difficulté dans *Philosophie Politique* : L'Etat peut contraindre dans la mesure où son action a une visée rationnelle. Ainsi « le gouvernement s'engage à respecter la liberté raisonnable des citoyens : il ne faut pas que, appuyé, par exemple, sur une majorité parlementaire passionnée, il agisse de telle manière que ses adversaires n'aient plus le moyen de faire prévaloir par des arguments non violents leur point de vue »[15]. La parole évite la violence. Mais que se passe t-il lorsque l'efficience du législateur ne correspond plus au devoir raisonnable de justice ? E. Weil reconnaît un droit de révolte en distinguant le droit moral de défendre le principe de l'universalité de la raison face à la loi positive par rapport à un droit légal de révolte que l'Etat ne peut admettre (point commun avec Kant) sans être en

13. WEIL E., « Histoire et politique », *Problèmes kantiens*, Paris, Vrin, 1963, p. 120.
14. WEIL E., *op. cit.*, pp. 122-123.
15. WEIL E., *Philosophie politique*, Paris, Vrin, p. 174.

contradiction avec ses propres fondements : « Cependant, du point de vue de l'individu qui est citoyen de tel Etat, cette proposition n'est pas d'une validité absolue : elle le lie -et le lie moralement, pour autant qu'elle se fonde sur l'universalité de la loi et exprime donc le fondement de toute morale formellement valable-, mais seulement pour autant qu'il reste citoyen de cet Etat. Or, il peut renoncer à cette qualité, et cette renonciation peut même devenir une obligation morale pour lui, être raisonnable, si la loi positive de l'Etat se met en contradiction avec le principe de l'universalité... il se reconnaît auusi le droit, *non seulement de juger, mais d'agir sur le plan de l'histoire, un droit de révolte(droit moral, mais qui ne saurait jamais devenir un droit légal.* En se révoltant, il ne se mettra plus en contradiction avec le principe moral : il sait à présent que la loi positive peut faire violence à la loi de l'universalité et que cette violence jettera un discrédit sur le concept même de la loi aux yeux de ceux dont le respect pour la loi doit donner force et réalité à l'universel : il défendra la loi contre les lois injustes »[16].

Il ne suffit pas, comme pour Kant, d'éclairer par la seule critique l'aveuglement de l'Etat. Il ne suffit pas de juger, encore faut-il établir la correspondance entre l'universalité de la loi de la raison et le contenu des lois positives. Il convient de reconnaître une utilisation morale de la violence dès lors que l'Etat déroge à l'universalité de ses principes. La morale restait chez Kant le moyen de refuser au citoyen la possibilité concrète de restaurer l'égalité entre la théorie du contrat originaire et la pratique de l'Etat. C'est l'ignorant de la raison d'Etat qui affirme que la pratique ne vaut rien. Pourtant Eric Weil, confronté aux réalisations totalitaires et aux pratiques des génocides, introduit le droit moral de comparer la justesse da la théorie par rapport à l'injustice des pratiques. L'Etat moderne, et sans doute tout Etat, sans reconnaître dans son fondement le droit de révolte, prend le risque de l'inadéquation entre la théorie et la pratique. Kant croyait encore en la vertu de l'Etat. Nous avons appris depuis que l'Etat peut mentir en pratique tout en produisant une théorie juste.

L'obéissance ne peut donc être absolue sans nier la différence entre l'universalité de la raison et la réalisation historique. Il appartient à chaque citoyen de surveiller l'Etat afin de défendre la loi contre les lois injustes. La différence entre 1793 et 1993 est donc la suivante : L'Etat n'est plus moral et nous confondons encore trop souvent le droit moral de révolte avec les droits de l'homme.

---

16. WEIL E., *op. cit.*, p. 186.

KANT ET REHBERG SUR LA *THÉORIE ET LA PRAXIS*

Lulas K. SOSOE

Sur Kant, nous connaissons beaucoup de choses. Sur Rehberg, un peu moins, peut-être pas du tout. On lui reconnaît d'avoir écrit les *Untersuchungen über die französische Revolution*. Beaucoup en ignorent le contenu. Toutefois, on sait qu'il s'agit d'un violent réquisitoire contre les révolutionnaires français et, au-delà, d'une critique des conceptions philosophiques et politiques de Rousseau et des lumières en général. C'est ce qui vaut à Rehberg le nom du Burke allemand. C'est également ce qui a conduit un auteur français contemporain d'écrire que Burke maniait l'ironie à merveille. Alors qu'Outre Rhin on burkisait, si l'on ose dire, sans talent[1]. Un jugement dont il va falloir mesurer toute l'importance et la portée.

Rehberg, Burke allemand ? L'expression peut vouloir dire que Rehberg a abordé les mêmes thèmes et soutenu les mêmes positions que Burke. Elle peut aussi vouloir dire que Rehberg n'a fait que reprendre des thèmes développés par Burke, bien évidemment le talent lui manquant. En d'autres termes, dans son approche des thèmes que Burke a traités, Rheberg n'aurait fait preuve d'aucune originalité. Burke serait un modèle, le modèle, Rehberg, une copie peu réussie.

C'est cette thèse que nous voudrions soumettre à la critique à travers un parcours de trois stations importantes de l'oeuvre de Rehberg en tentant de répondre à la question suivante : Est-il possible de déceler dans l'oeuvre de Rehberg plus qu'une copie de Burke ? Au-delà de l'affinité des deux auteurs, le rapport de Rehberg à la philosophie allemande dans son ensemble, à Justus Möser, Freiherr von Stein et surtout à Kant, peut-il contribuer à rectifier l'image d'un Rehberg, simple « burkiseur » ?

REHBERG ET LA *CRITIQUE DE LA RAISON PRATIQUE*

Que Rehberg ait été désigné pour faire le compte-rendu de la *Critique de la Raison Pratique*, n'était pas un hasard. En effet une année avant la parution de la seconde critique de Kant, Rehberg avait publié un texte intitulé : *Über das Verhältnis der Metaphysik zu der Religion* (Berlin 1787) qui documentait sa filiation avec la philosophie kantienne en même temps qu'une prise de distance critique vis-à-vis de celle-ci, distance critique qu'était venue confirmer la recension, notamment l'analyse que Rehberg faisait de l'impératif catégorique.

---

1. A. PHILONENKO, *Théorie et praxis dans la pensée de Kant et de Fichte en 1993,* Paris, Vrin, 1976, p. 26

Rehberg souligne son accord avec Kant. Il admet que l'impératif catégorique peut bel et bien être considéré comme critère de la moralité : *principium dijudicationis* ou *principium cognoscendi*. Puisque les lois morales sont des lois nécessaires et diffèrent de ce fait des principes hypothétiques, leur doctrine ne peut être que pure. Seule la raison pure est la source de la moralité. Tout cela est hors de doute[2]. Même si l'expérience ne nous donne aucune preuve relativement à la loi morale, non pas en tant qu'elle nous est connue, mais en tant que principe déterminant de la volonté des être raisonnables. Les choses en soi peuvent être pensées comme catégories. Il est donc permis de penser la raison pure comme faculté ou cause et appeler bien, l'effet qui correspond à cette cause. Mais tout ceci, précise Rehberg, appartient au monde des idées. S'il en est ainsi, comment penser le rapport de la loi morale à la réalité du monde sensible ? Cela ne pourrait se produire autrement que par la conscience de soi comme raison pure, comme volonté libre et possédant le bien absolu. Cependant, le fait que la loi morale est consciente d'elle-même ne nous donne pas de réponse satisfaisante quant à son rapport au monde sensible. Nous ne pouvons rien en déduire relativement à l'effectivité d'une telle causalité dans le monde sensible, plus particulièrement dans l'être humain. Rehberg avance quatre arguments en défense de sa position :

- 1) La conscience de soi comme raison pure n'existe nulle part dans le monde.

- 2) La conscience de la volonté libre dépend de la raison pure et Kant cherche à faciliter la représentation de celle-ci par la remarque selon laquelle, outre sa relation aux objets, l'entendement aurait un rapport avec la faculté de désirer[3].

- 3) La définition que donne Kant de la faculté de désirer est inacceptable, car nous « désirons plusieurs choses dont nous savons nous-mêmes que nous ne sommes pas la cause de leur réalité »[4].

- 4) Se demande-t-on ce qu'est le bien absolu qu'on ne trouve rien d'autre que le raisonnable. Mais une telle définition, selon Rehberg, est purement formelle, car une connaissance transcendantale ne saurait être rien d'autre que la loi morale. Ce qui nous donne la confirmation, conclut-il, que la raison ne tourne que sur elle-même et ne peut jamais se penser en dehors d'elle-même[5].

La question se pose alors de savoir comment une raison pure pratique peut opérer le passage à la *Sittlichkeit* ? Kant résout le problème de la nécessité d'un tel passage de la raison pure pratique au monde sensible par la déduction de la loi morale, en démontrant que sans moralité, la question de la liberté ne se poserait pas. « Tout est faux », écrit Rehberg, car ce qui accorde au problème moral son importance, c'est l'intérêt subjectif au bonheur[6].

---

2. A. W. REHBERG, *Sämtliche Werke* (= *SW*), p. 71.
3. A. W. REHBERG, *SW*, p. 73.
4. *Op. cit.*, *id.*
5. A.W. REHBERG, *SW*, p. 73.
6. *Op. cit.* p. 73. Il faut toutefois souligner que l'interprétation que Rehberg donne ici de Kant est tout à fait erronée. En effet Kant écrit : « La question de savoir comment une loi peut être par elle-même et immédiatement un principe déterminant pour la volonté (ce qui constitue pourtant le

Rehberg propose une réécriture de la *Critique de la Raison Pratique* en réinterprétant le concept de respect. Selon lui, Kant aurait très mal pensé la notion du respect parce qu'il en a fait une notion non empirique et a refusé de lui attribuer le sens d'un plaisir sensible. En cela la notion kantienne du respect est pure *Schwärmerei*, c'est-à-dire une «*Erdichtung übersinnlicher Gegenstände*» ou l'invention des choses suprasensibles. Kant serait donc victime d'une illusion, fort redoutable et dangereuse pour la vie morale, redoutable et dangereuse parce qu'elle conduit au pire des fanatismes, à la mort des sens (*Sinnesabtötung*), à la mort de la moralité elle-même[7].

Pour Rehberg, le rapport des idées de la moralité pure et de la liberté à la nature humaine ne représente tout au plus qu'un modèle de détermination de la volonté. C'est en tant qu'idée et non comme cause que l'usage transcendant de la raison pure pratique devient immanent. Nous ne devons donc pas, en dehors de ce modèle, chercher la cause de nos déterminations qu'en nous-mêmes en tant que sujets dans le monde sensible. Et ceci «est parfaitement suffisant pour la moralité : car l'imputation qui, selon l'affirmation de l'auteur, disparaît avec la liberté transcendantale, n'est pas faite au moi transcendantal, totalement vide (*dem ganz leeren transzendentalen Ich*), mais à la conscience empirique.» C'est moi en tant que phénomène dans le monde sensible qui m'accuse d'injustice et qui suis méprisé. De quoi aurait l'air cette imputation si elle s'appliquait au moi transcendantal, au noumène, dont la nature est la raison pure ?[8]

Mais alors, peut-on se demander, sur quoi repose l'imputation dont je suis l'objet en tant que moi phénoménal, dans la mesure où la série des causes et effets en moi n'autorise pas que me soit imputé un acte dont je suis l'auteur ?

Rehberg fait intervenir l'idée de la divinité. La nécessité métaphysique de poser une idée de la divinité et le besoin métaphysique de la raison d'accepter «un être premier (*ein Urwesen*) [...] réside dans la relation, insaisissable pour la raison, qui s'établit dans l'expérience entre la raison elle-même et la sensibilité»[9]. La présupposition d'un être premier explique comment le monde des idées peut être connecté au monde empirique et constitue le fondement de la relation du monde intelligible et du monde phénoménal.

REHBERG : *THEORIE ET PRAXIS*

Les éléments de la recension faite par Rehberg de la *Critique de la Raison Pratique* se retrouvent également dans la discussion de la *Théorie et Praxis*.

---

caractère essentiel de toute moralité) est une question insoluble pour la raison humaine et qui revient à celle de savoir comment est possible une volonté libre. Nous n'aurons donc pas à montrer *a priori* comment il se fait que la loi morale fournit elle-même un mobile, mais ce que, comme mobile, elle produit (ou pour mieux parler doit produire) dans l'esprit. » (E. KANT, *Critique de la raison pratique*, Akad. Ausg, V, 72.)

7. *Op. cit., SW.*, p. 75.
8. *Op. cit.*, pp. 75-76.
9. *Op. cit., id.*

Comme on le sait, en 1793, Kant affirme la validité de la théorie pour la *praxis* tout en donnant un autre sens à cette dernière :

« ... tout ce qui en moral est juste pour la théorie doit aussi être valable pour la pratique. En sa qualité d'homme, en tant qu'être soumis par sa propre raison à certains devoirs, chacun est donc un homme de terrain (*ein Geschäftsmann*) et comme cependant, en tant qu'homme, il n'est jamais trop âgé pour apprendre à l'école de la sagesse, il ne peut pas, en se prétendant par exemple mieux instruit par l'expérience de ce qu'est un homme et de ce qu'on peut exiger de lui, renvoyer à l'école avec un mépris hautain le partisan de la théorie»[10].

En opposition à cette reconnaissance de la validité de la théorie pour la praxis, Rehberg écrit : « si une théorie est faite du développement de concepts destinés à saisir les objets d'un monde réel ou possible sous certains rapports ou aspects, est-il donné aux facultés humaines de trouver les lois qui régissent les phénomènes et d'atteindre ainsi à une connaissance systématique de la nature ? » Cela est douteux, répond-il, parce que les lois de la connexion du monde intelligible au monde sensible demeurent éternellement un mystère étant donné la nature de l'entendement humain.

Réponse négative qui résume de façon lapidaire l'attitude de Rehberg quant à la question de savoir comment la raison peut déterminer un être dans le monde sensible. C'est pourquoi, reprenant le reproche qu'il fait dans la recension de la deuxième critique, Rehberg affirme que nous ne pouvons déduire de l'impératif catégorique « aucune détermination objective des actions humaines, détermination sur laquelle se peut construire un système de devoirs précis ». Étant complètement vide, l'impératif catégorique doit se remplir de contenus. Celui-ci se trouve dans la formulation selon laquelle l'être humain doit être traité non seulement comme moyen, mais en même temps, comme une fin en soi. Toutefois, pour l'exécution de la loi morale, ce contenu présente des ambiguïtés à cause de l'expression « l'humanité », car la raison et la moralité sont indéniablement des fins en soi. Par conséquent, elles méritent respect. Cependant, elles n'existent nulle part excepté dans une matière qui est l'homme dont elles représentent la forme de l'entendement. « Le fondement de ce principe est que seule *la nature raisonnable existe comme fin en soi.* [...] La raison doit, par conséquent, être considérée en tout homme comme fin en soi, mais non pas *l'humanité* »[11].

De plus, la raison peut se penser comme fin en soi seulement aussi longtemps qu'elle est pure. Mais elle perd toute effectivité dès qu'elle sort de cette pureté pour se mêler au cours du monde sensible, aux affaires humaines. Aussi la liberté n'a-t-elle pas besoin d'être présupposée par l'existence de la moralité. Pour Rehberg elle se concrétise dans la culture humaine. Cela signifie que l'homme ne devient moral que par les sensations de plaisir et de

10. E. KANT, *Théorie et Praxis. Il se peut que ce soit juste en théorie, mais en pratique, cela ne vaut point*, traduit par Luc Ferry, in *Oeuvres philosophiques*, vol. 3, Collection Pléiade, Gallimard, 1986, pp. 268-269.

11. A. W. REHBERG, « *Über das Verhältnis von Theorie und Praxis* » in : *Kant, Rehberg, Gentz. Über Theorie und Praxis*, Éd. par Dieter Henrich, Francfort, 1967, pp 117-118, par Rehberg lui-même.

déplaisir liées à sa conscience intellectuelle du fait qu'il est raisonnable et non-raisonnable.

Que des êtres intelligibles auxquels reviennent la liberté et la moralité soient liés « à la nature sensible, se manifestent les uns aux autres et s'influencent mutuellement dans le monde des phénomènes est un fait empirique. [...] Les effets extérieurs de la liberté humaine ne se laissent pas introduire dans un système qui reposerait simplement sur des principes *a priori* et permettrait une application générale des principes fondamentaux de la morale dans des démonstrations évidentes »[12]. Ceci est d'autant plus évident que dans « le jugement moral que nous portons sur les hommes, nous n'exigeons pas qu'un homme en qui la conscience de sa propre immoralité n'éveille aucune sensation de déplaisir agisse moralement. Nous lui demandons, au contraire, que la conscience de son immoralité produise en lui une peine insupportable tout comme nous exigeons de toute personne de sentir l'attrait de la beauté quand elle est frappée du mépris d'être un être inachevé quant aux dispositions de la nature »[13].

Telle est la théorie morale que Rehberg oppose à Kant. Elle affirme : 1) que le respect de la loi est nécessairement un concept empirique, 2) que ce concept est traduisible en termes de sensations de plaisir et de déplaisir et que 3) ce n'est qu'à cette condition que la raison en l'être raisonnable fini peut se manifester dans le monde empirique.

LA THEORIE JURIDIQUE

Selon Rehberg, la théorie kantienne du droit est pure métaphysique. Parce qu'elle est métaphysique, nous ne pouvons rien en déduire de concret. Bref, elle n'est qu'une théorie, la réalité sensible étant autre chose. Aussi faut-il la remplacer par une théorie empirique du droit naturel dont le concept constitutif sera une notion de propriété qui ne peut se penser qu'à travers des accords concrets et volontaires entre les membres d'une société. Rheberg reprend les trois concepts kantiens de la liberté, de l'égalité et de l'indépendance et tente de leur donner une nouvelle signification :

- *La liberté* selon Rehberg ne s'applique qu'à ce qui est véritablement libre dans l'homme, à sa volonté libre, non pas à l'homme en tant qu'homme, mais en tant qu'il est un être raisonnable. En en faisant un concept métaphysique, Kant la rend inapplicable aux êtres humains sur le terrain politique.
- *L'égalité* : Puisque, à cause de la dépendance sociale mutuelle l'homme est un instrument pour l'homme, la liberté ne peut se concevoir, comme en France, en termes d'égalité de tous les hommes en tant qu'hommes, mais elle désigne l'espace d'action imparti aux citoyens dans les limites de l'État auquel ils appartiennent selon les conventions. « L'égalité, conclut Rehberg, admet nécessairement des différences, car loin d'être abstraite, elle s'établit sur les rapports concrets, hérités de nos ancêtres »[14].

---

12. A.W. REHBERG, *Op. cit.*, p. 119-120.
13. *Op. cit.*, p. 121.
14. *Op. cit.*, p. 124-125.

- *L'indépendance* : Quant au principe de l'indépendance qui exige que chaque citoyen soit son propre maître, Rehberg répond à Kant en ces termes : « Aussi bien dans l'état de nature que dans la société civile, l'homme est soumis à des lois naturelles et physiques auxquelles n'échappent pas les rapports entre les hommes ; et dans la société civile les rapports qui ne peuvent pas être soumis à la loi pure de la liberté sont régis par des conventions et des accords explicites ou présumés »[15].

Ces trois conceptions de la liberté, de l'égalité et de l'indépendance, opposées à Kant par Rehberg, reposent sur une idée qui résume toute la philosophie politique et juridique de Rehberg. Celle-ci s'énonce ainsi : « Tout système d'une société civile fondée sur des principes *a priori* est une Idée qui ne pourrait s'appliquer que dans un monde dont les membres sont des êtres métaphysiquement libres et dont chacun est le créateur de son propre cadre d'action ». Et plus loin : « On ne saurait attendre la formation des déterminations positives des lois fondamentales de la société civile que de l'observation et de l'expérience des besoins et du comportement des hommes dans les rapports sociaux. Et la théorie d'après des principes ne doit pas céder devant la pratique aveugle, mais devant la théorie fondée sur l'expérience »[16].

Prendre en compte ce parcours intellectuel non pas d'un point de vue historique, mais plutôt systématique, c'est reconnaître en Rehberg, malgré l'influence de Burke, certes un conservateur, mais tout de même un conservateur et anti-révolutionnaire dont l'oeuvre n'est pas simplement une copie, une reproduction sans talent de l'homme politique anglais.

15. *Op. cit.*, p. 125.
16. *Op. cit.*, p. 127.

IV

« LA RELIGION DANS LES LIMITES DE LA SIMPLE RAISON »

ÉTHIQUE ET RELIGION

PAUL MENZER ET SON INTERPRÉTATION DE LA PHILOSOPHIE KANTIENNE DE LA RELIGION

Heinz WICHMANN

Cette analyse suit pour l'essentiel le fil de la pensée de Paul Menzer dans son oeuvre parue en 1911 « Kants Lehre von der Entwicklung in Natur und Geschichte »[1]. Elle a pour but d'apporter une contribution à la compréhension des idées que Kant a développées au sujet de la philosophie de la religion.

Menzer part du principe que Kant avait deux raisons de se pencher sur les problèmes philosophiques de la religion : l'une étant la nécessité de répondre à l'une des questions fondamentales de l'époque, l'autre, le besoin ressenti par le philosophe de parachever son oeuvre.

Dans la première partie de sa thèse, Menzer étudie l'approche philosophique de la religion au siècle des lumières analysant ensuite les étapes successives du développement de la pensée kantienne jusqu'à la parution de son ouvrage principal sur la religion en 1783. Dans la deuxième partie, Menzer se consacre à une étude critique des idées avancées dans « la religion dans les limites de la simple raison «

Menzer commence par évoquer la situation intellectuelle de la Renaissance et du Siècle des lumières et en arrive à la conclusion que la Renaissance — à l'encontre de l'affirmation de certains — n'était pas antireligieuse et que, bien au contraire, la science elle-même s'était inspirée de plus d'un principe systématique de la religion tel celui de « l'unité qualitative de l'univers »[2]

Plus loin, Menzer observe que si les17ème et 18ème siècles ont contesté le fait que Dieu ait une influence quelconque sur les lois de la nature, son rôle de créateur et garant de l'univers (de l'ordre universel) semble néanmoins avoir été accepté. D'un autre côté, parmi les courants religieux de l'époque, on découvre une autre croyance acceptant les préceptes de la Bible comme vérité fondamentale. Ces deux tendances, affirme Menzer, ont, au 18ème siècle, conduit à un déisme à vocation populaire. A cet endroit, Menzer fait référence à l'idée de déisme élaborée par Herbert von Cherburg.

Ce type de déisme, selon Menzer, accepte l'idée que Dieu se manifeste dans la nature et dans l'histoire mais il rejette tout ce qui ne se réfère pas au cours naturel des choses, l'argument étant que si les résultats s'avèrent être

---

1. Paul MENZER : « *Kants Lehre von der Entwicklung in Natur und Geschichte* », Berlin, 1911, p. 308.

2. *Ibid.*

différents, il y a malgré tout une substance supérieure qui permet de porter un jugement, à savoir, la raison. C'est ainsi que le concept déiste de religion a pu se fonder sur l'histoire.

Comme exemple d'opinion très radicale au sein du déisme Menzer recommande d'utiliser la révélation biblique comme support éducatif en veillant cependant à bien souligner ce qui la distingue des impératifs de la raison.

C'est surtout en Angleterre et en France, avec Voltaire, que s'est répandue l'approche historique du déisme.

Menzer observe qu'en Allemagne l'idée de déisme s'est développée de façon tout à fait différente, la religion y ayant été replacée dans un contexte métaphysique comme, par exemple, chez Leibniz qui partait du principe qu'il existe deux mondes, celui de la nature et celui de la grâce. Kant s'est lui-même rallié à cette idée que la réformation et le piétisme avaient certainement favorisée, la plus grande partie de la population étant toujours trop encline à accepter une explication surnaturelle de phénomènes incompréhensibles.

Selon Menzer, ce sont Leibniz, Wolff et Baumgarten qui ont tenté de réconcilier le Christianisme et la religion naturelle. Wolff considérait même la théologie naturelle comme étant le couronnement de sa propre philosophie. Kant lui aussi a continué dans cette voie puisqu'il utilisait le manuel abrégé de Baumgarten dans ses cours magistraux.

Les philosophes français et anglais de la même époque dont les oeuvres étaient déjà traduites et disponibles en Allemagne défendaient une toute autre approche de la morale qui devait, pour eux, rester indépendante de la théologie. Cette tendance fut à son tour accentuée par le mouvement matérialiste français contemporain. Ces idées furent bien entendu fortement contestées en Allemagne, par le philosophe allemand Reimar(us) par exemple, dont l'ouvrage « les nobles vérités de la religion naturelle » fut encore loué par Kant en 1790. Menzer estime néanmoins que l'ouvrage de Reimar(us) dépasse le cadre des considérations traditionnelles lorsqu'il part d'un principe de théologie physique pour faire de la révélation de Dieu dans la nature l'un des piliers du Christianisme. Menzer pense reconnaître ici une influence de Shaftsbury et de ses successeurs.

Quant à la pensée de Lessing, elle a eu une résonnance positive auprès de Menzer comme le montre la citation suivante qui semble bien résumer l'essentiel de cette pensée :

« Il (Lessing) considère que la raison ne se développe que progressivement dans l'espèce humaine. Il présente l'aptitude de la raison à résoudre mentalement -et donc à dépasser les vérités cachées révélées aux hommes- comme quelque chose de progressivement acquis »[3]. *A ceci doit encore s'ajouter une moralité parfaite* et sur ce point, Lessing et Kant sont du même avis.

On sait que Kant lui-même a été marqué par le piétisme et ce n'est que plus tard qu'il a réalisé l'intérêt de l'applicabilité des valeurs piétistes à l'éducation. Bien qu'il ait toujours lutté contre une tendance profonde à rejeter

3. *Ibid.*, p. 316.

le monde, Kant a selon Menzer gardé de cette phase de sa vie un reste de résignation.

La réconciliation entre le Christianisme et la religion naturelle a certes joué un rôle prépondérant dans l'évolution de la philosophie de Kant mais c'est une autre idée qui, au départ, a préoccupé Kant, à savoir, celle d'un lien possible entre une explication mécanique du monde et l'idée de Dieu.

C'est ainsi qu'il constate dans son oeuvre couronnée par l'Académie de Berlin « évidence des principes de la théologie et de la morale naturelles » que la tâche de la religion naturelle est de poser la question de la cause première alors que celle de la métaphysique est d'expliquer ce concept.

Pour Menzer l'idée de la séparation de la religion naturelle et de la métaphysique est si importante qu'il examine tout d'abord ce que Kant entendait par religion naturelle. Il trouve en partie la réponse à cette question dans les « Herderpapiere » qui disent que la religion est un sujet qui relève de l'anthropologie alors que l'idée de Dieu en est un autre relevant de la raison.

Kant développerait ainsi certaines idées que l'on retrouve dans « l'histoire naturelle de la religion » de Hume même si la preuve de l'influence de ce dernier sur Kant reste inexistante. Et ce n'est qu'un peu plus tard que l'on retrouvera dans quelques exemplaires personnels annotés des « Observations sur le sentiment du beau et du sublime » ce qui allait devenir l'idée centrale de l'ouvrage principal de Kant sur la philosophie de la religion à savoir la position de la religion face à la morale.

Menzer constate que même si les conférences de Kant sur la métaphysique éditées par von Pölitz mentionnent déjà le fait que la théologie morale représente l'idée centrale de la religion naturelle, l'importance de cette théologie morale n'y est pas encore très élaborée. Car ce n'est qu'à partir de III/523 que Kant apporte la preuve que le monde intelligible est un monde moral lorsqu'il constate que — chez aucun être humain du monde sensible — la volonté ne correspond à la loi morale. Dans un même temps, il réaffirme la valeur de cette thèse lorsqu'il évoque l'amélioration à l'infini du rapprochement entre la volonté et la loi morale Menzer critique ce compromis (*Lösungsversuch*). Il nous oblige, dit-il, « *eine zeitliche Entwicklung in der den Formen der Anschauung entzogenen Welt anzunehmen* »[4] à accepter (un développement du monde transcendant auquel les règles du temps et de l'espace ne peuvent être appliquées).

Menzer ajoute néanmoins que ces idées n'appartiennent pas au domaine de la philosophie de la religion telle qu'elle est traitée dans l'ouvrage principal de Kant.

A cette critique de Menzer, on peut ajouter que l'exigence d'un ajustement de la volonté des êtres sensibles à la morale offre une tout autre solution qui n'aboutit cependant pas automatiquement à une philosophie de la religion, à savoir, le cas où — exigence absolue de la raison — la loi morale se

4. *Ibid.*, p. 327.

contenterait de réclamer « un simple alignement de toutes nos actions réelles » sur cette loi et où la raison jouerait le rôle essentiel[5].

Menzer passe ensuite aux conférences de Kant sur la théologie philosophique (*phil. Religionslehre*) — éditées par von Pölitz — qui distingue la révélation externe par le biais des oeuvres et de la parole de la révélation interne par le biais de la raison. Kant ne réussit cependant pas encore ici à prouver l'origine du mal dans l'individu, ce qui était nécessaire pour l'éthique.

De plus, Menzer attire notre attention sur le fait que dans son ouvrage principal sur la philosophie de la religion et dans la préface à « la querelle des facultés »[6], Kant évoque à plusieurs reprises l'idée que la religion de la raison est étroitement liée à la Bible. C'est pourquoi, Menzer se penche également sur l'attitude de Kant envers la Bible.

Menzer y voit 3 sortes d'interprétations possibles de la Bible

— du point de vue de la religion de la raison.

— du point de vue de la théologie

— du point de vue des sentiments

Kant reste très prudent à l'encontre de cette dernière interprétation de la Bible, car elle peut aboutir au fanatisme religieux. Une telle interprétation affective de la Bible peut néanmoins aboutir aussi à une reconnaissance intuitive de l'origine divine de la Bible. Menzer considère que cette thèse de Kant va bien au delà de la pensée de son époque. Quant à l'interprétation de la Bible par la raison, Kant la considère comme étant authentique alors que l'interprétation théologique est doctrinaire. Cette dernière interprétation n'est cependant pas à négliger car Kant part du principe de l'évolution historique de la foi allant de la croyance enseignée par l'Eglise à une croyance religieuse pure. De plus, cette interprétation théologique et doctrinaire de la Bible répond aux exigences humaines, l'homme ayant toujours besoin de se représenter les choses de façon concrète[7]. L'interprétation philosophique par contre renonce à une exégèse littérale de la Bible, préférant passer le texte au seul crible de la raison. Menzer est cependant de l'avis que Kant — à l'encontre de cette remarque — joue lui-même parfois aussi à l'exégète !

Dans la deuxième partie de son analyse, Menzer part du principe que Kant voulait compléter son oeuvre en lui ajoutant un traité de philosophie de la religion qui devait mettre l'accent sur le côté constructif de cette philosophie. Il faut ajouter ici que la critique contemporaine a plutôt tendance à souligner le caractère destructif de cette philosophie.

Le problème semble déjà résolu dans le postulat affirmant que le principe de la moralité et celui du bonheur vont de pair même si le besoin humain sous-entendu ne peut être réalisé que dans l'au-delà et même si l'homme ne peut trouver satisfaction dans ce monde.

Dans le préliminaire à « la religion », Kant se demande quel est le résultat de notre action morale. Vu le fait que Kant ne sait établir aucun lien entre le caractère intelligible et le caractère empirique, entre la causalité issue de la

---

5. Heinz WICHMANN, « *Zum Charakterbegriff bei Kant* »,Mainz, 1990, Akten II/2, p. 515/516.

6. Voir KANT, VII/6A.

7. Voir KANT, VI/109, 182, 11, 163.

liberté et la causalité issue de la nécessité[8], sa philosophie morale doit donc — selon Menzer — obligatoirement passer par Dieu pour arriver à la religion.

La raison pratique, selon Menzer conduit non seulement à la religion mais introduit dans un même temps l'idée du Bien et celle du Mal, appliquées cette fois à l'action humaine. Il ne s'agit pas ici d'actions individuelles mais de l'action humaine en général. Car la religion ne s'intéresse pas à un ordre moral et à son fondement découvert à l'aide de l'autonomie de la volonté mais elle présente des êtres de chair et d'os dont l'histoire est marquée par le Bien et le Mal. La question que se pose alors Kant, selon Menzer, est de savoir comment établir le lien entre le besoin individuel d'agir et « l'apparition du Bien et du Mal dans les actions humaines »[9].

Kant trouve la solution à ce problème dans le caractère de l'espèce humaine, et Menzer pense qu'ici, Kant met la philosophie de la religion au même niveau que la philosophie de l'histoire. La responsabilité individuelle de chaque personne risque pourtant ici d'être laissée pour compte. Kant essaie alors de se rattraper en disant que la nature humaine n'est que « den subjektiven Grund des Gebrauchs seiner Freiheit überhaupt (*unter objektiven moralischen Gesetzen), der vor allem in die Sinne fallenden Tat vorhergeht* »[10]. (La raison subjective de la mise en oeuvre de sa liberté — dans le cadre d'un certain ordre moral —, raison qui doit précéder toute action).

Le Mal ne l'intéresse donc pas en tant qu'instinct naturel mais en tant que maxime devant précéder toute expérience. Et ceci signifie, selon Menzer, qu'il est tout à fait impossible d'en analyser le fondement. La responsabilité individuelle est ainsi réhabilitée mais la question se pose de comprendre comment le Bien et le Mal s'introduisent dans l'action humaine. Plus tard, Kant avouera qu'il est impossible de trouver une réponse à cette question. Menzer voit ici un manque de solidité dans le développement logique et méthodique des preuves vu le fait que Kant passe d'une déduction transcendantale à l'expérience.

Kant est donc obligé de recourir à des considérations d'ordre anthropologique. Il s'agit, dans ce cas spécifique, selon Menzer d'influences » qui ont un rapport direct avec le désir (*Begierde*) et le libre arbitre (*Willkür*) »[11].

Kant nomme trois dispositions formant en puissance la Nature humaine : la disposition à l'animalité,, la disposition à l'humanité et la disposition à la personnalité[12]. Ceci néglige cependant le côté individuel de la Nature humaine et c'est pourquoi Kant essaie de le réintroduire grâce à l'idée du penchant (*der Hang*). Le penchant est défini comme étant « *der subjektive Grund der Möglichkeit einer Neigung* (habituelle *Begierde*), *sofern sie für die Menschheit überhaupt zufällig ist* »[13]. (La raison subjective de la possibilité

---

8. Heinz WICHMANN, *ibid.*, p. 509 et p. suiv.
9. Paul MENZER, *ibid.*, p. 336.
10. Voir KANT, VI/21, p. suiv.
11. Paul MENZER, *ibid.*, p. 338.
12. Voir KANT,VI/26, p. suiv.
13. Voir KANT, VI/28.

d'une inclination (*Neigung*) ; désir habituel (habituelle *Begierde*) dans la mesure où cette dernière serait due au hasard).

La relation existant entre le penchant (*Hang*) et le désir (*Begehren*) est considérée comme étant une prédisposition et comme quelque chose d'inconscient[14]. C'est ainsi que le penchant au Mal dont il est question ici, tient de la raison subjective de la possibilité d'un décalage entre la Maxime et la loi morale[15].

Ce qui reste inexplicable pour Kant est de savoir comment l'homme peut prendre conscience de ce penchant alors que ce dernier est une partie intégrante du caractère du genre humain. Ceci n'est possible qu'à l'aide d'exemples, selon lui. Menzer peut alors constater qu'ici aussi, Kant n'a pas réussi à échapper à la difficulté du raisonnement.

Comme penchant (*Hang*) implique liberté, il ne peut être vécu (expérimenté) mais il doit être déduit *a priori*, et ceci, à partir du concept du Mal. Kant a ici à sa disposition l'opposition entre la raison et la sensualité. (Sinnlichkeit). Selon Menzer, cette opposition ne peut être interprétée que de la façon suivante :

L'amour propre (*Selbstliebe*) et l'inclination (*Neigung*) doivent être considérées comme la condition nécessaire à l'observation de la loi morale (*Moralgesetz*). Menzer n'est ici plus d'accord ; car on ne peut chercher le Mal ni dans les lois de la raison ni dans la sensualité puisque ceci n'est pas compatible avec l'idée que se fait Kant de la Nature et que ceci ne se trouve pas dans la Raison en soi, de sorte que Kant doit finalement constater : « *Der Vernunftursprung dieser Verstimmung unserer Willkür in Ansehung der Art, subordinierte Triebfedern zuoberst in ihre Maxime aufzunehmen, d.i. dieses Hanges zum Bösen, bleibt uns unerforschlich* ». (Il nous est impossible de sonder l'origine rationnelle du mauvais fonctionnement (*Verstimmung* = désaccord, contrariété) de notre libre arbitre (*Willkür*) en vue de la façon qu'il (notre libre arbitre ?) a de placer tout en haut de sa maxime ces impulsions (*Triebfedern*) subordonnées[16].

Selon Menzer, le Bien et le Mal proviennent - comme dans la philosophie de l'histoire où cette idée joue un rôle prépondérant- de « l'affirmation ou de la négation de la loi morale (Sittengesetz) définie à priori »[17]. Ceci est dû au caractère double (dichotomique) de la nature humaine qui a ses racines et dans la raison et dans la sensualité . On ne peut continuer à déduire ceci de la philosophie transcendantale. C'est ainsi que naît un conflit entre la loi morale intelligible, d'une part, et l'histoire, de l'autre. La loi morale représentant le côté formel et l'histoire, le côté matériel. Le côté formel sert d'idée régulatrice.

Car le but, c'est à dire le passage du Mal au Bien est irréalisable. Il est donc nécessaire de prouver l'existence d'un monde transcendant (*übersinnlich*). L'homme est atteint par le Mal et ne peut obtenir le pardon que par un acte de grâce puisque malgré son recours à la loi morale c'est à

---

14. Voir KANT, VI, 28 - remarque.
15. Voir KANT, VI, 32, p. suiv.
16. Voir KANT, VI, 43.
17. Paul MENZER, ibid., p. 339.

dire au Bien il reste physiquement coupable et punissable dans la mesure où Kant ne reconnaît aucune influence de la liberté sur la nécessité[18].

Si, selon Kant, le Christ n'est que l'expression du besoin de l'être humain de concrétiser un phénomène transcendant, cette personne du Christ perd, selon Menzer, toute signification religieuse. Un remplaçant n'étant pas nécessaire, vue les exigences qu'impose la loi morale à chaque individu.

Quant à l'aspect historique du conflit, Kant note que c'est le Bien qui finalement triomphe grâce à l'instauration du royaume de Dieu sur terre. Menzer constate par analogie que la société civile fonctionne de la façon suivante : l'homme essaie de quitter un lieu éthique dans lequel, chacun suivant sa propre loi, un conflit naît entre le principe du Bien et celui du Mal. Il appartient dès lors à une société différemment construite et qui ne peut donc qu'être créée par le genre humain[19].

Une telle union éthique doit dès lors dépendre d'une volonté divine :

» Seul un être tel que Dieu peut être considéré comme instance ordonnatrice suprême d'une communauté éthique en vue de laquelle tout devoir (*Pflicht*) véritable, entre autres le devoir éthique doit en même temps être présenté comme impératif pur... Ceci correspond à l'idée d'un Dieu au pouvoir moral absolu régnant sur notre monde[20].

Menzer mentionne cependant ici le fait que le concept de Genre humain (*Gattung*) n'a nulle part été déduit et que Kant dans son éthique a suivi exactement le chemin inverse

La réalisation d'une société éthique échoue cependant, selon Kant, à cause de la Nature humaine. C'est ainsi que naît, selon Menzer, l'opposition entre les lois purement morales et les lois basées sur la révélation, en autres termes, l'opposition entre la croyance rationnelle et la croyance vue (imposée) par l'église. La croyance rationnelle est utilisée pour interpréter la croyance telle qu'elle est acceptée par l'église pour devenir en fin de compte totalement indépendante de la croyance vue par l'église de sorte que naît également une idée régulatrice pour l'évolution de l'histoire. Et cette évolution correspond à l'évolution de l'âge d'homme.

Kant lui-même est de l'avis que ce n'est qu'au moment de l'avènement du Christianisme comme nouveau principe que l'histoire de l'église a débuté et que ce n'est que maintenant que l'on peut espérer voir naître une église unifiant tous les hommes.

La critique de Menzer se porte à cet endroit contre l'idée de la nécessité de l'introduction de l'existence de Dieu pour expliquer/justifier l'existence d'une communauté éthique. Kant aurait pu à cet endroit évoquer l'importance de l'Ecriture Sainte et de l'église comme moyen d'éduquer les hommes, ce qui signifie que la religion rationnelle ne contribue aucunement à expliquer pourquoi l'idée de révélation a été utilisée par l'Eglise. Une synthèse de toutes ces idées n'a pas lieu car l'idée de nature de la philosophie critique et celle de la responsabilité de l'homme vont à l'encontre d'une telle synthèse.

---

18. Heinz WICHMANN, *ibid.*, p. 509 et p. suiv.
19. Voir KANT, VI, 97.
20. Voir KANT, VI, 99.

Comme Kant voit déjà dans le Christianisme un premier développement de la religion rationnelle, il croit reconnaître dans ce fait l'idée d'une évolution possible en direction de son propre idéal. Mais le caractère d'une religion de la révélation disparaît ici, et, selon Menzer, Kant n'explique nulle part le fait qu'elle quitte la continuité historique.

Le seul aspect positif retenu par Menzer est donc l'idée d'une « évolution progressive vers une religion de la raison pure »[21].

21. Paul MENZER, *ibid.*, p. 439.

LA RELIGION COMME REPRÉSENTATION

Michèle CRAMPE-CASNABET

Kant, selon Heine aurait, dans la Dialectique transcendantale, inscrit dans l'histoire le 21 janvier du déisme[1] . Goethe dans une lettre à Herder du 7 juin 1793 déplore que Kant après avoir si rigoureusement décrassé son manteau philosophique l'ait si honteusement sali par la tache du mal radical. Et pourtant la pensée kantienne, en matière religieuse maintient une thèse constante. Rappelons •que dans une lettre à Lavater du 28 avril 1775 Kant ne retient de l'Evangile que la foi morale qu'il contient ; • que si les thèses des Antinomies qui affirment l'existence d'une cause libre et celle de Dieu ont un sort privilégié ce n'est pas en vertu de leur vérité, mais parce qu'elles satisfont au besoin *populaire* qui s'exprime dans la religion dont le sens dernier est l'éthique • que dans les *Fondements de la métaphysique des mœurs* l'homme moral n'imite aucun modèle, pas même le christ, et que le Règne des Fins n'est que le symbole de la coordination des volontés libres ; • que l'existence de Dieu n'est qu'un postulat de la moralité, et plus encore il n'est que second postulat.

La réduction du contenu de la religion en tant qu'elle est un phénomène historique, aux principes fondamentaux de l'éthique reste au centre du texte de 1793. Une telle réduction semble une viande bien commune en cette époque éclairée. Mais pour Kant les religions ont eu, ont peut-être encore du moins dans leurs formes chrétiennes, une fonction dans l'histoire de la rationalité qui ne saurait se réduire à une pure production fantastique. Les religions comportent toutes, avec des degrés hiérarchisables, une rationalité cachée. Elles ont un sens qu'elles ne saisissent pas, elles disent une vérité sans le savoir. En un mot, elles *représentent* une rationalité éthique encore inconsciente d'elle-même. Dans l'histoire des religions, le christianisme est le plus proche de la pure rationalité éthique, mais il reste pris dans l'ordre de la représentation. Déjà la figure biblique de Job témoignait que sa foi s'appuie sur sa moralité, non l'inverse[2]. Le Christ, dans son incarnation représente l'idéal de la perfection inscrit en chaque homme dans la loi morale. La grâce représente en termes figurés ce don que chacun doit se faire à lui-même dans l'exercice de la liberté. Ici apparaît clairement que la religion produit une représentation inversée de la liberté rationnelle de l'homme, qui n'est en rien un don du ciel. Les commandements divins ne sont que la représentation des devoirs que nous avons à accomplir. Les religions représentent l'impératif catégorique *comme si* c'était un ordre divin. Mais précisément l'impératif n'est

---

1. *De l'Allemagne* ; Paris, 1979 ; Ed. Les Presses d'aujourd'hui ; p. 120.

2. *Sur l'insuccès de tous les Essais philosophiques de Théodicée* (1791) traduction P. Festugières, Paris, ed. Vrin, 1963, p. 209 : « Cette foi-là, pour tout dire, ne fonde pas une religion d'intérêt, mais une religion de bonne conduite ».

pas divin. Tous les véhicules religieux (dogmes, croyances) peuvent disparaître, demeure le Canon et le canon n'est que l'expression de la loi de la raison.

La représentation n'a évidemment pas le sens de la *Vorstellung* qui conduit à la connaissance théorique. Elle est de l'ordre du *comme si*. Elle relève du schématisme d'analogie par lequel on se représente des réalités non naturelles selon le schème de réalités naturelles (le sacrifice du Christ schématise, en *figure*, l'accomplissement du devoir). Transformer le schématisme de l'analogie en schématisme de l'objet serait donner une réalité objective au contenu religieux qui en fait signifie autre chose que lui-même.

La conception kantienne de la religion comme représentation culmine dans «la représentation philosophique du bon principe par l'établissement d'un royaume de Dieu sur la terre »[3]. Il s'agit ici de comprendre en termes représentatifs que la religion chrétienne *figure* sous l'appellation du royaume de Dieu ici-bas, la communauté éthico-juridico-politique où l'autonomie fait loi, où les hommes sont coordonnés entr'eux ; la communauté éthique, édifice à construire est inséparable du cosmopolitisme. Le règne de Dieu sur terre que Kant peut qualifier de religion universelle de la raison implique que s'effectue graduellement un progrès de l'espèce qui se fraie passages à travers des obstacles, des moments négatifs que la raison assume et utilise. En ce sens le progrès religieux de l'homme figure, représente le progrès historique de l'espèce vers la communauté et la paix perpétuelle.

Si nous sommes en marche vers les Lumières, si la raison prend enfin conscience d'elle-même, elle devrait pouvoir se dépouiller de toutes les figures, s'épurer des représentations. La raison, parce qu'elle a une histoire, parce qu'elle n'atteint pas spontanément l'âge mûr et viril n'a pu faire l'économie des religions historiques. Les religions, y compris la chrétienne doivent-elles dépérir devant l'invincible progrès de la rationalité ? Cette question sérieuse et sereine est posée avec confiance par les philosophes des Lumières. Reste à savoir si elle garde sens aujourd'hui.

Kant, lui, ne doute pas : Des concepts moraux qui ont été représentés, révélés par les religions historiques, il peut écrire : «... Ces concepts une fois qu'ils sont là sont librement approuvés par la raison et admis comme des concepts qu'elle aurait pu et *dû* découvrir et introduire d'elle-même »[4].

Et enfin : «On peut également concéder que si l'Evangile n'avait pas auparavant enseigné les lois morales universelles dans toute leur pureté, la raison jusqu'à présent ne les aurait pas saisies dans une telle perfection, quoiqu'une fois qu'elles sont là on puisse convaincre chacun de leur justesse et de leur valeur au moyen de la seule raison »[5].

La religion en son espèce chrétienne, surtout, a-t-elle jamais eu d'autre fonction que d'être une représentation pédagogique qui s'adresse à la naïveté d'une raison enfant et à l'agitation désordonnée d'une raison adolescente ?

---

3. *La Religion dans les limites de la simple raison*, traduction de J. Gibelin, Paris, éd. Vrin, 1965, p. 129.

4. *Critique de la Faculté de juger* ; traduct. A. Philonenko, Paris, éd. Vrin, 1974, § 90, p. 274, note.

5. *Lettre à Jacobi*, 30 août 1789.

Parce que la raison a une histoire elle s'est d'abord représentée à elle-même au travers d'une imagerie et d'une mystériologie. Les mystères ne sont plus opaques pour la raison éclairée. En témoigne tout particulièrement l'interprétation kantienne du schéma ternaire qui de la doctrine de zoroastre, celle des Indous, celle des gothiques jusques et y compris celle des chrétiens, habite toute religion[6] : En Dieu, sont trois personnes. Cette trinité qui reçoit sa forme la plus élaborée dans le christianisme représente en fait l'Idée pratique. Deux domaines sont ici à distinguer ; dans l'Etat juridique, civil, l'Etat est un mais les trois pouvoirs qui légifèrent, exécutent et jugent doivent être séparés. La séparation des pouvoirs définit et garantit la République. Le mystère trinitaire qui réunit en un les trois pouvoirs n'est pas une représentation républicaine. Mais dans l'ordre pratique pur la représentation trinitaire prend son sens : ne met-elle pas en son centre la figure du Fils de l'*homme* qui incarne le Bon Principe pour une humanité qui n'a pas encore compris que le véritable fils de l'homme c'est l'humanité elle-même ?

Agir selon la loi éthique universelle que chacun se donne librement à lui-même définit le but ultime de chaque homme et de l'espèce tout entière. La *coordination* des volontés rationnelles est la vérité de ce qu'exprimait — en représentation — la figure du Saint-Esprit[7]. Alors, la séparation des pouvoirs n'est plus nécessaire s'il est jamais possible d'instaurer une *communauté*. Une telle foi rationnelle dont il existe toujours quelque trace dans les religions dites civilisées, se trouve dans le concept d'un peuple en tant qu'il constitue une communauté *éthique*. Le mystère de la Trinité n'est un mystère que pour les hommes qui n'ont pas encore compris que l'union de trois pouvoirs en un seul Etre Suprême n'est qu'une représentation. La religion chrétienne sans doute plus proche de la rationalité que les autres n'en est pas moins un langage figuré qui procède originellement par tropes. Toute religion relève de la métaphore.

---

6. *La Religion*, Troisième Partie, Remarque générale p. 185, note. «Les *Juifs* eux-mêmes paraissent dans les derniers temps de leur constitution hiérarchique avoir cultivé ces idées. En effet, dans l'accusation portée par les pharisiens que le Christ s'était appelé *Fils de Dieu*, ils ne semblent pas ajouter une importance particulière dans l'inculpation à la doctrine que Dieu a un fils, mais seulement à ceci que le Christ ait voulu être le fils de Dieu».

7. *La Religion*, Troisième Partie, Remarque générale.

LE CONCEPT DE L'ÉGLISE CHEZ KANT[1]

Rudolf MALTER

Emmanuel Kant n'allait pas à l'église de façon régulière, et à partir d'un certain âge il renonça à tout office religieux. L'Eglise institutionnelle et visible ne valait-elle rien pour lui ?

On pourrait en venir à cette idée, en considérant que la religion est pour Kant une continuation de l'éthique. Et si l'éthique s'occupe de l'intelligible, on pourrait poser la question : Y a-t-il un rôle pour une église sur terre ?

De plus on pourrait émettre l'hypothèse selon laquelle Kant comme philosophe des Lumières ferait partie des représentants de l'universalisme religieux qui a pris une de ses origines dans les courants spiritualistes de l'époque réformatrice : pour ces courants, l'église n'est pas liée à une institution mondiale, pas plus que ne le sont les paroles de la Bible, mais plutôt au Saint Esprit animé en tout homme. Je veux simplement ici rappeler le représentant de cette tendance le plus célèbre, Sebastian Franck, dont les idées, à la suite d'un mot de Wilhelm Dilthey, se sont infiltrées dans plusieurs canaux de l'évolution intellectuelle allemande.

Mais Kant, lui, ne fait pas partie du spiritualisme réformateur lorsqu'il s'agit de l'église : l'église est pour Kant d'une part invisible, d'autre part visible. Comprise comme invisible l'église est « la simple idée de l'union de tous les honnêtes gens sous le gouvernement divin universel » (136) ; cette église invisible se réalise au monde : « L'église visible est l'union effective des hommes en un ensemble qui s'accorde avec cet idéal » (136). L'église visible est pour Kant un élément de la réalité sociale, et elle doit être telle. Pourquoi doit-il y avoir une église visible ? La réponse en semble peut-être tout d'abord déconcertante : l'église visible doit exister parce que l'amélioration morale parfaite de l'homme ne peut que se réaliser que si les hommes se réunissent au sein d'un groupement moral.

Ainsi, le concept kantien de l'église discerne-t-il deux moments : le moment dit moral, et le moment social. L'église serait le lieu dans lequel l'homme, en tant qu'individu dans une société d'autres individus, va s'améliorer. Ainsi l'église est-elle d'une part hors institution d'autre part elle est une institution : dans la mesure où il importe dans l'église qu'il y ait amélioration intelligible et morale comme telle de l'homme, l'église ne connaît pas l'institution, dans la mesure où cette idée de l'église invisible va se réaliser socialement, c'est l'église institutionnelle qui intervient.

Si nous disions qu'il devrait y avoir une église visible, cela signifierait alors : l'exigence que l'église invisible prenne forme dans la société des

---

1. Les citations se réfèrent à Emmanuel KANT : *La Religion dans les limites de la simple raison* 1793. Trad. et avant-propos par J. GIBELIN, Paris, 1968.

hommes est un commandement de la raison pratique pure, un commandement qui doit être réalisé.

Les écrits de philosophie morale de Kant, c'est-à-dire *Les Fondements de la métaphysique des moeurs* et la *Critique de la raison pratique* ne s'intéressent pas à la moralisation de l'homme en société. Ils traitent des principes d'actes moraux en général, et des conséquences qui en résultent. Du fait que la *Religion dans les limites de la simple raison* compte aussi parmi les oeuvres de l'éthique de Kant, on peut se demander d'où provient son intérêt pour l'église visible ? La réponse nous est soumise dans la thématique du traité sur la religion : sa tâche est d'envisager les devoirs comme préceptes de Dieu et de considérer Dieu comme le plus haut législateur.

Mais comment, à partir de cette conception des choses, arrive-t-on au concept de l'église ? La réflexion que Kant conduit dans la « Religion » est également complexe. Nous devons nous contenter des démarches effectuées sur les idées principales :

1) Le thème principal du traité sur la religion est le mal radical et le triomphe du bon principe sur le mauvais. Dans l'existence humaine nous trouvons ces deux principes en confrontation permanente.

2) Les hommes ne peuvent parvenir à faire triompher le principe du Bien du principe du Mal qu'en s'unissant à une église visible.

Nous posons alors encore une fois la question : pourquoi les hommes, s'ils tendent vers une victoire du bon principe sur le mauvais, doivent-ils s'associer à une communauté morale visible, nommée « église » ? La réponse de Kant se dévoile à travers la considération de l'origine de la corruption morale : l'espèce humaine est bonne, et cependant, chaque individu s'écarte du principe du bien. Il est décisif pour Kant de voir que la corruption de l'homme joue un faible rôle, s'il existe seul ; dans un état d'existence isolée, il existe peu d'impulsions vers le péché. Les péchés surviennent si les hommes vivent en société : l'envie, le goût de dominer et d'autres passions font sombrer l'homme vivant en société de plus en plus dans le mal. De toute évidence, Kant juge à présent ces passions comme totalement négatives, contrairement à ce qu'il a pu en dire dans le traité de 1784 *Idée d'une histoire universelle*. En 1784, Kant considère, à vrai dire, l'ambition, le besoin de domination et la convoitise sous un autre aspect. A cette époque, il s'agissait de penser les énergies motrices du développement socio-culturel. Ce qui, sous un aspect ayant regard à l'histoire de la civilisation, fut estimé de façon positive pour le progrès de l'humanité, prend à présent une signification presque démoniaque. Si les hommes se laissent ronger par l'envie, le goût de dominer et la convoitise, ils bouleversent leur détermination humaine. L'évolution de l'humanité en sera freinée, la vie en société devient un enfer, toute espérance morale semble s'anéantir.

« L'homme se trouve... par sa propre faute dans cette périlleuse situation, il est par suite tenu de faire effort, tout au moins, autant qu'il le peut, pour se tirer de là. Mais comment ? Voilà la question. S'il s'informe des causes et des circonstances qui le mettent ainsi en danger et l'y maintiennent, il peut aisément se convaincre qu'elles proviennent moins de sa propre nature grossière s'il reste isolé, que des hommes avec lesquels il est en rapport ou en relation. Ce n'est pas par les excitations de cette nature que les passions, qu'on doit à proprement parler ainsi nommer, s'émeuvent en lui, elles qui font de si grands ravages dans ses dispositions primitivement bonnes. Ses besoins sont faibles et l'état de son esprit, alors qu'il s'occupe de les satisfaire, demeure modéré et calme. Il n'est pauvre (ou ne se considère comme tel) que dans la mesure où il redoute que d'autres hommes le tiennent pour tel et puissent pour cette raison le mépriser. L'envie, le goût de dominer, la cupidité et les inclinations haineuses qui s'y rattachent, donnent aussitôt l'assaut à sa nature modeste par elle-même, lorsqu'il se trouve parmi les hommes, et il n'est même pas besoin de supposer que ceux-ci soient déjà plongés dans le mal et donnent des exemples tentateurs, il leur suffit d'être présents, de l'entourer et d'être des hommes qui se corrompent réciproquement dans leurs dispositions morales et se rendent méchants les uns les autres ». (125 f.)

En comparant cette conception du déclin de l'homme dans le mal, occasionné par la société, avec la position adoptée dans la « Critique de la raison pratique » on peut alors percevoir clairement le cheminement progressif qu'a suivi la réflexion de Kant dans le cadre de la philosophie morale. Car ce n'est qu'en considérant l'homme en tant qu'être moral dans son aspect social, que l'on comprend pourquoi il s'écarte si rapidement du devoir. La vie en société n'est certes pas à l'origine du mal radical, mais elle donne au mal radical l'occasion de se déclencher. Les hommes se corrompent mutuellement, j'ajoute : déjà au cours du récit biblique de la chute, ce n'est pas un seul individu qui est mis en cause, mais trois individus (y compris le serpent). Kant pense en conséquence, lorsqu'il conçoit d'un oeil social l'amélioration de l'homme, c'est-à-dire le triomphe du bon principe sur le mauvais, là, dans le monde : si les hommes se corrompent réciproquement en société, alors subsiste l'espoir qu'ils puissent aussi s'y améliorer. Il est évident que cette amélioration ne vient pas automatiquement, car de la même façon ils en viendront en société au péché presque automatiquement, comment peuvent-ils s'affranchir d'eux-mêmes ? Kant mentionne la doctrine chrétienne sur la grâce, lorsqu'il doute que les hommes puissent par eux-mêmes remporter la victoire du bon principe sur celui du mal. Et pourtant, il est de leur devoir moral de la faire. Aussi peuvent-ils réaliser ceci s'ils lient leur existence sociale à l'idée qu'ils devront considérer les devoirs moraux comme des lois divines. En effet : si l'on envisage le précepte moral de cette manière, il existe alors une possibilité de concevoir une société placée sous la direction des lois divines et sous celle d'un législateur le plus haut placé, à savoir, Dieu. Et cette union des individus trouve la force de contrecarrer le mal dans lequel sombrent les hommes au sein de la société. L'idée d'une telle union des hommes sous des lois de vertu et sous le plus haut législateur est l'Eglise. Cette union doit être visible parce qu'elle ne peut mener à bien la lutte contre la mal existant dans la société, qu'en tant qu'institutionnelle. Ce n'est pas là une lacune de l'église si elle doit devenir visible, il ne peut y avoir de lacune que dans la mesure où la réalisation historique de l'idéal d'une Eglise visible s'oppose à cet idéal, par exemple, lorsqu'une Eglise jouit d'une constitution monarchique, pontificale, aristocratique ou démocratique. Mais l'exigence, selon laquelle l'Eglise doit exister sous forme d'institution, ne sera pas affectée par la mauvaise application de sa faculté à l'être. Kant a clairement exposé sa représentation de la meilleure forme que peut avoir une Eglise visible : l'Eglise véritablement visible et institutionnelle ne peut d'aucune manière avoir de ressemblance avec une institution politique ; Kant compare l'Eglise à une communauté familiale, Dieu, le législateur le plus haut, à un père moral qui sera représenté dans la famille par son fils. Cette institution visible-morale a quatre traits caractéristiques : universalité, pureté, liberté, inaltérabilité. Si nous trouvions sur la terre une institution religieuse qui puisse porter ces traits, il est vraisemblable que nous aurions trouvé la réalisation visible de l'idée de l'Eglise éternelle.

Pour conclure, la fondation d'une Eglise comme *Reich Gottes auf Erden* est nécessaire, parce que les hommes pèchent en société, ils doivent également s'affranchir en société. Quoi qu'il en soit, Kant n'aborde pas la question de savoir pourquoi les hommes se corrompent mutuellement. Il lance le débat de cette corruption en tant que réalité empirique, comme un fait historique. Mais le mal radical, sur lequel il réfléchit en détail, reste lui aussi une réalité donnée. La corruption sociale exercée mutuellement n'explique pas plus le mal radical que le mal radical n'explique celle-ci. Tous deux proviennent de la liberté, c'est-à-dire de l'essence propre de l'homme, et Kant dit de la liberté qu'elle soit tout simplement l'inexplicable.

La tradition chrétienne nommait l'Eglise *corpus mysticum*. L'Eglise est chez Kant également un corps mystique : nous ne savons pas pourquoi nous pèchons, nous ne savons pas pour quelles raisons nous sommes délivrés. Mais nous savons que nous serons sauvés moralement dans l'Eglise visible idéale et c'est là tout ce qui compte.

KANT EN 1793. DE LA DÉSINCARNATION DU CHRIST À LA DESTITUTION DU ROI

Jean-Ernest Ph. D. JOOS

En 1793, année de l'exécution du roi Louis XVI, par une coïncidence qui n'en est pas une, se scelle par deux textes essentiels, *La religion dans les limites de la simple raison, et Sur l'expression courante : il se peut que ce soit juste en théorie, mais en pratique, cela ne vaut rien*, la pensée politique de Kant grâce à un lien de structure unissant les trois formes, pourtant clairement différenciées, de la communauté des être raisonnables, à savoir le règne des fins, la société éthique et la société civile.

Lorsque l'on cherche à dégager la structure commune au moral, au religieux et au politique, on s'aperçoit aussitôt qu'elle est inscrite comme structure déjà politique à l'intérieur de l'une des formules de l'impératif catégorique, celle qui porte sur le règne des fins. Une fois reconnu qu'une volonté bonne est celle qui doit se regarder comme instituant une législation universelle dans le règne des fins, Kant peut préciser la nature de cette législation, par une des nombreuses formules de l'impératif moral.

> « Tout être raisonnable doit agir comme s'il était toujours par ses maximes un membre législateur du règne
> universel des fins. »[1]

La notion de membre législateur est précisée quelques pages plus tôt par la distinction entre un membre et un chef dans le règne des fins[2] Le membre est celui qui, tout en donnant des lois universelles, n'en est pas moins soumis à ces lois. Le chef est celui qui n'est soumis à aucune volonté étrangère. Il en résulte bien sûr que seul Dieu peut être chef. La structure politique est alors claire, elle est triangulaire avec Dieu en position de tiers, c'est-à-dire occupant le lieu de l'origine de la législation. Son originalité pourtant n'est évidemment pas là. Elle est dans la notion même de membre législateur qui permet à un être fini soumis au devoir d'occuper la place du tiers tout en se voyant refuser toute exclusivité en ce lieu. La distinction entre chef et membre sert alors à identifier le lieu de la législation et Dieu à en marquer l'unicité. Chaque membre législateur est ainsi législateur d'une même législation et Dieu lui-même n'a aucune autre exclusivité que celle de ne pas avoir à être membre.

La structure politique du règne des fins se dévoile pleinement dans la *Religion dans les limites de la simple raison*. En effet, dans les *Fondements*, le règne des fins n'intervient que pour identifier le devoir auquel est soumis un être fini, et si la relation à l'autre fait bien partie intégrante de nombreuses

1. E. KANT, *Fondements de la métaphysique des moeurs*, trad. V. Delbos, Paris, Delagrave, 1977, p.166, Ak IV, p. 438.

2. *Ibid.*, p. 158, Ak IV p. 433.

formules de l'impératif moral, elle intervient essentiellement pour donner à l'individu les règles pour déterminer la maxime de l'action morale. Dans la *Religion* au contraire, les hommes ont le devoir de former une communauté éthique, d'instituer des lois de la vertu les liant *entre* eux. Pour cela, il leur faut sortir de l'état de nature éthique, cette dernière notion étant calquée sur le concept de nature juridique. Or la conception kantienne de l'état de nature est caractéristique en ceci qu'on y retrouve le motif relevé dans les formules de l'impératif moral. Elle se définit en fonction de l'absence de tiers. Il faut lire ici la note que Kant consacre à Hobbes[3]. L'erreur de Hobbes selon Kant est de ne pas avoir vu que l'état d'hostilité de tous contre tous est seulement la conséquence du fait que chacun se trouve dans l'état de nature « juge sur ce qui est sien ». Et à travers toute son oeuvre politique, Kant soutiendra que la pire faute que l'on puisse commettre est de se faire juger dans sa propre cause[4]. La nécessité du droit public et le rôle de l'Etat visent alors à poser le tiers médiateur de façon à ce que nul ne se retrouve jamais juge et partie. Entrer dans la société éthique, c'est renoncer à être son propre juge sans pour autant cesser d'être autonome, selon la définition de la moralité kantienne. Le paradoxe est alors d'admettre l'existence d'un tiers alors même que le libre-arbitre doit rester le seul à se donner la loi. La réponse de Kant est dans la formation d'une Eglise invisible, archétype de l'Eglise visible, où toutes les lois morales que le sujet se donne pourraient être « regardées comme les commandements d'un législateur commun »[5], « un être moral supérieur »[6]. Elle tient sa cohérence de la relation entre chef et membre dans le règne des fins. Dieu peut ainsi être identifié à l'origine de la législation, même si la loi est donnée par chacun.

La constitution de la société éthique signifie alors la désincarnation du Christ. Le Christ est perçu comme un « exemple » de l'homme agréable à Dieu[7]. Son unicité est contingente, strictement lié à l'histoire, car il n'est que la personnification d'une Idée présente en tout homme. Il n'est donc aucunement la médiation du fini et de l'infini (ainsi que le verra Hegel), ni du sensible et du suprasensible[8]. Il n'est qu'une « comme si »-médiation, c'est « comme si l'Idéal du bien s'était manifesté en lui corporellement »[9]. Et Kant dévalorise successivement toutes les grandes doctrines du Christianisme : inutilité *au point de vue pratique* de concevoir le Christ engendré d'une

3. *Ibid.*, p. 117, Ak VI, p. 97, la note.

4. La formule revient fréquemment dans la pensée politique de Kant, notamment pour justifier l'impossibilité d'un droit de résistance (par exemple : *Sur l'expression courante : il se peut que ce soit juste ne théorie, mais en pratique cela ne vaut rien*, trad. L. Guillermit, Paris, Vrin, 1967, p. 42, Ak VIII, p. 300 (le texte sera désormais désigné par *Théorie et pratique*) ; ou *Doctrine du droit*, trad. A. Philonenko, Paris, Vrin, 1979, p. 203, Ak VI, p. 320).

5. *Ibid.*, p. 119, Ak VI, p. 98.

6. *Ibid.*, p. 118, Ak VI, p. 98.

7. Kant, *La religion*, Doctrine, IIe partie, sections A et B.

8. On lira avec intérêt, parallèlement au problème abordé ici chez Kant, l'ouvrage de Denise Souche-Dagues, *Logique et politique hégéliennes*, Paris, Vrin, 1983, pour son analyse des liens entre le Prince et le Christ chez Hegel.

9. *Ibid.*, p. 82, Ak VI, p. 65.

manière surnaturelle[10], de considérer la virginité de la vierge[11], de voir dans le corps de Christ l'incarnation du divin. Même la croyance au miracle doit devenir ultimement superflue dans la religion morale[12]. Et Kant juge d'une dangereuse influence les témoignages bibliques des disciples sur le corps ressuscité du Christ[13]. Ces témoignages ne peuvent être utilisées pour une religion dans les limites de la simple raison. Ils introduisent en effet un concept « gênant » pour la raison, celui du « matérialisme de la personnalité ». Bref, tous ces « rajustements » de la doctrine chrétienne ont un point de convergence. Kant refuse que l'on puisse exhiber une image sensible de Dieu, sensible et suprasensible doivent rester incommensurables y compris dans le fils de Dieu. Dieu seul dépasse l'homme à l'infini. On peut se risquer à énoncer dans les termes des *Fondements* que seul Dieu est et reste identifiable à la source de la législation morale, le Fils de Dieu, en tant qu'homme exemplaire, n'est, quant à lui qu'un « membre » d'un monde régi par Dieu.

La désincarnation du Christ en précisant la structure de la communauté des êtres raisonnables va permettre maintenant de mieux comprendre la constitution de la société civile. Celle-ci est dans la *Religion* clairement différenciée de la société éthique par un critère que la *Religion* a le mérite d'énoncer clairement : l'existence d'une contrainte extérieur légale. Mais, une contrainte n'ayant de sens que si elle s'exerce, il faut supposer l'existence d'un maître qui a pour fonction d'énoncer les lois publiques et juridiques de contrainte et de les faire respecter par l'usage d'une force proportionnée. Ce maître est ainsi le tiers étatique qui fait passer les hommes de l'état de nature à l'état civil. Or il s'avère que la contrainte n'est nécessaire que parce que le mal existe en l'homme, autrement les hommes obéiraient de par leur raison à des lois qui sont faites pour assurer la coexistence des libertés de chacun. L'homme est donc « un animal qui a besoin d'un maître. »[14] Le problème alors est que ce maître, ce « chef doit être juste pour lui-même, et cependant être un homme. »[15] Problème insoluble au niveau de ce texte sur l'*Idée d'une histoire universelle d'un point de vue cosmopolitique*, mais que Kant très vite reconnaît comme incontournable et qu'il assimile dans ses *Réflexions* à un problème métaphysique. Trouver une autorité légitime qui ne soit pas limitée de l'extérieur est aussi difficile que de concevoir ce qui est premier dans l'ontologie,[16] ou l'absolument nécessaire en métaphysique[17]. Or cette analogie

---

10. *Ibid.* p. 79, Ak VI, p. 63. Cette hypothèse ne nous est d'« aucun avantage pratique... », dira Kant.

11. *Ibid.*, p. 100, Ak. VI, p. 80, la note. « Mais à quoi bon cette théorie pour ou contre, s'il suffit pour la pensée pratique de se représenter cette Idée comme symbole...

12. *Ibid.*, p. 104, Ak. VI, p. 84.

13. *Ibid.*, p. 157, Ak. VI, p. 128, la note.

14. KANT, *Idée d'une histoire universelle au point de vue cosmopolitique*, Sixième proposition, Ak. VIII, p. 23.

15. *Ibid.*

16. KANT, *Réflexion*, no. 7719, Ak. XIX.

17. KANT, *Réflexion*, no. 7953, Ak. XIX. Il faut remarquer avec Jacob Rogozinski que la référence qui est faite ici à l'antinomie métaphysique l'est à la quatrième antinomie et non pas à la troisième, révélant ainsi la spécificité de la question théologico-politique. Il ne s'agit pas seulement de comprendre et de trancher entre la clôture et l'illimité d'une série, mais l'*existence* d'une être ou d'un

avec la métaphysique, n'est en rien gratuite. Contrairement aux textes de 1784 (*Idée d'une histoire universelle*, ou l'opuscule sur l'*Aufklärung*) qui ne prône que le devoir d'obéissance, la pensée politique de Kant trouve son achèvement dans le caractère *inconditionnel* de ce devoir. Ici le texte de 1793, *Sur l'expression courante :il se peut que ce soit juste en théorie, mais en pratique cela ne vaut rien*, marque un moment décisif. A partir du moment où Kant fonde la légitimité politique sur la législation inconditionnelle de la raison pratique, notamment sur le devoir de sortir de l'état de nature pour entrer dans l'état civil, le droit de contrainte acquiert aussi un caractère irrésistible. En effet, si le tiers étatique pouvait être le moindrement contraint, et son droit de contraindre le moindrement contesté, la loi juridico-civile perdrait son caractère obligatoire, et il faudrait trouver une nouvelle volonté suprême pour assurer le passage de l'état de nature à l'état civil, et ainsi de suite à l'infini[18]. Le pouvoir est désormais le lieu d'une antinomie qui *doit* pouvoir trouver une solution[19].

La solution à ce problème est dans le fondement moral de l'Etat, celui-là même qui confère au devoir d'obéissance son caractère rationnel. En effet tout homme a en lui une raison qu'il ne peut perdre et qui lui donne la possibilité de légiférer rationnellement. Et c'est cette possibilité fondée au niveau de la philosophie pratique qui confère a tout chef législateur la légitimité politique. La structure politique est alors celle du règne des fins. Le chef de l'Etat se fait, par sa soumission à la loi morale, membre-législateur du règne des fins et du même coup chef politique légitime, puisque la norme du droit n'est que la forme juridique d'une même et unique législation de la raison[20]. Cependant, il ne peut s'identifier à la légitimité même qui reste une Idée, l'Idée du souverain. Seul un chef dans le règne des fins pourrait se confondre avec le souverain. Ainsi, s'explique que la légitimité puisse avoir valeur inconditionnelle pour une instance étatique singulière sans pour autant être donnée en propre à quiconque. Le pouvoir change, la légitimité se transfère, n'étant liée qu'à l'énonciation de la loi juridico-civile[21]. Elle n'est donc plus le propre du monarque. Une même structure, celle du règne des fins, détermine donc à la fois la société éthique et la société civile. Et elle a pour effets parallèles la désincarnation du Christ et la destitution du roi. Destitution symbolique bien entendu, puisque la légitimité rationnelle peut revenir au roi autant qu'à une autre forme de gouvernement.

---

principe premier. Jacob Rogozinski, « Un crime inexpiable (Kant et le régicide) », in *Le théologico-politique*, *Rue Descartes*, Paris, no. 4, Avril 1984, p. 106.

18. KANT, *Théorie et pratique*, trad. L. Guillermit, Paris, Vrin, 1967, p. 32, Ak. VIII, p. 291.

19. Conférez notre article « L'arbitraire du pouvoir. Au sujet d'une antinomie dans la fondation de l'Etat chez Kant », in *Les Etudes philosophies*, Paris, à paraître.

20. *Face* et l'*Introduction* à la *Métaphysique des moeurs*.

21. Kant déclare sans ambiguïté aucune qu'un Etat né de la révolution mérite la même obéissance que tout autre. Pourquoi en serait-il autrement puisque la légitimité est indépendante de l'origine empirique et historique du pouvoir et ne dépend que du respect du devoir moral. *Doctrine du droit*, p. 205, Ak. VI, p. 322.

RÉFLEXION SUR L'ANALOGIE ENTRE L'ÉGLISE ET L'ÉTAT DANS *LA RELIGION DANS LES LIMITES DE LA SIMPLE RAISON*

Henri de TERNAY

On a maintes fois souligné comment la dimension juridique est inhérente à la problématique de la Critique kantienne. On ne s'étonnera donc pas qu'elle puisse marquer la conception de la communauté de l'ouvrage de Kant sur la religion. Loin de constituer un appendice à la Critique, cette oeuvre est appelée par l'éthique et par l'esthétique de la *Critique de la faculté de juger*, en particulier celle du sublime. Nous voudrions dans le contexte de cette brève communication amorcer une réflexion sur l'analogie entre l'Eglise et l'Etat dans l'essai de Kant sur la religion. On retrouvera d'abord le contexte de cette analogie avant de s'interroger sur sa nature. On pourra alors considérer les points d'application de cette analogie en saisissant un peu mieux son sens et sa portée en contexte de schématisme.

I.— LOCALISATION DE L'ANALOGIE

Le contexte où surgit cette analogie est par lui-même fort suggestif. C'est celui de la troisième partie de *La Religion*. Pour saisir la nouveauté de cette partie, il est bon de rappeler ce qui a fait l'objet essentiel de la seconde. Kant y a traité de « la lutte du bon principe avec le mauvais pour la domination de l'homme ». Cette lutte a une « issue » qui peut être considérée selon l'auteur, comme « juridique ou physique ». A ce dernier point de vue le résultat est clair. Ce fut le bon principe qui eut le dessous : après supporté beaucoup de souffrances en ce combat il devait donner sa vie, pour avoir suscité une résistance dans un empire étranger (possédant la force) ». Une autre lecture de cet événement, loin de le considérer comme un échec, permet à Kant de l'interpréter comme une « libération » et un passage à la liberté. L'issue juridique ou morale de ce conflit ne correspond pas toutefois à la défaite totale du mauvais principe, « car son empire dure encore et il faudra encore que se présente une nouvelle époque en laquelle il sera détruit. »La victoire du bon principe a quant à elle apporté la rupture de la puissance du mauvais « désormais incapable de retenir malgré eux ceux qui lui furent si longtemps soumis ». Ainsi la persistance des conséquences du mal n'empêche pas le triomphe du bon principe et sa victoire sur le mauvais va se traduire dans la troisième partie de cet ouvrage par la fondation d'un royaume de Dieu sur terre. Cette fondation marque nettement la nouveauté de cette étape et en constitue le thème essentiel.

L'attention se déplace. Il ne s'agit plus seulement à présent des deux combattants, mais l'issue de leur conflit invite à mettre l'accent sur l'organisation d'un « peuple de Dieu » capable de s'opposer à la « bande » du mauvais principe, cette « ligue de ceux qui sont de son parti pour répandre le mal ». Cette « représentation imagée » précède juste le moment où Kant va préciser que l'idée d'un peuple de Dieu, dans une organisation humaine, ne peut être réalisée que sous la forme d'une Eglise, au quatrième paragraphe de la première section de cette troisième partie. Au moment où le mal radical se manifeste dans les rapports de société, face à cette deuxième expression de ce mal, vient se mettre en place une « communauté éthique », signe que l'ouvrage sur la religion est relancé en son milieu par ce nouveau défi. L'analogie entre le rassemblement des hommes comme citoyens, dans un état de droit, et la société également publique, qu'ils doivent constituer comme sujets moraux est énoncée dès la fin du paragraphe d'introduction.

Notons de suite un point capital de cette introduction d'où va surgir l'analogie en question et la dynamique qu'elle suscite. Dans un contexte rousseauiste où les hommes se rendent mauvais « les uns les autres », le problème est de trouver une formule d'association qui les rende bons. Le passage de la loi morale à la loi de vertu s'impose : « la domination du bon principe pour autant que les hommes puissent y participer », écrit Kant, « n'est accessible que par le développement d'une société érigée selon les lois de vertu et en vue de celle-ci ; c'est-à-dire d'une société comprenant en soi tout le genre humain. » (Ak VI, 94) ; C'est ce principe d'union particulier qui lui est propre, la vertu, qui va distinguer la société civile éthique de la société juridique par la forme et la constitution. Néanmoins, sur ce fond de différence, « il se trouve, « selon Kant, « une certaine analogie entre les deux communautés », ce qui permet, estime-t-il, de considérer la société civile juridique comme un « Etat éthique », quand l'analogie commence à s'exercer. Les points de contact qu'elle implique et les points de différence vont en effet servir de fil conducteur à la progression de toute cette partie consacrée à la fondation d'un royaume de Dieu sur terre.

Les ressemblances et différences portent d'abord sur l'état de nature juridique comparé à l'état de nature éthique. Dans le premier cas, les lois sont des lois de contrainte, alors que dans le second, ce sont des lois qui ne contraignent pas, de pures lois de la vertu. Il y a là, comme l'a vu Hobbes, auquel Kant renvoie, la source d'un état continuel de guerre. Aussi est-ce pour l'homme un devoir de sortir de cet état de nature, en passant à la communauté politique de droit. Ce n'est plus alors le particulier qui décide de la loi et la fait respecter, mais la communauté entière qui devient le principe de la loi. Il y a une condition analogue en ce qui concerne l'état de nature éthique. Du fait que les hommes vivent ensemble, ils ont en eux le penchant « à se procurer dans l'opinion des autres une valeur ». Kant le remarquait déjà dans la première partie de cet ouvrage. En face de cette estime qu'il attend des autres, l'homme ne peut compter sur la loi morale pour dépasser cette situation de rivalité et de guerre, suscité par cette exigence mutuelle de reconnaissance. C'est donc un devoir de sortir de cet état de nature éthique et de passer à une loi commune et publique organisant une « communauté éthique » où survient un nouveau déplacement.

L'insuffisance de la loi morale se traduit de fait par la reconnaissance que la volonté générale de la communauté ne peut être l'autorité législatrice. Pour dépasser ces rapports d'extériorité, le seul législateur qui puisse faire passer de l'état de nature éthique à l'état de communauté éthique est Dieu. « On ne peut penser comme possible une communauté éthique, » écrit Kant, « que tel un peuple sous des commandements divins, c'est-à-dire, comme un peuple de Dieu soumis à des lois éthiques. » (Ak VI, 99). Le dernier pas conduit à reconnaître, au paragraphe suivant, dans ce peuple de Dieu, une « Eglise » dont le caractère institutionnel en tant qu'Eglise visible prolongera l'analogie avec la communauté politique. « L'idée sublime jamais pleinement réalisable d'une communauté éthique, se rétrécit dans les mains humaines », précise Kant, « elle devient alors une institution qui pouvant sans doute n'en représenter que la forme, se trouve en ce qui concerne les moyens d'ériger une telle totalité très limitée par les conditions de la nature humaine sensible. »"(Ak VI, 100). Kant doute fortement que l'on puisse charpenter à partir d'un bois si courbe quelque chose de parfaitement droit.

2. — NATURE DE L'ANALOGIE

Nous reviendrons au caractère visible que prend la communauté éthique comme Eglise concrète, à titre de schème de l'Eglise invisible. Tentons auparavant de préciser la nature de cette analogie entre la communauté politique et la communauté éthique. L'auteur de *La Religion* a parlé d'une « certaine analogie ». Selon François Marty, « chaque fois que l'on rencontre chez Kant une réserve sur le procédé analogique, peut-on faire l'hypothèse qu'il s'agit de cette analogie d'approximation de Hume. » (*Naissance de la Métaphysique chez Kant*, p. 131) et non de l'analogie transformée, celle de la *Critique de la raison pure* et des *Prolégomènes.*

Dans les *Leçons*, Kant compare l'analogie avec l'induction. L'une et l'autre appartiennent aux raisonnements de la faculté de juger qui va du particulier à l'universel. La définition de chacune de ces démarches s'achève en développant un parallélisme d'opposition : l'induction conclut « de beaucoup à toutes les choses d'une espèce », l'analogie, « de beaucoup de déterminations et de propriétés en quoi des choses d'une même espèce s'accordent, aux autres, dans la mesure où ces dernières appartiennent au même principe » (*Logique*, paragraphe 84, AK IX, 132). Une longue remarque qui développe le parallélisme d'opposition entre l'induction et l'analogie, cherche à éclairer les problèmes qu'il pose. L'induction a pour principe la généralisation : « ce qui convient à beaucoup de choses d'une espèce, convient aussi aux autres. L'analogie a pour principe la spécification : « des choses d'une même espèce, dont on reconnaît beaucoup de points d'accord, s'accordent aussi sur le reste, que nous reconnaissons en quelques membres de cette espèce, et que nous ne percevons pas dans les autres. » Cela veut dire que l'on conclut « de la ressemblance sur des points particuliers de deux choses, à leur ressemblance totale ». En ce qui concerne cette conclusion une réserve s'impose. Si l'induction et l'analogie mettaient en oeuvre sans plus des principes, ils devraient aboutir à des conclusions d'une nécessité rigoureuse or on n'arrive pas ici à une telle nécessité ; il s'agit seulement de « présomptions logiques », ou bien de « raisonnements empiriques ». Ces raisonnements sont cependant utiles et même indispensables pour étendre notre connaissance d'expérience. Elle demande seulement qu'on n'en use qu'avec prudence et réserve puisqu'ils ne donnent qu'une certitude empirique. Cette valeur heuristique est bien présente dans l'analogie que Kant reconnaît entrelacs communauté politique et la communauté éthique. Des deux côtés, on a une liberté sous-jacente. Dans un cas, c'est la liberté de la loi juridique, qui limite extérieurement par la contrainte ; dans l'autre cas, c'est la liberté de la loi éthique qui limite intérieurement. Le procédé analogique fait ainsi retrouver les composantes du schématisme kantien.

3. — POINTS D'APPLICATION DE L'ANALOGIE EN CONTEXTE DE SCHEMATISME

Pour expliquer la tension entre l'Eglise invisible qui sert d'archétype et les Eglises particulières qui correspondent à la situation de l'homme raisonnable et fini, qui ne peut prétendre durant sa pérégrination terrestre à se passer totalement de la visibilité des Eglises, tout en aspirant à la dépasser de plus en plus, l'auteur de *La Religion* souligne que ces Eglises visibles ne doivent jamais oublier qu'elles restent des « schèmes », dans leur expression limitée de la vraie Eglise. C'est sur cette base d'ailleurs que la communauté éthique se distingue une fois de plus de la communauté politique. « Du fait que les devoirs de vertu intéressent l'humanité tout entière, le concept d'une communauté éthique est toujours rapporté à l'Idéal d'un tout des hommes et diffère par là d'une communauté politique. » C'est pourquoi, poursuit Kant, « une multiplicité d'hommes unis dans cette intention ne peut pas encore s'appeler une communauté éthique d'elle-même, mais seulement une communauté particulière qui tend à l'unanimité de tous les hommes (et même de tous les êtres raisonnables) pur édifier un tout éthique absolu, dont chaque société partielle n'est qu'une représentation ou un schème, chacune en effet pouvant en revanche à son tour dans son rapport avec d'autres de cette espèce être représentée comme se trouvant à l'état de nature éthique avec toutes ses imperfections. » (Ak VI, 96)

Pour développer cet aspect régulateur des Eglises visibles, l'auteur recourt, une fois de plus, à l'analogie avec les sociétés politiques. Il n'est pas plus opportun, selon lui, d'accéder à une monarchie universelle de tous les peuples qu'à nourrir, dans quelque Eglise particulière que ce soit, la prétention orgueilleuse de devenir universelle. Pour contrecarrer cette tentation babélienne, un principe de dissolution et de séparation en communautés diverses apparaît bientôt .Comme le dessein de la Providence s'oppose à tout fusionnement des Etats qui surviendrait avant que les hommes soient moralement devenus meilleurs, à la fois par la différence des langages et par celle qui lui est bien parente des religions, l'accès à l'unité de l'Eglise invisible correspond à l'accomplissement toujours différé de la fin cachée, que la loi morale contient en germe. Tout rêve d'immédiateté ou de révolution extérieure est ainsi rejeté par la révélation de la « distance infinie » qui sépare encore de l'édification réelle de l'Etat éthique, au moment même où tous les hommes sont appelés à coopérer à ce travail progressif dans les Eglises particulières. Elles deviennent des espaces de liberté, dans la mesure seulement où elles ne prétendent plus être leur propre juge ou avoir en elles-mêmes leur propre fin, mais se reconnaissent des Eglises « militantes » avec « toutefois la perspective de se dépasser dans l'Eglise immuable, universellement conciliatrice, triomphante. » (Ak VI, 141)

Revenons à partir de là à l'analogie que Kant souligne entre les Eglises particulières vis-à-vis de l'idéal d'une communauté éthique et des rapports internationaux à l'endroit d'une communauté des nations. Dans les deux cas joue la relation avec l'archétype qui manifeste une fois de plus la valeur opératoire propre à tout schématisme kantien. C'est ici la figure de la république qui va faire ressortir tout le travail de l'analogie. Ce n'est pas pour rien que Kant appelle deux fois dans le contexte de l'idéal d'une communauté éthique, l'Idée d'un tel tout, une « République d'après des lois de la vertu »(Ak VI, 98 et 100). Le rapport entre l'archétype et le type s'exprime par la tension entre la « *respublica noumenon* »et la « *respublica phenomenon* » qui joue dans les deux situations. Dans une étude sur le mal radical dans l'état des Nations, Pierre Laberge montre bien le rôle que la vraie Eglise peut exercer pour surmonter ce mal, « dans la mesure où elle dévoile le mensonge qui menace autant l'installation d'une alliance de peuples que son maintien » (« Das radicale Böse und die Völker Zustand » in *Kant über Religion*, p. 123).Cette tâche, précise-t-il, lui convient parfaitement si elle ne se saisit pas seulement comme une communauté des saints mais aussi comme une union de pécheurs qui luttent contre l'influence du père du mensonge.

Ces considérations acheminent à ce qu'il nous reste à esquisser brièvement, en guise de conclusion, sur le sens et la portée de l'analogie entre la communauté politique et la communauté éthique dans l'ouvrage de Kant sur la religion. On peut retenir trois points.

D'abord cette analogie intervient dans un contexte où Kant distingue deux états de nature : l'un juridique, où il s'avère proche de Hobbes, et l'autre, éthique. Il peut se faire qu'au sein de l'état civil juridique persiste l'état de nature éthique. Kant s'oppose ainsi à Rousseau, qui, ne concevant qu'un seul état de nature et qu'un seul état civil, confond comme le remarque A. Philonenko, le juridique et l'éthique et se voit par là conduit à incorporer la religion naturelle dans son contrat social et à y promouvoir l'idée d'une religion civile imposée par la volonté générale à tous les membres de l'Etat. Kant se démarque nettement de Rousseau en écrivant ; « Malheur au législateur qui voudrait par la contrainte réaliser une constitution visant des fins éthiques ! »(Ak VI, 96) ; Comme le précise Hans Michael Baumgartner, si Kant est hobbésien pour sa conception de la société politique humaine, il modifie cela par sa pensée de l'éthique. (Cf. son étude « Das ethische Gemeine Wesen und die Kirche in Kants Religionsschrift », in *Kant über Religion,* pp. 156 à 167).

Ensuite l'éthique vient justement souligner dans les rapports entre la communauté éthique et la communauté politique le rôle de la liberté. Le troisième des caractères de l'Eglise vraie précise qu'elle est soumise au principe de la liberté, « aussi bien pour le rapport interne des membres entre eux que pour le rapport extérieur de l'Eglise au pouvoir politique et cela pour l'un et l'autre de ces rapports dans un Etat libre. »(Ak VI, 101).

Enfin, cette analogie par sa dimension schématique rappelle que l'homme fini ne peut cheminer en échappant à la tension de l'intériorité et de l'extériorité, de l'invisible et du visible. Kant suggère régulièrement la voie où se composent dans l'unité reconnue au réel humain ces deux tendances. Il ne se satisfait pourtant pas d'un terme situé dans un indéfini inaccessible et reprend à ce titre l'annonce du Royaume de Dieu dans les Evangiles synoptiques : « Le Royaume de Dieu est venu à vous. » Le germe est là et il contient le tout en sa puissance de développement. Il a aussi le pouvoir de se communiquer. Tout est présent « de façon invisible », précise Kant, Il n'en reste pas moins que ce germe est visible puisqu'il lui est essentiel d'avoir un caractère « public » (Ak VI, 122). On peut dire que tout est présent dans cette reprise de la méditation chrétienne sur l'eschatologie. On a même eu l'occasion de retrouver plusieurs fois au cours de cette communication l'élément du mal radical qui, dans sa dimension sociale, habite la tension du déjà là et du pas encore, au sein de l'analogie entre la communauté éthique et la communauté politique. Pour le dire en bref avec Paul Ricoeur : le mal véritable, le mal du mal, ce n'est pas la violation d'un interdit, la subversion de la désobéissance, mais la fraude dans l'oeuvre de totalisation. « La véritable malice de l'homme n'apparaît que dans l'Etat et dans l'Eglise, en tant qu'institutions du rassemblement, de la récapitulation et de la totalisation.. » *Le conflit des interprétations*, p. 414). La grandeur de la destination qui assigne à la liberté de viser le tout de l'humanité ne vas sans risque ! Fort heureusement Kant n'a pas attendu Fichte pour pressentir que le corps, et notamment le corps de la république, a de multiples ressources de santé !

LA LAÏCISATION DE L'HÉRITAGE LUTHÉRIEN

DANS *LA RELIGION DANS LES LIMITES DE LA SIMPLE RAISON*[1]

Jean-Marie PAUL

La Religion dans les limites de la simple raison s'ouvre par quelques considérations désabusées. Après avoir fait de « la religion des prêtres » « la plus ancienne de toutes les poésies » (R 19), Kant oppose son pessimisme à l'opinion des philosophes et des pédagogues de son temps, c'est-à-dire de l'Aufklärung finissante. La religion des prêtres croit que l'Histoire commence par un « âge d'or », une situation paradisiaque, avant de s'enfoncer durablement dans le Mal. En revanche, la philosophie penserait que le monde s'amende constamment, conformément à une disposition de notre nature. C'est nous dit Kant, « une hypothèse bienveillante des moralistes de Sénèque à Rousseau », que contredit vigoureusement l'histoire de toutes les époques (R 20). Aussi Kant, bien qu'il veuille choisir la sagesse d'un moyen terme, donne-t-il plutôt raison au pessimisme des religions qu'à l'optimisme des philosophies.

Le verdict de l'Histoire ne facilite pas la tâche de Kant. La préface de la première édition renvoie en effet d'emblée l'homme à lui-même et à l'observance de la loi, l'un et l'autre se suffisant à eux-mêmes (R 3). Cette réaffirmation de l'autonomie de l'homme s'inscrit dans un mouvement qui part de l'humanisme et de la Renaissance — et non pas de la Réforme — et tend à rendre la religion superflue. Certes, « la morale conduit inévitablement à la religion, s'élargissant ainsi à l'idée d'un législateur moral tout-puissant extérieur à l'homme » (R 6), mais cette apothéose ou cette sanctification de la morale s'accompagne d'une disparition progressive des religions positives réduites peu à peu à une fonction de précepteur de la morale à l'usage des hommes encore privés d'autonomie de décision, donc encore enfants. Il s'agit de retracer le chemin qui conduit Kant à fixer ce programme à l'humanité, après que les premières pages de *La raison* ont seulement dépouillé la vision pessimiste de l'homme et de l'Histoire de son fondement transcendant.

Le problème de la morale n'est pas celui de l'observance de la loi : « Mais on ne dit pas d'un homme qu'il est mauvais parce qu'il fait des actions qui sont mauvaises (contraires à la loi) ; mais parce que celles-ci sont de telle nature qu'elles nous amènent à conclure à la présence de mauvaises maximes en lui » (R 20). C'est exactement le problème des oeuvres chez Luther. Elles ne permettent pas de juger si un homme est juste, ce qui seul décide de son

1. Nous citons Kant à partir de *Die Religion innerhalb der Grenzen der bloßen Vernunft* in Kant's Werke, Band VI, Berlin 1914 (R suivi du numéro de la page de l'ouvrage) et Luther à partir de *Von der Freiheit eines Christenmenschen*, Reclam Universal-Bibliothek, Nr. 1578 [2] (L suivi du numéro de la page de l'ouvrage).

salut. L'homme juste est justifié par la foi sur l'existence de laquelle il est impossible à l'observateur de se prononcer puisqu'elle relève du secret du décret divin. De même que nous ne pouvons savoir selon Luther si l'homme suit les commandements divins par intérêt ou sous l'effet de la foi, nous ne pouvons remonter chez Kant de la conformité de l'action à la loi jusqu'au principe qui l'inspire, la maxime. La différence est que la maxime est en l'homme et que la source de la justification est en Dieu. Si décisive que soit l'opposition, elle ne produit pas tous ses effets dans les premiers moments de la réflexion kantienne. Ainsi il n'est pas de différence extérieure entre « un homme de bonnes moeurs (*bene moratus*) et un homme moralement bon (*moraliter bonus*) » en ce qui concerne la conformité des actions avec la loi mais, chez le second, le mobile suprême et unique est la loi, ce qui n'est peut-être jamais le cas chez le premier. Nous pouvons ainsi être en présence d'un homme mauvais bien qu'il ne fasse que de bonnes actions (R 30 *sq*).

Il existe un rapport entre la maxime et les « vraies » bonnes actions qui rappelle la relation entre l'arbre et les fruits dans *La Liberté du Chrétien*, rapport de préexistence, d'inspiration, de nature signée : « Comme il faut que les arbres soient antérieurs aux fruits et que les fruits ne font les arbres ni bons ni mauvais mais que les arbres font les fruits, il faut donc que l'homme soit en sa personne d'abord juste ou mauvais, avant de faire de bonnes ou de mauvaises oeuvres » (L 42). On ne reconnaît pas l'arbre à ses fruits, ou la cause à ses conséquences, mais au contraire, on connaîtrait les conséquences à leur cause si celle-ci ne nous échappait : « Et ses oeuvres ne le font pas bon ou mauvais, mais il fait de bonnes ou de mauvaises oeuvres » (L 142). Aussi la parabole de Matth. 7. 20 («C'est donc à leurs fruits que vous les reconnaîtrez ») embarrasse-t-elle Luther. Elle ne fournit qu'une référence « apparente et extérieure » (L 143). C'est la foi et elle seule qui fait que la personne est bonne. Il est vrai que la foi est chez Luther un effet de la grâce qui tend à se confondre avec elle, tandis que la maxime kantienne nous renvoie à la liberté du sujet.

L'approche anthropologique n'est cependant pas fondamentalement différente. Certes Kant admet la cohabitation d'un principe du Bien et d'un principe du Mal dans la nature humaine et se situe ainsi apparemment à mi-chemin entre le pessimisme des religions et l'optimisme de fraîche date des pédagogues éclairés. Mais cette cohabitation est inégale, un peu forcée. « La disposition originelle au Bien dans la nature humaine », objet de la première subdivision de la première partie, nous est présentée sans chaleur, sans conviction, et il ne peut en être autrement puisque cette « disposition originelle » n'est pas pure en son principe dans la mesure où mille vices peuvent se greffer sur elle, tandis que le « penchant au Mal » apparaît quasiment incorruptible, ce qui constitue toute la difficulté de la troisième partie consacrée à la « fondation d'un royaume de Dieu sur terre ». « L'homme est par nature mauvais » est une vérité anthropologique que Kant ne conteste pas : « Qu'un tel penchant corrompu doive nécessairement être enraciné dans la nature humaine, nous pouvons nous dispenser d'en apporter la preuve formelle devant la foule d'exemples criants que l'expérience nous met sous les yeux en ce qui concerne les actions des hommes » (R 32 *sq*).

Cependant, Kant l'appelle « un Mal radical, inné (mais que nous ne nous sommes pas moins approprié) ». Toute la difficulté consiste pour Kant à faire de ce Mal radical un Mal dont l'homme « s'est lui-même rendu coupable » (R 32). Nous sommes donc en présence d'un penchant au Mal inné, existant depuis la naissance mais dont la naissance n'est pas la cause puisque la conséquence en serait inévitablement que la faute n'est pas imputable à l'homme, donc qu'il n'est pas de morale possible.

Cette corruption de la nature humaine est évidemment très proche de la doctrine luthérienne qui veut que tous les hommes, êtres de chair, soient toujours pécheurs, même si l'apologétique et la catéchèse adoucissent traditionnellement la rudesse de la dogmatique. Kant insiste sur la méchanceté du coeur humain (*vitiositas, pravitas*), sa corruption (*corruptio*), sa perversion (*perversitas*), le rappel des mots latins renvoyant clairement au vocabulaire de la théologie. C'est le « fond » qui compte, est-on tenté de dire naïvement. Or le « fond » est mauvais : « Ce Mal est radical parce qu'il corrompt le fond de toutes les maximes ». Certes le « méchant coeur » peut coexister avec une volonté bonne dans l'ensemble (R 37). Kant admet en effet — mais il y a flottement sur ce point dans *La Religion* — que l'homme ne fait pas le Mal pour le Mal, ce qui serait le propre d'une nature diabolique.

C'est précisément l'origine de ce Mal, qui pose problème : « Le Mal n'a pu naître que du Mal moral (et non des seules limites de notre nature) ; et cependant la disposition originelle (que nul sinon l'homme lui-même ne pouvait corrompre si cette corruption doit lui être imputée) est une disposition au Bien ; il n'y a donc pas pour nous de raison compréhensible qui nous dise d'où le Mal moral est venu en nous pour la première fois » (R 43). Récapitulons ces premiers résultats. Il se trouve en l'homme une disposition première au Bien, dont Kant ne démontre pas l'existence et qui ne se vérifie pas non plus empiriquement, et une corruption de sa nature devant laquelle Kant est bien près de faire sienne la parole de Paul : « Il n'y a aucune différence, ils sont tous pécheurs - il n'y en a aucun qui fasse le bien (selon l'esprit de la loi), pas un seul » (R 39). Mais Kant ne renonce pas à son intention ou à son défi de considérer l'homme comme un être libre et responsable de ses actes : « car il ne peut cesser par aucune cause au monde d'être un être agissant librement » (R 41).

La problématique est religieuse. L'homme est corrompu dès la naissance, cette corruption effaçant une disposition originelle au Bien. L'explication de la corruption va de soi pour le christianisme. Mais le dogme du péché originel suscite une vive répulsion chez Kant et des commentaires sarcastiques (R 40). La liberté de l'homme sauvegarde l'imputabilité indispensable des actions, malgré la présence taraudante du mal. Il est vrai cependant qu'une logique plus terre à terre ou moins volontariste ferait procéder la morale de la liberté de l'homme au lieu de déduire celle-ci de la nécessité de la morale. Ainsi Kant évite-t-il au moins le paradoxe luthérien, l'imputation de ses actes à une créature dont la volonté est serve, la justice ineffable de Dieu n'étant pas remise en cause par Luther (et les Pères de l'Eglise) mais transférée dans une zone inaccessible à la raison humaine. Kant peine pour prouver la liberté qui garantit l'imputabilité, Luther nous demande de croire en la justice de Dieu, bien qu'il punisse ou récompense un homme qui, au regard des lois de notre simple raison humaine, est privé de liberté. Dans les deux cas, c'est l'existence du Mal radical, éventuellement dénommé péché originel, sur laquelle butent le philosophe et le Réformateur.

L'affirmation de la liberté de l'homme est peut-être un coup de force à l'intérieur du système kantien. Mais c'est un coup de force qui rend à l'homme dignité et espoir. Si « le Bien originel est la sainteté des maximes dans l'observance de son devoir, par conséquent par pur devoir » (R 46), nous pouvons penser que Kant laïcise la doctrine luthérienne en substituant l'observance et le respect du devoir à l'accomplissement par l'homme de la volonté de Dieu parce que c'est la volonté de Dieu, sans autre motivation qui corromprait l'action à la source, et par le seul effet nécessaire et suffisant de la foi (L 129 et *passim*). La rupture ne s'en produit pas moins au sein même de l'héritage. Seul le secours de la grâce, mystère de l'élection et de la prédestination décrétés parfaitement justes, permet à l'homme, ce noir pécheur, d'être sauvé. Si la grâce lui échoit, il sera, nous enseigne le *Commentaire de l'Epître aux Romains* « *simul peccator et justus* ». L'homme kantien, malgré quelques repentirs ponctuels, n'en apparaît pas moins radicalement mauvais. En observant les hommes, on se rend coupable d'un vice supplémentaire : on apprend à les haïr (R 34). On comprend que Schopenhauer se soit réclamé du pessimisme de Kant. Seulement Kant accorde à l'homme le pouvoir de ne pas subir le Mal radical. La volonté assume chez le sujet kantien le pouvoir de la grâce. Kant ne construit pas un procès au terme duquel par l'effet d'un amendement progressif nous deviendrions un homme moral selon la loi extérieure, comme on pourrait l'attendre d'une éthique qui renonce à tout fondement métaphysique. Il fait au contraire procéder la morale d'une révolution intérieure que l'on pourrait qualifier de conversion libre. Nous ne devons avoir d'autre motif d'agir que la « représentation du devoir lui-même », ce qui ne peut se produire que par une « révolution de la disposition d'esprit », grâce à laquelle nous accéderons à la « maxime de la sainteté ». Il s'agit de faire naître un homme nouveau, le croyant dirait de dépouiller le vieil homme — mais Kant le dit aussi — de connaître une sorte de renaissance qui est « une nouvelle création et transformation du coeur », Kant n'hésitant pas à faire appel à des références mystiques empruntées à l'évangile de Jean et à la Genèse. C'est par « une seule décision inamovible » que l'homme réalise cette révolution ou décide de sa conversion (R 47 *sq*). La possibilité de cette révolution est un postulat et un mystère. Nous retrouvons l'interprétation luthérienne de la métaphore néotestamentaire : « Comment est-il possible qu'un homme naturellement mauvais se transforme lui-même en homme bon, cela dépasse toutes nos notions ; car comment un mauvais arbre peut-il porter de bons fruits ? » (R 44 *sq*).

Kant ne peut pas penser que la conversion est impossible parce qu'il ne peut pas penser que la morale est impossible. Il faut que la révolution soit possible puisque la morale l'exige. Kant demande à la réalité de se plier à la loi de la morale. C'est une décision existentielle qui fonde la morale et inaugure la seule révolution qui importe puisque la révolution politique sans révolution de la disposition d'esprit du sujet est condamnée à reproduire les erreurs antérieures. Il n'est pas sûr que Kant soit parvenu à prouver sa possibilité. La démonstration kantienne tourne en rond : si un bon arbre a donné de mauvais fruits, pourquoi un mauvais arbre ne donnerait-il pas de bons fruits ? (R 45). Elle prouve la possibilité d'une impossibilité par la possibilité supposée d'une autre impossibilité. Il ne fallait pas moins à Luther que le secours de Dieu pour surmonter pareille difficulté.

Kant au contraire abandonne l'homme à lui-même mais il l'arrache ainsi à la fatalité du péché, à la soumission à la volonté étrangère toute-puissante. Il redonne à l'homme son autonomie de décision, qui le rend seul responsable du Bien et du Mal qu'il fait, si indestructibles que soient en lui les racines du Mal. Dans *La Religion*, Kant assume deux héritages contradictoires : le libre arbitre érasmien et humaniste d'une part, le pessimisme anthropologique luthérien d'autre part. Puisqu'il écartait Dieu, il fallait, pour sauver la morale, que le premier triomphât du second.

PERVERSITÉ ET RÉGÉNÉRATION DE L'HOMME CHEZ KANT

Charles KOUNKOU

Deux opinions s'affrontent au seuil de la *Religion dans les limites de la simple raison*. La première prétend que le monde va de mal en pis, alors que la seconde affirme au contraire que le monde va du pire vers le meilleur. Mais comme ces deux opinions se fondent sur l'expérience, la possibilité existe que l'on « se soit trompé en l'une et en l'autre opinion »[1]. C'est pourquoi « La question se pose de savoir si une solution moyenne ne serait pas, à tout le moins, possible, si, par exemple, considéré dans son espèce l'homme ne serait ni bon, ni mauvais, ou si, dans tous les cas, il ne pourrait pas être d'un côté comme de l'autre, en partie bon et en partie mauvais ? »[2] L'expérience même semble confirmer l'hypothèse de la solution moyenne. En effet, l'homme, la vie nous l'apprend, n'est ni tout à fait bon, ni tout à fait mauvais. Mais l'expérience ne saurait, dans cette question prétendre au rôle de critère déterminant. Car si l'on peut constater par l'expérience des actions contraires à la loi morale, par contre les maximes sur lesquelles reposent ces actions sont inaccessibles à l'expérience. Or ce sont de telles maximes qui permettent de conclure au caractère mauvais de l'homme. Par conséquent « Il importe à la philosophie morale d'une manière très générale de n'admettre aucune réalité morale moyenne ni dans les actions (*adiaphora*), ni dans le caractère humain »[3].

Le refus kantien de la réalité morale moyenne ne procède pas seulement du danger que pourraient courir les maximes de l'action de perdre leur détermination et leur rigueur, mais plus profondément encore de la nature de l'opposition qui se déclare entre le bien et le mal. L'opposition du bien et du mal, ne relève pas, dans l'optique kantienne, de la contradiction, mais de la contrariété. En effet, le mal qui s'oppose au bien (= A), loin d'être un néant (= 0) apparaît plutôt comme un principe réel (= - A). De sorte que si le bien et le mal se neutralisant dans leurs effets, produisent un état d'indifférence (= 0), il faut cependant reconnaître que ce point d'équilibre, cette situation d'indifférence découle de l'affrontement de deux principes bien réels. En revanche, n'existant pas par elle-même, l'indifférence, qui correspond à la réalité morale moyenne, ne saurait se présenter comme un principe réel, c'est-à-dire originaire.

---

1. KANT, *La Religion dans les limites de la simple raison*, tr. Fr. A. PHILONENKO, in *Oeuvres philosophiques* III, édition F. ALQUIE, Paris, Gallimard (Bibliothèque de la Pléiade), 1986, p. 30.
2. *Ibid.*
3. *Ibid.* p. 33.

Si Kant refuse l'idée d'une réalité morale moyenne, la raison incombe en dernière analyse à la contradiction *in adjecto* que recèle cette idée. En effet l'idée que l'homme puisse être moralement bon à certains égards, et en même temps mauvais à d'autres égards, paraît totalement insoutenable. Car être bon signifie pour l'homme la reconnaissance et l'obéissance à la loi morale dans ses maximes. Mais s'il s'avère que, sur certains points, l'homme est mauvais, alors la situation devient inextricable : elle revient d'une part à établir l'universalité de la loi morale, et d'autre part à revendiquer pour la maxime qui s'y rapporte, à la fois l'obéissance et la possibilité, dans certains cas et dans certaines circonstances, de s'y soustraire. « Cela — dit Kant — est contradictoire »[4].

L'homme, qui ne peut donc, sous peine de contradiction, être représenté à la fois comme moralement bon et comme moralement mauvais, possède, on le sait, des dispositions originelles constitutives de sa nature. Ces dispositions relatives à l'animalité, à l'humanité et à la personnalité font de lui respectivement un être vivant, un être raisonnable et un être moral. En effet, l'homme est d'abord un être vivant qui en raison de l'amour de soi qui le caractérise, travaille à conserver sa vie, à perpétuer son espèce et à former avec autrui une société. L'homme est ensuite en même temps qu'un être vivant, un être raisonnable qui, grâce à la raison, compare l'amour de soi qui l'habite à l'amour que les autres se portent à eux-mêmes afin d'acquérir une certaine valeur dans l'opinion d'autrui. L'homme est enfin en même temps qu'un être raisonnable une personne, c'est-à-dire un être qui éprouve du respect pour la loi morale considérée comme motif suffisant de l'action.

En elles-mêmes, toutes les dispositions constitutives de la nature de l'homme sont des dispositions au bien. Toutefois, des deux premières l'homme peut faire un usage contraire à leur fin naturelle, c'est-à-dire les employer pour le mal. C'est ainsi que l'amour de soi peut se changer en ces vices bestiaux que sont l'intempérance, la luxure et le mépris des lois dans les rapports avec autrui. De même, l'amour de soi-même tempéré par la raison, peut se transformer en ces vices plus raffinés, fruits de la culture que sont l'envie, l'ingratitude et la joie devant les malheurs d'autrui. L'ensemble de ces vices, qui surgissent en l'homme à la faveur de la dégénérescence de ses dispositions originelles au bien, procèdent en réalité du penchant au mal contracté par l'homme lui-même. En effet, l'homme contracte le mal dès lors qu'il s'abstient d'obéir de façon inconditionnelle à la loi morale, dès lors que la loi morale cesse d'être l'unique source de son action. Kant distingue trois degrés dans le penchant au mal. Il y a d'abord la faiblesse du coeur humain qui se révèle impuissant à suivre dans la pratique les maximes adoptées, dévoilant ainsi la fragilité de la nature humaine. Il y a ensuite l'impureté du coeur humain qui se montre incapable d'adhérer à la loi morale comme motif suffisant de l'action, mais s'arrange toujours pour mêler des motifs immoraux aux motifs moraux. De sorte que « Les actions conformes au devoir ne sont pas [...] accomplies purement par devoir »[5]. Il y a enfin la corruption du coeur

4. *Ibid.* p. 36.
5. KANT, *La Religion...* p. 42.

humain qui apparaît dans la subordination des motifs issus de la loi morale à des motifs d'un ordre différent». On peut donc l'appeler *la perversité* (*perversitas*) du coeur humain, parce qu'elle inverse, par rapport au motif d'un libre arbitre, l'ordre éthique, et bien que des actions bonnes selon la loi (légale) puissent encore subsister, la manière de penser (en ce qui regarde l'intention morale) est ce faisant, corrompue en sa racine et c'est pourquoi on dit alors que l'homme est mauvais »[6].

A vrai dire, la perversité qui repose sur le renversement de l'ordre éthique, advient sitôt que l'homme admet la possibilité d'une déviance par rapport à la loi morale. Ajoutons que la perversité engage la responsabilité personnelle de l'homme dans la mesure où il choisit délibérément d'enfreindre la loi morale. Le choix de la perversité que l'homme peut être conduit à opérer provient en réalité du penchant au mal enraciné dans la nature humaine. En effet « puisqu'il faut que l'homme soit toujours coupable par lui-même, nous qualifierons ceci comme un mal radical inné dans la nature humaine (mais que nous avons cependant contracté nous-mêmes) »[7].

La contradiction, qui surgit dans l'intelligence du mal, entre d'une part son universalité, c'est-à-dire son enracinement dans la nature humaine, et d'autre part sa particularité relative à son imputation à l'individu, disparaît aussitôt que l'on comprend que la perversité individuelle ne consiste qu'en la mise en oeuvre du mal inhérent à la nature humaine. Kant, qui nomme radical ce mal latent en l'homme en ce qu'il s'enracine dans la nature humaine, recourt paradoxalement à l'expérience pour établir sa présence en nous. Le paradoxe apparaît dans la revendication kantienne de l'expérience qu'il récusait précédemment. En effet, Kant qui rejetait l'expérience comme critère déterminant dans l'instauration d'une réalité éthique moyenne, l'invoque désormais pour montrer la perversité de l'homme. « Qu'un tel penchant pervers doive être enraciné en l'homme, c'est ce dont nous pouvons nous dispenser d'apporter une preuve formelle, en raison des nombreux exemples criants que l'expérience nous présente dans les *actions* des hommes »[8].

Contre ceux qui se prévalent de l'état de nature pour avancer la thèse de la bonté naturelle de l'homme, Kant évoque la cruauté gratuite qui émane des scènes meurtrières chez les peuples primitifs. De même contre ceux qui, à l'inverse, se fondent sur le monde civilisé pour défendre l'idée d'un développement intégral des dispositions humaines au bien, il rappelle simplement l'hypocrisie, la malveillance et la haine qui s'insinuent dans toutes les relations sociales. Si l'on ajoute à ce sombre tableau la situation de rivalité permanente confinant à la paix armée dans laquelle se trouvent les Etats les uns par rapport aux autres, alors l'espérance millénariste en une paix perpétuelle, fondée sur une union des peuples dans une « république du monde « apparaît bien chimérique.

---

6. *Ibid.*
7. *Ibid.* p. 46
8. KANT, *la Religion...* p. 46.

Si l'expérience donne à voir la perversité de l'homme aussi bien à l'état de nature que dans le monde civilisé, elle ne saurait, en revanche, nous éclairer sur le fondement de la perversité en l'homme. Précisément parce que le fondement, qui appartient au genre de l'essence, se dérobe à la lumière produite par l'expérience du fait de sa contingence. Mais où se trouve alors le fondement du mal en l'homme ? Kant répond sans équivoque que le mal en l'homme ne se fonde ni sur la sensibilité ni sur la raison. Car « pour donner au mal moral un fondement en l'homme, la sensibilité contient trop peu [...] ; en revanche une raison pour ainsi dire maligne (une volonté absolument mauvaise) qui libère de la loi morale contient trop »[9]. En effet, procédant de la sensibilité, le mal résulterait en l'homme de l'animalité constitutive de sa nature, ce qui est contraire à la liberté qui préside au surgissement du mal. En revanche, dérivant de la raison le mal signifierait la métamorphose de l'homme en un être diabolique, ce qui est absolument inacceptable. Et pourtant le mal s'explique par le rapport de la sensibilité et de la raison, dans la mesure où il consiste en la subordination des motifs issus de la raison aux motifs tirés de la sensibilité. Autrement dit, le fondement du mal en l'homme se trouve dans la dépendance des motifs de la loi morale à l'égard des motifs de l'amour de soi. Certes l'amour de soi peut donner lieu à des actions en apparence bonnes en ce qu'elles se présentent d'une manière conforme à la loi morale, mais alors seul le caractère empirique de ces actions est bon, tandis que leur caractère intelligible demeure mauvais.[10]

Le mal, qui procède de la subordination des motifs de la loi morale aux motifs de l'amour de soi, est radical non seulement en ce qu'il s'enracine dans la nature humaine, mais encore en ce qu'il ruine toutes les maximes de l'homme en leur essence. Toutefois, le mal n'est pas « tant *méchanceté*, si l'on prend ce mot en son sens strict, c'est-à-dire comme une intention [...] d'admettre le mal *en tant que mal* comme motif dans ses maximes (car ceci est diabolique), qu'elle n'est bien plutôt perversion du coeur »[11], c'est-à-dire fragilité et impureté du coeur humain.

Précisons que le mal ne peut s'entendre comme une faute héritée de nos premiers parents. Car l'homme accède toujours au mal à partir d'un état d'innocence. Rien dans son passé ni dans son présent, hormis la liberté, ne permet d'expliquer et donc de justifier le choix du mal qu'il a fait. En effet, « il aurait dû ne pas l'accomplir, quelles qu'aient été les circonstances temporelles et les contraintes dans lesquelles il aurait pu toujours se trouver »[12].

Le mal, que Kant ne peut se résoudre à penser sous l'angle de l'hérédité en raison de la liberté qui préside à son déploiement, est pourtant conçu, à la lumière de la Bible, comme le péché originel. En effet, la loi morale s'annonce dans la Bible comme un commandement. Seulement, loin de suivre la loi morale comme motif suffisant de son action, l'homme rechercha d'autres motifs qui ne peuvent être bons que conditionnellement. Ce qui le conduisit à

9. *Ibid.* p. 49.
10. Cf. KANT, *la Religion...* p. 51.
11. KANT, *la Religion ...* p. 51.
12. *Ibid.* p. 56.

douter de la rigueur du commandement moral. Au doute succéda la transformation de l'obéissance au commandement moral en un simple moyen au service du principe de l'amour de soi. Enfin, acceptant le primat des impulsions sensibles sur la loi morale dans les maximes de l'action « il commit le péché »[13]. Toutefois, même en utilisant les ressources de la Bible pour l'élucider, le fondement du mal en l'homme reste insondable. C'est pourquoi la Bible, qui inscrit le mal au commencement du monde, se refuse cependant à le placer en l'homme, préférant l'imputer à un esprit malin. Le mal, qui advint en l'homme sitôt qu'il céda à la séduction de cet esprit malin, n'est pourtant pas irrémédiable. Car le mal n'a nullement ruiné en l'homme l'espérance d'un retour au bien. Mais comment opérer en l'homme ce retour au bien ? Il convient d'abord de savoir que l'homme « a été créé bon »[14]. Ce qui signifie que la disposition originaire en l'homme est une disposition au bien. Sans doute, le mal consiste dans la subordination des motifs de la loi morale aux motifs de l'amour de soi. Mais dans cette subordination, le motif de la loi morale n'a pas pour autant disparu. C'est pourquoi le rétablissement de la disposition originaire au bien n'équivaut absolument pas à l'acquisition d'un motif pour le bien perdu. En effet, « nous ne pouvions jamais perdre ce motif qui consiste dans le respect pour la loi morale et l'eussions-nous perdu, alors nous n'aurions jamais pu le reconquérir à nouveau. Il ne s'agit donc que de restaurer la pureté du motif, comme fondement suprême de toutes les maximes »[15]. Comment faut-il s'y prendre pour restaurer la loi morale dans toute sa pureté ? Il suffit d'acquérir la vertu, c'est-à-dire la ferme décision d'accomplir son devoir et de faire de cet accomplissement une habitude. En effet, c'est grâce à la vertu que l'homme se dépouille du mal pour accéder au bien. Le passage du mal au bien s'opère donc en l'homme à travers une progressive réforme de sa conduite et un affermissement de ses maximes. « A cet effet, il n'est pas nécessaire de transformer son coeur ; il suffit de changer ses moeurs »[16].

Toutefois, si l'homme aspire réellement à devenir bon non seulement au plan de la légalité, c'est-à-dire de l'accomplissement de son devoir, mais également au plan moral, alors la réforme progressive ne suffit plus. « Il faut une *révolution* dans l'intention de l'homme (un passage de celle-ci à la maxime de la sainteté) »[17]. Cette révolution, qui vise l'avènement d'un homme nouveau, s'effectue « par une sorte de régénération, pour ainsi dire par une nouvelle création [...] et un changement de coeur »[18]. La révolution dans l'intention de l'homme, que Kant appelle de ses voeux, doit donc conduire à une régénération, c'est-à-dire à une nouvelle naissance de l'homme.

Sans doute la régénération constitue le moyen par lequel l'homme rompt avec la perversité qui l'habite en permanence. Mais justement, la régénération

---

13. *Ibid.* p. 58.
14. *Ibid.* p. 60.
15. *Ibid.* p. 62-63.
16. *Ibid.* p. 63.
17. KANT, *la Religion*...p. 64.
18. *Ibid.*

qui aide l'homme à faire prévaloir les motifs de la loi morale sur les motifs de l'amour de soi n'est pas son oeuvre propre. En effet, ce qui appartient en propre à l'homme, c'est la réforme progressive de ses moeurs, la transformation de son comportement. Et pourtant, cette « transformation peut être regardée comme révolution »[19], c'est-à-dire comme la régénération. La régénération, qui s'opère en l'homme à travers l'effort vers le bien qu'il effectue, ne peut-on se risquer à la désigner comme *conversion* ? Dès lors la conversion, dont nous ne pouvons connaître les ressorts, peut néanmoins être pensée comme l'effet d'une grâce obtenue par les oeuvres, c'est-à-dire par l'effort vers le bien.

---

19. *Ibid.* p. 64-65.

ANIMALITÉ ET HUMANITÉ.

À PROPOS DU MAL RADICAL CHEZ KANT

David MAVOUANGUI

Dans l'analyse du mal radical, Kant travaille à la reconnaissance et à l'élucidation d'une des thèses fondamentales de sa pensée éducative et religieuse : l'existence du mal en ce qui concerne les conduites humaines individuelles et l'idée de l'instauration d'une Communauté éthique obéissant à des lois morales ; une Communauté éthique nécessaire à l'être raisonnable qui aspire à la cité éthique fondée en raison, c'est-à-dire sous des lois de vertus[1].

Toutefois au-delà de l'antagonisme des hommes, des ruses de la raison, travaillant à la fois à la consolidation des ambitions, des désirs personnels, et au progrès de l'espèce humaine, la question en effet déterminante est celle de savoir si l'homme est par nature moralement bon ou mauvais ; en d'autres termes « la proposition : L'homme est mauvais, ne peut vouloir dire autre chose d'après ce qui précède que : Il a conscience de la loi morale et il a cependant admis dans sa maxime de s'en écarter (à l'occasion). Il est mauvais par nature signifie que ceci s'applique à lui considérer en son espèce[2].

Cette interrogation est d'autant crédible qu'elle se fonde sur cette apparente ambiguïté de la double appartenance de l'homme au bien et au mal, c'est-à-dire que nous trouvons en l'homme une disposition originelle au bien, et un curieux penchant au mal à désirer une jouissance particulière des biens matériels : fruit du désordre et des desseins égoïstes de la subjectivité humaine, responsable sans doute de la corruption des maximes et de la perversion de l'ordre moral des motifs.

De par sa nature profonde marquée par certaines dispositions originaires — l'animalité comme amour de soi physique portant sur la conservation de sa vie ; l'humanité disposition supérieure à l'être biologique, et spécifiquement raisonnable ; la personnalité, disposition morale portant sur la responsabilité et le respect pour la loi morale — l'homme ne peut que tendre vers une législation inconditionnée conduisant au bien et à la confirmation de la loi morale en nous.

D'où vient donc le mal ? Où se trouve la cause du mal ? Elle vient certainement de la sensibilité et des inclinations naturelles qui en dérivent.

---

1. « Une cité éthique sous la législation morale de Dieu est une Eglise qui, en tant qu'elle n'est pas l'objet d'une expérience possible, se nomme *l'Eglise* invisible (simple idée de l'union de tous les honnêtes gens sous le Gouvernement divin universel, immédiat et moral ainsi qu'elle sert d'archétype à toutes celles que les hommes se proposent d'instituer » *La Religion dans les limites de la simple raison*, trad. J. Gibelin, Paris, Vrin, 1979, p. 136.

2. *La Religion dans les limites de la simple raison*, p. 52.

Pourtant les inclinations n'ont pas de rapport immédiat au mal, « elles donnent bien plutôt l'occasion d'exercer ce qui peut montrer en toute sa force le caractère moral, c'est-à-dire la vertu »[3].

Pouvons-nous alors dire que le mal a sa cause dans une perversion de la raison dans la mesure où le penchant au mal engage véritablement notre responsabilité ? Là non plus, on ne saurait concevoir une dépravation de la raison, « car il lui faudrait alors pouvoir extirper en soi l'autorité de la loi même et nier l'obligation qui en dérive : ce qui est impossible »[4]. Par conséquent, l'origine du mal ne peut être imputée à la sensibilité, elle contient trop peu, et ferait du mal un état de pure animalité ; ni à la raison qui contenant trop, ferait du mal un état diabolique :

« Donc, pour donner un fondement du mal moral dans l'homme, la sensibilité contient trop peu ; car, en ôtant les motifs qui peuvent naître de la liberté, elle rend l'homme purement bestial ; mais une raison qui libère de la loi morale, maligne en quelque sorte, (une volonté absolument mauvaise) contient trop au contraire, parce que par là l'opposition à la loi serait même élevée au rang de motif (car sans un motif le libre arbitre ne peut se déterminer) et le sujet deviendrait ainsi un être diabolique. Aucun de ces deux cas ne s'applique à l'homme »[5].

Dans ces conditions le mal ne s'expliquerait que par le commerce de la sensibilité et de la raison, ou alors par leur opposition (éventuellement) mais précisément le mal est le fruit d'un renversement de l' « ordre moral des motifs » :

« L'homme (même le meilleur), ne devient mauvais que s'il renverse l'ordre moral des motifs lorsqu'il les accueille dans ses maximes ; à dire vrai, il accueille dans celles-ci la loi morale ainsi que la loi de l'amour de soi ; toutefois, s'apercevant que l'une ne peut subsister à côté de l'autre, mais doit être subordonnée à l'autre, comme à sa condition supérieure, il fait des mobiles de l'amour de soi et de ses inclinations la condition de l'obéissance à la loi morale alors que c'est bien plutôt cette dernière qui devrait être accueillie comme condition suprême de la satisfaction des autres dans la maxime générale du libre arbitre, en qualité de motif unique »[6].

Ainsi, lorsqu'on s'éloigne de la loi morale, en louant les passions par exemple, on ne peut que devenir mauvais.

Le mal ne vient donc pas des égarements de la raison humaine, ni des inclinations naturelles, il est le résultat de la transgression de l' « ordre moral des motifs ». L'homme doit donc s'efforcer de dominer ses passions, surveiller ses ardeurs, ses élans, ses transports, les tempérer et les guider convenablement.

Cependant « ce mal est radical dit Kant parce qu'il corrompt le fondement de toutes les maximes, de plus en tant que penchant naturel, il ne peut être extirpé par les forces humaines »[7]. Il s'agit donc là d'une perversion radicale

---

3. *La religion*, p. 55.
4. *La Religion*, p. 56.
5. *La Religion*, p. 56.
6. *La religion*, p. 57.
7. *La religion*, p. 58.

du coeur humain qui conduit à considérer l'homme comme un être mauvais par nature, et le mal une perversion des maximes en leur principe. Pourtant cette « radicalité » prise comme telle (et à première vue) pourrait induire en erreur si on interprétait le mal comme un mal absolu, au lieu d'un dérèglement qui trouble et fausse l'impératif moral, subordonne la loi morale à l'amour de soi ; dérèglement qui est perversion innée en l'homme, indéfinissable, inexplicable et non héréditaire (la responsabilité étant totale chez l'homme en ce qui concerne le choix de ses actes).

Le mal est à tout point de vue une tromperie ; en d'autres termes, un mensonge[8], ou un péché qui résulte d'un penchant notamment construit et réalisé par un acte non déterminable dans le temps, par une cause intelligible incompréhensible de la liberté. Kant demande que l'on comprenne l'Ecriture dans ce sens. :

« C'est avec quoi s'accorde bien le genre de représentation dont use l'Ecriture pour décrire l'origine du mal comme un commencement de ce mal dans l'espèce humaine, en la représentant comme une histoire, en effet où ce qui, suivant la nature de la chose, (sans avoir égard à une détermination temporelle) doit nécessairement être conçu comme venant en premier lieu, apparaît comme tel dans le temps. D'après elle, le mal n'a pas pour commencement un penchant sur lequel il se fonderait, parce qu'alors son commencement n'aurait pas sa source dans la liberté ; mais bien le péché, (et par ce terme on entend la transgression de la loi morale en tant que commandement divin) ; quant à la condition de l'homme antérieurement à tout penchant au mal, elle se nomme état d'innocence[9].

Toutefois, l'existence du mal appelle la nécessité en nous du mobile moral ; l'homme n'étant pas corrompu foncièrement, le devoir exige et ordonne de rétablir le mal dans sa pureté absolue, de restaurer la disposition primitive au bien, et c'est cela l'idée de conversion, la conversion morale et religieuse qui permet de résoudre le drame de la chute et la perversité morale provoquée par le péché. Par conséquent il faut une révolution spirituelle :

« La restauration en nous de la disposition primitive au bien, n'est donc pas l'acquisition, d'un mobile pour le bien, mobile perdu par nous, car ce mobile qui consiste dans le respect de la loi morale, nous n'avons jamais pu le perdre et c'eût été possible, nous ne pourrions jamais plus de nouveau l'acquérir. Il ne s'agit donc que de restaurer la pureté du mobile en tant que fondement dernier de toutes nos maximes, et par là même, il doit être accueilli dans le libre arbitre non uni seulement à d'autres mobiles ou peut être même subordonné à eux (c'est-à-dire aux inclinations), comme conditions, mais en toute sa pureté, en qualité de mobile, en soi suffisant, de détermination de ce libre arbitre. Le bien originel, c'est la sainteté des maximes dans l'accomplissement du devoir ; par là l'homme qui accueille

---

8. Le mensonge a toujours été pour Kant la preuve de l'animalité indestructible en opposition totale avec la pureté de l'intention morale. « Le mensonge est abandon et pour ainsi dire négation de la dignité humaine. Un homme qui ne croit pas ce qu'il dit à un autre (même s'il s'agit d'une personne idéale) a encore moins de valeur que s'il n'était qu'une simple chose ». *Doctrine de la vertu* I partie Liv. I sec. II 9, p. 103-104.

9. *La Religion*, p. 63-64.

cette pureté dans sa maxime, quoi qu'il ne soit pas encore saint pour cela (car de la maxime à l'action, il y a encore une grande distance), est néanmoins en bonne voie pour s'en rapprocher dans un progrès infini[10].

La conversion est donc une résolution au plus profond de l'intention humaine, elle suppose le surgissement d'un homme nouveau qui ne résulte pas du tout d'une réforme graduelle et progressive, mais d'une rénovation radicale, d'une révolution dans les moeurs, une révolution qui délivre du mal radical et qui rend compte de l'introduction de la sainteté dans la maxime, du progrès vers le mieux, de la nécessité d'engager la lutte entre le bon et le mauvais principe.

Bref, ce qu'il faut appréhender dans cette analyse de Kant, c'est l'idée d'une montée vers l'idéal de perfection morale, c'est-à-dire accéder à l'humanité, à l'humanité comme substance raisonnable du monde en général dans sa perfection morale[11] ; cette Idée a sa réalité objective.

---

10. *La Religion*, p. 69-70.
11. *La Religion*, p. 85.

L'HOMME, MÉCHANT PAR NATURE :

KANT CONTRE ROUSSEAU

Evanghélos A. MOUTSOPOULOS

Ce n'est nullement une opposition dramatique entre deux conceptions antagonistes de la nature humaine qu'il s'agit d'illustrer dans ce qui suit, mais bien de mettre en valeur certaines réminiscences de considérations anthropologiques néoplatoniciennes à l'intérieur du kantisme « postcritique »[1], elles-mêmes émergeant visiblement à l'occasion de la confrontation de Kant avec les thèses de Rousseau[2] exposées dans *La Nouvelle Héloïse* (1761), dans *Le contrat social* (1762) et dans l'*Émile* (1762)[3]. On sait que Rousseau part du principe que, par nature, l'homme est bon en soi, mais qu'il est corrompu par sa cohabitation avec les autres hommes, donc par la société qu'il constitue avec ses semblables[4]. Le néoplatonisme, lui, oscille sur ce plan, car il prétend que l'homme est le produit d'un mélange dans lequel intervient la matière, qui est néant[5] ou quasi-néant[6] et, en tant que privation, à la fois principe et origine du mal. Cette conception est illustrée au niveau de la doctrine de l'âme individuelle qui s'affirme comme l'hypostase la plus dramatique, puisqu'elle se scinde en âme supérieure qui aspire à atteindre l'intellect, hypostase dont elle

---

1. Toutes les références aux textes kantiens renvoient à l'édition *Kant's gesammelte Schriften (Kant's Werke)*, hrsg. von der Königl. Preussischen Akademie der Wissenschaften, t. 6, Berlin, Reimer, 1907 (Die Religion innerhalb der Grenzen der Blossen Vernunft –abrév. RGBV ; ed. princ. Königsberg, Nicolovius, 1973–, pp. 1-202, notamment Erstes Stück. Von der Einwöhnung des bösen Princips neben dem guten : oder über das radicale Böse in der menschlichen. Natur, *ibid.*, pp. 17-53). Cf. KANT, Schreitet die Menschheit zum Bessern fort ?, dans J. Sam. FEST, *Beyträge zur Beruhigung und Aufklärung über unangenehme Dinge...*, t. 4, 1, Leipzig, Weidmann, 1794.

2. Cf. Konrad von DIETERICH, Kant und Rousseau, Tübingen, 1878 ; R. FESTER, *Rousseau und die deutsche Geschichtsphilosophie*, Stuttgart, 1890 ; Harald HÖFFDING, Rousseau's Einfluss auf die definitive Form der kantischen Ethik, *Kantstudien*, 2, 1897, pp. 11-21 ; Heinrich von STEIN, Rousseau und Kant, *Deutsche Rundschau*, 56, pp. 206-217 (reprod. in *Wege nach Weimar*, Stuttgart, 1907, pp. 153-164) ; Georg GURWITSCH, Kant und Fichte als Rousseau-Interpreten, *Kantstudien*, 27, 1922, pp. 138-164 ; Werner ZIEGENFUSS, *J.-J. Rousseau. Eine soziologische Studie*, Erlangen, Palm-Enke, 1952.

3. Cf. R. DEPATHÉ, J.-J. Rousseau et le christianisme, *Revue de Métaphysique et de Morale*, 58, 1948, pp. 379-414.

4. Cf. *Émile*, livre III.

5. Pour PLOTIN, *Ennéades*, I, 8, 5, 5-6 ; II, 4, 16, 3-5, notamment, la matière serait inexistante ; elle se manifesterait uniquement par ses effets, dont le mal. Cf. A. MANOS, *L'ontologie de la passion dans l'œuvre de Plotin. Le problème du mal*, Athènes, 1990, Publications de la Société Hellénique d'Études Philosophiques, Série «Recherches», n° 6, pp. 64-69.

6. Par contre, l'existence de la matière est quasiment réelle pour PROCLUS, *In Parmanidem*, 839, 20-28 ; 38-42 Cousin ; *In Alcib. I*, 108, 3 Westerink. Cf. E. MOUTSOPOULOS, *Les structures de l'imaginaire dans la philosophie de Proclus*, Paris, Les Belles Lettres, 1985, pp. 35 et la n. 41 ; 158 et la n. 35.

découle, et en âme inférieure qui, elle, se dégrade en se « penchant » vers la matière.

Face à ces considérations, Kant se situe sur le plan du christianisme pour soutenir que l'homme est, certes, fondamentalement méchant par nature[7], puisqu'il existe effectivement dans la nature humaine un penchant à commettre le mal[8], mais que cette nature s'est altérée au moment de la chute de l'homme[9]. Pour Kant, comme pour Rousseau, il a existé à l'origine une humanité portée au bien, et c'est uniquement le moment « kairique », décisif, de l'introduction du mal dans la vie humaine qui, chez Kant, se trouve différencié et comme temporellement, « historiquement », déplacé, antériorisé, par rapport au moment respectif envisagé par Rousseau[10] : chez ce dernier il constitue le résultat de la socialisation de l'homme, alors que Kant préconise l'existence d'un moment qui introduirait l'effet de la déchéance due au péché originel. Causes différentes, effets différemment traités également. La restitution de la nature originelle de l'homme sera accomplie, selon Rousseau, uniquement par une éducation adéquate ; selon Kant, par amélioration de l'homme même moyennant une éthique qui s'appuie sur la religion. Le problème se pose cependant en l'occurrence de savoir sur quel *type* de religion il faut compter.

En effet, il existerait, d'après Kant, deux types de religions[11] : d'une part, celles qui consistent dans le simple culte et dans la seule sollicitation des faveurs d'une divinité, et aux termes desquelles le fidèle se flatte (a) soit que la divinité en question est en mesure de le rendre heureux en lui pardonnant ses fautes, sans que lui-même soit obligé de se donner la peine de s'améliorer, (b) soit que Dieu peut le rendre heureux moyennant sa propre prière qui n'est, au fond, qu'un simple souhait ; et, d'autre part, celles qui, tel le christianisme, se fondent sur la bonne conduite morale du fidèle, et au sein desquelles chacun doit œuvrer selon ses propres forces à devenir un homme meilleur[12]. Le problème de la grâce est à la fois effleuré et dépassé. Kant insiste particulièrement sur la notion d'amélioration de l'homme par l'intermédiaire de l'enseignement religieux qui s'adresse notamment à la raison, ici présente sous son aspect pratique. Toute la doctrine kantienne relative à la récupération de la bonté par l'homme enfin réhabilité par ses propres soins, est contenue dans la Remarque générale qui clôt le premier chapitre (*Stück*), et comme condensée dans un principe universel qui résume les longs développements précédents sur la cohabitation du mal et du bien chez l'être humain, principe ainsi formulé : « Il n'est ni essentiel ni d'ailleurs nécessaire à chacun de savoir ce que Dieu fait ou fit pour son salut ; mais bien ce qu'il doit faire lui-même afin de se rendre digne de cet état »[13].

---

7. Cf. RGBV, pp. 32, 13-39, 6.
8. Cf. *ibid.*, pp. 28, 27-32, 9.
9. Cf. *ibid.*, pp. 26, 4-28, 24.
10. Cf. *supra*, et les nn. 1-3.
11. Cf. RGBV, Allgemeine Anmerkung, pp. 44-53, notamment pp. 51, 22-52, 15.
12. Ici, allusion à la parabole des talents, LUC, 19, 12-16.
13. RGBV, p. 52, 12-15.

La prédisposition au mal[14] est, par conséquent, attribuable d'abord à la faiblesse de la nature humaine « du cœur humain »[15] ; ensuite, au caractère impur de cette nature[16], dû au péché originel[17] ; enfin, à une sorte de vice, de perversion ou de perversité, de corruption et de dépravation qui s'y installe et qui la qualifie dans sa totalité[18]. Dans ce contexte, tout revient à considérer le bien à faire comme coïncidant avec mon bon vouloir, ma bonne disposition (Willkür)[19]. Cette réduction de l'objectivité morale à une subjectivité radicale conditionne précisément la modalité de passage depuis la nature méchante de l'homme à un état amélioré de cette nature dont la propension[20] au mal se trouve, ne serait-ce que provisoirement, suspendue et comme endiguée, en attendant que cet état soit consolidé par un jeu de répétitions[21]. Il n'est pas question, bien entendu, de « faire plier la machine » en quelque sorte, selon la formule de Pascal, mais bien de préparer le terrain pour un accord chaque fois renouvelé entre objectivité morale et subjectivité conscientielle.

Pour résumer : à l'encontre des thèses exposées par Rousseau, et qui firent fureur à son époque, Kant s'attache aux doctrines chrétiennes pour soutenir que le péché originel a radicalement vicié la nature humaine en la rendant foncièrement méchante et que, par conséquent, en vue de s'améliorer, l'homme a besoin de se rendre lui-même sans cesse digne d'une grâce divine augurée par une religion somme toute assez philosophique pour que Kant lui-même, s'efforçant d'asseoir sa propre morale sur des fondements religieux, accepte de se tenir dans ses limites. Ce qui importe, c'est de constater qu'à l'inverse de Rousseau, Kant préconise une réhabilitation de la nature humaine non pas par l'éducation, mais par le salut dont l'homme doit se rendre digne en se conformant aux normes morales objectives. On conclura que, sans renoncer à l'impératif catégorique exposé dans la *Critique de la raison pratique*[22], Kant revient, tant soit peu, dans *La religion dans les limites de la simple raison*, sur ses considérations morales antérieures pour désigner des modèles de comportement soumis au subjectivisme universalisant[23] de la conscience par une conception religieuse du bien et, finalement, du salut de l'homme.

---

14. Cf. *ibid.*, p. 28, 27 et la note.
15.Cf. *ibid.*, p. 29, 16-20.
16. Cf. *ibid.*, pp. 29, 31-30, 8.
17. Cf. *ibid.*, p. 31, 27.
18. Cf. *ibid.*, p. 30, 9-12.
19. Cf. *ibid.*, p. 29, 27-28.
20. Cf. *ibid.*, p. 28, 27.
21. Cf. *ibid.*, p. 31, 8-9.
22. Paragraphe 7.
23. Une dialectique semblable de subjectivité à prétention universelle est latente dans la *Critique du jugement ;* cf. E. MOUTSOPOULOS, *Forme et subjectivité dans l'esthétique kantienne*, Aix-en-Provence, Ophrys, 1964, pp. 85-120.

LE MAL CHEZ KANT ET SCHELLING

Ingeborg SCHÜSSLER

Il est bien connu que les trois *Critiques* — où Kant établit l'Idéalisme critico-transcendantal — sont, chacune à sa façon, à l'origine des différents systèmes de l'Idéalisme absolu : La *Critique de la raison pure* — avec l'apperception transcendantale qui est constitutive, par les catégories, de l'objectivité des objets — est à l'origine du système du *Concept absolu* d'un Hegel ; la *Critique de la raison pratique* — avec le concept de la liberté comme auto-nomie pratico-morale, en son union avec le Moi de l'apperception transcendantale, — est à l'origine du système du *Moi absolu* d'un Fichte ; la *Critique de la faculté de juger* - avec la téléologie de la nature qui aboutit comme but final à l'homme comme être à la fois naturel et libre — est à l'origine de la philosophie de la *nature* d'un Schelling.

Mais outre ces trois *Critiques,* la *Religion à l'intérieur des limites de la simple raison* est, elle aussi, à l'origine d'un système absolu : Avec la notion du « penchant naturel » de l'homme au mal ou « mal radical », elle est à l'origine de la *métaphysique moderne du mal* telle que Schelling l'a établie dans les *Recherches sur l'essence de la liberté humaine* (1809). Depuis Kant en effet, le mal est un problème *incontournable* pour la philosophie moderne. Car Kant conçoit le mal pour la première fois non pas comme simple *manque* du bien — comme l'avaient conçu à l'Antiquité grecque un Plotin et aux Temps modernes un Leibniz par exemple —, et pas non plus comme relevant des *passions* de notre nature sensible, comme l'avait conçu la tradition aristotélicienne —, mais il le conçoit comme « positivité », c'est-à-dire comme affaire d'une volonté tout à fait décidée [cf. *Recherches* 367 sqq et 388][1].

1. Quant au concept « positif » du mal, SCHELLING se réclame également du « théosophe » allemand Franz von BAADER (1765-1841) [« Recherches » 367 et note]. Nous nous limitons ici au rapport de SCHELLING à KANT. Il faudrait examiner, dans une étude propre, la transformation que subit le concept kantien du mal chez SCHELLING suite à l'influence du concept du mal de Franz von BAADER.

Nous citons *La Religion à l'intérieur des limites de la simple raison* d'après la pagination de la 1ère édition (1793) (A) et de la deuxième édition (1794) (B). Cette pagination se trouve indiquée entre autre dans : *Immanuel Kant, Werke in zehn Bänden,* herausgegeben von Wilhelm WEISCHEDEL, Wissenschaftliche Buchgesellschaft, Darmstadt, 1971, Band 7.

Nous citons *Les Recherches sur la liberté humaine* d'après l'édition due aux soins de K. SCHELLING (*Schelling, Sämtliche Werke*, Stuttgart, 1860, Bd. VII, pp. 333-416)

LE MAL CHEZ KANT

Rappelons comment *Kant* conçoit, dans *la Religion à l'intérieur des limites de la simple raison,* le mal moral. Le point de départ est le suivant : L'homme, dans la mesure où il est un être sensible doué de raison — raison qui comporte, comme raison pratique, en elle-même la loi morale —, cet homme a toujours déjà conscience d'être appelé par le commandement inconditionnel de la loi morale, d'être appelé donc à se donner lui-même — par un acte inconditionnel, libre, de sa volonté — la loi morale comme loi de son agir. Cette conscience qu'il a, par la loi morale, de sa prope liberté comme auto-nomie morale, s'exprime par le sentiment du respect qu'il éprouve pour la loi morale. La « sensibilité du respect pour la loi morale » (*die Empfänglichkeit der Achtung für das moralische Gesetz*) [*Religion,* I, 1 ; A16/B18] est la « *disposition originelle* » de l'homme au Bien moral [*loc. cit.,* A13 sqq/B15 sqq]. D'autre part, *l'expérience* nous enseigne que l'homme commet bien des actions qui ne sont pas conformes à la loi morale [I, 3 ; A24 sq/B27 sq]. Ces actions, nous les nommons moralement mauvaises dans la mesure où nous jugeons qu'elles relèvent de *maximes* mauvaises [I ; AB5 sq]. Le mal moral réside pour nous dans la sphère intime des maximes que l'homme accueille, par un acte libre, dans sa volonté. Or, si, conformément au commandement inconditionnel de la loi morale, la disposition au Bien moral est bien la disposition originelle dans l'homme, et s'il commet néanmoins des actions qui ne sont pas conformes à la loi morale, il nous faut supposer — pour nous expliquer (comme par une condition transcendantale) ces dernières et pour nous expliquer donc pourquoi l'homme n'accueille pas, en tout premier lieu, la loi morale dans les maximes de sa volonté — il nous faut supposer, pour nous expliquer cela, un « *fondement suprême* » (*oberster Grund*) dans l'homme lui-même qui rende cela initialement possible [I, 3 ; A24/B26 sq]. Ce fondement ne pourra pas être purement contingent, mais — vu le caractère inconditionnel du commandement de la loi morale qui, en sa rigueur propre, n'admet pas de tiers entre le Bien et le Mal, mais uniquement le Bien *ou* le Mal [I, Remarque ; BA8 sqq] — ce fondement suprême des actions moralement mauvaises devra bien plutôt résider — tout comme la loi morale — dans *l'essence* même de l'homme, non pas, certes, dans son essence comme *pur* être de la raison (c'est là où réside la loi morale), mais bien dans son essence *spécifiquement humaine* comme *être de la raison conditionné par la nature sensible.* Et ce fondement — vu la priorité de la disposition de l'homme au Bien moral — ne pourra finalement être qu'un « *penchant* » *(« Hang »)* au mal [I, 2 ; A18 sq/B20/ sq] que chaque homme, par son « espèce » (*Gattung*) même, s'est toujours « contracté » [*ibid.*], mais qui — vu qu'il est d'ordre moral et doit donc pouvoir être « imputé » à l'homme — relèvera néanmoins d'un *acte libre* de la volonté de chaque homme [I ; AB7]. Ce penchant est « *radical* » ou « *inné* » [I ; AB8] dans l'homme, puisqu'il prend sa racine dans *l'essence* même de l'homme de sorte que, depuis toujours, dès la naissance, relevant d'un « *acte intelligible* » [I, 2 ; A22 sq/B26], il corrompt fondamentalement toutes les maximes morales de l'homme. En ce sens, ce penchant est bien un « *mal radical* » dans l'homme [cf. I, 3 ; A24 sq/B26 sq].

L'objet de l'acte de ce mal radical sera le suivant : Conformément à la double détermination de l'essence humaine, l'homme a certes d'une part, comme être de la raison, pour « mobile » (*Triebfeder*) suffisant de sa volonté le respect pour la loi morale en son caractère inconditionnel ; mais ce même homme dépend d'autre part, comme être de la nature, toujours aussi des mobiles sensibles et « penche » vers ceux-ci (*er hängt an den Triebfedern der Sinnlichkeit*) [I, 3 ; A30/B34]. Il accueille donc, dans sa volonté humaine, toujours déjà les deux mobiles à la fois. La différence entre le bien et le mal ne peut donc pas résider dans ces deux mobiles au point de vue matériel — sinon l'homme serait à la fois moralement bon et mauvais (ce que n'admet pas — nous l'avons vu — la loi morale) —, mais cette différence ne peut consister que dans la « *forme* » *de la* « *subordination* » de ces deux mobiles [*ibid.*]. L'acte intelligible initial (*peccatum originarium* [I, 2 ; A22/B26]), constitutif du mal radical, consiste donc à ériger en maxime suprême de ses actions celle *d'* « *inverser* » *(umkehren)* l'ordre des deux mobiles, exigé par la loi morale [I, 3 ; A30 sq/B34 sq], celle donc de satisfaire les mobiles de la nature sensible non pas sous la condition de l'obéissance à la loi morale, mais de suivre celle-ci uniquement à la condition de sa conformité à la satisfaction de ceux-là. Ces mobiles sensibles relevant par ailleurs de la loi de « l'amour de soi » de l'homme comme être sensible, Kant peut dire également que le mal radical consiste à « faire des mobiles de l'amour de soi... la condition de l'obéissance à la loi morale » [ibid.]. Or, l'acte intelligible originaire *d'*« *inverser* » *(umkehren)* l'ordre moral de ces deux mobiles ayant lieu dans l'intimité du coeur humain, le mal radical consiste donc finalement dans la « *perversité* » *(Verkehrtheit, perversitas)* du coeur humain ou de la « manière de penser » (*Denkungsart*) de l'homme [I, 2 ; A19 sq/B21 sq].

Cet acte intelligible du mal radical demeure pour nous, selon Kant, « *insondable* » *(unerforschlich)* [I ; AB7 note / I, 4 ; A43 sq/B47]. Car pour l'expliquer, il faudrait non seulement supposer de nouveau un acte libre supérieur qui le fonde, et ainsi de suite à l'infini, mais il faudrait avant tout connaître l'essence de l'homme comme chose intelligible, — ce qui n'est pas possible pour notre raison finie selon la position critico-transcendantale de Kant.

C'est ce caractère insondable du mal radical qui incitera Schelling — nous le verrons — à dépasser la position de Kant.

LE MAL CHEZ SCHELLING

Le rapport de Schelling à Kant concernant le mal est le suivant : D'une part Schelling, reprenant à Kant le concept du mal et en le radicalisant, conçoit le mal comme relevant d'un acte intelligible libre de la volonté humaine, acte par lequel celle-ci érige — en s'opposant à l'ordre indiqué par la loi morale — comme *condition* de la réalisation du principe universel la satisfaction du désir individuel : le mal « radical » réside dans la

« perversion » (Verkehrung) voulue entre l'individuel et l'universel ou entre la « volonté propre » et la « volonté universelle » [*Recherches* 364 sqq]. D'autre part, si, pour un Kant, selon sa position critico-transcendantale, le penchant naturel de l'homme au mal est « insondable », Schelling cherchera justement à expliquer d'où provient ce penchant [cf. 380 sq]. Le caractère insondable de celui-ci est pour lui la pierre d'achoppement qui l'incite à dépasser la position d'un Kant. Schelling établira, dans la *Freiheitsschrift,* le système absolu de la Métaphysique du mal en parcourant les étapes suivantes :

1. — Donnant suite à sa *Philosophie de la nature* où il a montré que non seulement — selon l'Idéalisme transcendantal d'un Kant et d'un Fichte — le Moi et sa liberté sont Tout, mais qu'inversément Tout — la nature en sa nécessité et en sa substantialié — est déjà, en son fond, Moi, Liberté, Vie [351] (sinon, la liberté ne serait pas réalisable), Schelling conçoit, pour cette nature et pour ce Moi ou « l'intelligence », — à l'instar du système panthéiste de Spinoza — comme *essence commune* un Etre absolu originaire (*Ursein*) qui est intrinsèquement *vouloir* [350sq].

2. — Cherchant à expliquer transcendantalement le penchant naturel de l'homme au mal — qui doit bien provenir en dernière instance de cet Etre ou vouloir originaire (sans pour autant porter préjudice au caractère divin de celui-ci) [354] — Schelling introduit dans cet Etre originaire — en reprenant la différence aristotélicienne de l'*ousía*, celle entre l'*upokeímenon* et l'*eidos* — une différence analogue moderne : celle entre *le fondement* et *l'existence* [357 sq] ou entre l'en soi et le pour soi. Le mal proviendra alors, d'une certaine manière, du *fondement* en Dieu, *qui n'est pas Dieu lui-même.* Dieu lui-même, Dieu en son pour soi, est — selon une reprise moderne de la conception platonicienne de l'être comme copule ou lien (*desmós*) — *l'esprit de l'amour universel* [361 ; 395 ; 406].

3. — Cet esprit divin de l'amour — qui doit bien, pour être *effectivement réel*, se révéler dans ce qui est *différent* de lui-même, voire *opposé* à lui-même, c'est-à-dire dans un *monde* (régi finalement par le mal) [374 ; 402] — cet esprit divin *libérera,* en vue de cette fin, par sa parole de l'amour universel, le *fondement* en son *désir* (non encore clair pour lui même), en sa *« Sehnsucht »,* de mettre au monde l'Etre originaire [361]. D'autre part, c'est par là même que se trouve suscité, dans ce même fondement, une tendance contraire, celle de résister à cette révélation et de retourner en lui-même, — pourque demeure toujours un fondement [ibid.] ; cette tendance est la *« volonté du fondement »* comme tel. Ainsi donc, c'est à partir de ce fondement dans l'Etre divin — par l'opposition entre cette volonté proprement sienne, ladite « volonté du fondement » et la *« volonté universelle »* agissant dès lors dans lui —, que s'engendreront toutes les formations de la *nature* jusque vers *l'homme* comme être conscient de soi, libre [362sqq]. Dans toutes ces créatures, ladite « volonté du fondement » — qui n'est alors que la *« volonté particulière » (Partikularwille)* ou *« volonté propre » (Eigenwille)* [363] de chaque individu — sera virulante comme telle, de sorte que, dans la nature tout entière, il y aura bien une *tendance* qui préfigure au mal [373 sqq].

4. — Cette tendance — dont dépendra (*abhängt*, dans laquelle *hängt*) aussi le « penchant » (*Hang*) naturel de l'homme au mal [381] — ne s'actualisera pourtant pleinement que dans *l'homme* où elle devient affaire d'un acte décidé de la volonté consciente, libre [377]. Cet acte, d'ordre intelligible, immémorial [383sqq], qui a lieu dans « la volonté la plus intime du coeur propre » [399], est bien le « mal radical » [388]. Or ladite tendance de la nature au mal « *sollicitant* » [cf 374 ; 388 ; 400] l'homme à vouloir consciemment, décidément, la *perversion* entre la volonté propre et la volonté universelle —, ce n'est qu' avec l'homme et par lui qu'apparaît, dans le monde, en se surgissant, le mal proprement dit sous la forme du *« Dieu perverti » (umgekehrter Gott)* [390].

5. — Ce ne sera finalement que dans cette surrection du mal dans le monde que la volonté divine de l'amour universel pourra *se réaliser de façon pleinière, effective*, de sorte qu'il n'y aura que dès lors une révélation effectivement réelle de Dieu [399 sq]. Or, c'est par là même que le projet schellingien changera : Ce ne sera plus pour expliquer transcendantalement le penchant naturel de *l'homme* au mal qu'il introduira dans l'Etre originaire la différence entre fondement et existence, mais ce sera pour que cet Etre — qui est originellement *l' « indifférence » (Indifferenz)* [406] — puisse se révéler finalement comme le *« bien-faire » (Wohltun) effectif de l'amour universel* [410].

Revenons au statut du mal comme tel et relevons le changement qu'il a subi chez Schelling par rapport à Kant. Or, chez Schelling, qui, dans sa Métaphysique du mal, ramène celui-ci jusque dans l'*être* même de tout ce qui est, le mal n'est pas seulement, comme chez Kant, affaire de la morale proprement dite et donc restreint à la sphère de l'homme, mais il concerne le *monde* dans son ensemble. Par là, le mal ne cesse pas pour autant d'être affaire de la morale, — au contraire, il le devient d'autant plus. En effet, selon Schelling, de même que la tendance du fondement, en son irritation, a préfiguré, dans la nature, à la volonté du mal chez l'homme, de même — inversément — l'homme, par la volonté effective du mal, par la surrection de sa volonté propre comme volonté universelle, affecte et « pervertit » l'ordre du monde tout entier. Avec Schelling, suite à l'approfondissement du concept du mal chez Kant, le mal n'est plus seulement une donnée personnelle, mais bien une donnée universelle, cosmique.

LA FOI KANTIENNE

DANS L'HISTOIRE DE LA RELIGION ET DU DROIT

Edmond ORTIGUES

La conception kantienne de la foi religieuse se heurte à une antinomie, à propos de laquelle Kant ne s'est jamais clairement expliqué. En effet, « La religion dans les limites de la simple raison » propose de voir dans la raison pratique non seulement le fondement d'une règle des moeurs mais d'une règle de foi, principe suprême de l'interprétation des saintes Ecritures. L'antinomie se produit de la manière suivante :

Kant admet que ce ne peut être un devoir de croire à l'existence de quelque chose (une croyance est vraie ou fausse, elle n'est de soi ni bonne, ni mauvaise). Pourtant il s'efforce d'établir que la croyance à l'existence de Dieu est une nécessité morale, et, tout en refusant d'y voir une obligation sociale, il en fait un devoir de vertu. Au premier abord, il semble, qu'il y ait une manière simple d'éviter la contradiction : si j'ai des raisons de croire, c'est un devoir de sincérité d'obéir à ce que me dicte ma conscience ; ce n'est pas la croyance, c'est la sincérité qui est un devoir. En raisonnant ainsi nous supposons qu'il y ait des raisons de croire indépendantes de l'impératif moral. Or c'est précisément ce qui est exclu par l'argumentation de Kant : l'impératif moral est notre seule raison de croire c'est à dire de tenir pour vraies certaines propositions comme propositions de foi. Dans ces conditions on voit mal comment éviter la contradiction : la foi est et n'est pas un devoir.

Dans le Conflit des Facultés, Kant résume sa pensée de la manière suivante : « Des propositions de foi qui doivent en même temps être prises pour des commandements divins, sont soit purement statutaires, donc pour nous dogmes contingents et révélés, sois morales, donc liées à la conscience de leur nécessité et connaissables *a priori*, c'est à dire des préceptes rationnels de la foi » (trad. Gibelin, p. 56).

On voit que la foi kantienne a pour objet des propositions (il ne dépend pas de nous qu'elles soient vraies ou fausses) ; ces propositions sont tenues pour des commandements divins (il dépend de nous de leur obéir). Pour voir comment Kant concilie ces deux aspects, il convient d'examiner les conséquences pratiques qu'il en tire lui-même dans son interprétation de la Bible.

Pour cela, regardons attentivement la terminologie utilisée par Kant dans le texte que je viens de citer. Les mots « propositions de foi » sont une expression technique caractéristique de la méthode d'exégèse doctrinale introduite par les controverses théologiques des XVIe et XVIIe siècles, méthode supposée déduire de la Bible des « conclusions théologiques ». La méthode d'exégèse doctrinale (celle des théologiens) n'a pas tout à fait le même objectif que la méthode d'exégèse historique (celle des historiens), bien que les deux puissent s'accorder. Kant adopte la méthode d'exégèse doctrinale en la modifiant sur deux points : il n'attribue qu'une valeur de « véhicule » pédagogique à l'historicité de la Révélation et à la forme statutaire ou institutionnelle du christianisme historique. Le double caractère historico-juridique de la tradition chrétienne n'est pour lui que la représentation extérieure et contingente des « préceptes rationnels de la foi ».

La critique, au sens kantien hérité de la tradition platonicienne, consiste à faire le départ entre ce qui relève des contingences accidentelles ou empiriques de l'histoire, et ce qui relève des nécessités *a priori* de la raison, seules capables de nous donner à penser l'essence intelligible de la réalité. Elle met la foi pure ou l'essence du christianisme à l'abri de toute objection provenant des sciences empiriques. En tant qu'elle cherche à établir une ligne de partage entre le sensible et l'intelligible, la critique kantienne tourne le dos à la critique historique. Non seulement l'histoire ne peut qu'exemplifier de façon contingente les formes rationnelles de la moralité, mais Kant se glorifie lui-même de pratiquer l'exégèse biblique à la manière des philosophes grecs et des Pères de l'Eglise. Lorsqu'on lui reproche de faire une exégèse allégorique ou typologique à la manière de Philon, il répond, dans le Conflit des Facultés, qu'il fait une exégèse rationnelle. Que veut dire ici « rationnelle » ? Une exégèse rationnelle, au sens kantien, est une exégèse moralisante, édifiante, qui consiste à rechercher dans la Bible des *exempla* à la manière antique, des illustrations typiques d'une doctrine préalablement conçue par le philosophe. L'exégèse kantienne est une pétition de principe ; elle est tout le contraire d'une démarche scientifique. Kant adopte une philosophie exemplariste de l'histoire, qui sépare l'intelligible du sensible, et donc ignore le problème sémantique et proprement historique de l'analyse des documents. Kant ne pourra qu'opposer l'autorité de la raison à l'autorité de l'Eglise, parce qu'il raisonne suivant les vieilles notions des *exempla* et des *auctoritates* et ne voit pas que le concept scientifique de « document » implique une philosophie du témoignage. Il n'y a pas d'autre philosophie de l'histoire que la philosophie du témoignage. Je me propose de montrer que Kant a échoué à faire une analyse philosophique ou conceptuelle de la foi, car ce genre d'analyse est impossible si elle ne s'appuie sur les méthodes habituelles de la philologie et de la sémantique historique. Dans ce qui suit je vais donc traiter en historien du vocabulaire de la foi.

En dehors du christianisme et de l'Islam aucune religion ne conçoit ses croyances comme une foi. C'est le christianisme qui a fait de la croyance religieuse une foi et de la foi une croyance. L'idée chrétienne de la foi-croyance résulte d'interactions complexes entre l'hébreu, le grec et le latin. Avant de citer quelques textes, je résume d'abord le fil directeur de l'analyse : la foi est une relation confiante entre des personnes. Cette relation confiante peut s'entendre au sens passif ou au sens actif. Au sens passif, la foi, la bonne foi est ce qui nous rend crédibles, fiables. Au sens actif, la foi est ce qui nous rend confiants ou croyants. Nous allons voir que les langues anciennes privilégient le sens passif.

Je commencerai par un texte grec de Proclus. Proclus traite longuement de la foi (pistis) dans sa Théologie platonicienne (I, 25). Dans le classement systématique qu'il a donné des attributs divins, Proclus parle d'abord de la beauté des dieux qui fait naitre en nous le désir du retour à l'Un. Puis il énumère trois attributs qui accompagnent ce mouvement de retour : ce sont l'amour, la vérité et la foi. D'où vient que la foi est classée parmi les attributs divins ? C'est qu'ici le mot « pistis » désigne la bonne foi, la loyauté qui rend les dieux crédibles, fiables ; elle est, dit Proclus, « ce à quoi tous les êtres peuvent se fier au suprême degré ». Et il ajoute : « A celui qui a coutume de mentir, on ne peut pas se fier, et celui auquel on ne peut pas se fier n'a pas d'amis. Il est donc aussi nécessaire qu'on puisse se fier à celui qui aime la vérité et qu'il soit doué pour l'amitié puisqu'il est fiable ». La foi-loyauté attire la confiance, elle nous rend sociables, car l'amitié dont parle Proclus s'entend au sens large de sociabilité, l'aptitude à vivre comme citoyen d'une Cité. Proclus explique que la foi-loyauté n'est pas tendue vers un objet ou un but extérieur (comme serait la croyance au sens actif), mais qu'elle est un repos de la pensée qui s'unifie dans l'amour et dans la vérité, elle est « le havre de la Bonté », le port tranquille du bien qui simplifie l'âme et la rend amicale. La triade de l'amour, de la vérité et de la foi est donc la base de toute amitié entre les dieux comme entre les hommes, elle est le principe divin de la concorde sociale.

La même idée se retrouve en latin chez Cicéron lorsqu'il explique qu'aucune Règle de droit ne pourrait subsister dans la vie sociale sans la bonne foi dans les contrats, les promesses, les ventes, les achats, les engagements pris. Cicéron utilise le couple *Fides et Justitia* pour caractériser l'exigence fondamentale du droit naturel ou droit des gens, et, dans le même sens, lorsqu'il veut helléniser la pensée romaine, comme dans le *De natura deorum*, Cicéron dit « *Fides et Concordia* » à la manière de Proclus. Il est intéressant de noter par contre que, dans une perspective plus particulière au droit romain, Cicéron utilise parfois le couple *fides et religio* pour signifier la protection que tout citoyen romain est en droit d'attendre de ses concitoyens et de la sainteté des lois. Avec des nuances variables, la Fides évoque toujours les valeurs de fiabilité, de loyauté, de sécurité dans les rapports entre les personnes. Et puisqu'il s'agit des relations confiantes entre les personnes, il est normal que la fides puisse prendre des formes juridiques. A la différences de Kant, Cicéron n'éprouve aucune difficulté à universaliser la fides dans la perspective du droit des gens ou à la particulariser dans la perspective du Mos Majorum romain. A noter qu'au sens actif, l'expression « habere fidem » chez Cicéron veut dire « avoir confiance » ou « avoir foi », mais évidemment pas « avoir la foi ».

En hébreu, le mot *'emounah* signifie la loyauté, la probité, la sincérité, bien que dans les contextes religieux *'emounah* prenne un sens plus actif de fidélité à l'alliance divine. La différence entre la bonne foi romaine et la fidélité juive vient de ce qu'elles ne sont pas associées à la même conception du Droit. La fidélité du juif à la loi est fondée sur un pacte d'alliance entre Dieu et les hommes, alors que pour les Romains, le pacte de la foi jurée se conclut entre les hommes. Dans le pacte romain, les dieux interviennent en tiers comme témoins et juges de la convention conclue entre les hommes, alors que dans le pacte biblique de l'alliance, c'est un homme tel que Moïse, Jésus ou Mohammed, qui intervient comme tiers médiateur dans la convention conclue entre Dieu et les hommes. La structure du pacte social n'est donc pas du tout la même. Mais en hébreu aussi bien qu'en latin ou en grec, la vocabulaire de la loyauté et du loyalisme nous impose de ne pas séparer philosophie de la religion et philosophie du droit.

Reste une dernière question : c'est dans le grec de saint Paul que nous voyons s'effectuer le passage de la foi-loyauté à la foi-croyance. La rhétorique grecque avait déjà privilégié le sens actif de la pistis comme croyance ou opinion, mais saint Paul utilise cette valeur rhétorique dans la perspective du messianisme juif : la Promesse divine, dit saint Paul, est antérieure à la loi, or Dieu a été fidèle à sa promesse. Le Messie est venu.

St Paul appelle « foi » l'acte d'allégeance au roi messianique, le Christ. Il ne faut pas confondre la fidélité juive et la foi chrétienne, car si le Messie n'est pas déjà venu, alors il n'y a pas de foi au sens paulinien « Si le Christ n'est pas ressuscité, vaine est notre foi », dit l'Apôtre. St Paul raisonne toujours suivant les catégories juridico-eschatologiques de la Bible, en parlant de Promesse, d'Alliance, de Loi, de fidélité divine, et c'est en ces termes qu'il conçoit la foi comme une confiance en la personne du Christ, confiance qui nous fait participer au Royaume de Dieu dans la charité. La foi de la Résurrection est une réponse à l'appel ou la grâce de Dieu.

Le monothéisme, sous toutes ses formes, juives, chrétiennes ou musulmanes, repose toujours sur l'idée que les saintes Ecritures sont la révélation d'un Droit divin (*Jus divinum*), Droit divin de l'alliance ancienne et nouvelle. Les catégories conceptuelles de la Bible sont des catégories juridico-eschatologiques. Ce sont ces catégories qui permettent d'identifier le vrai Dieu, en le distinguant des autres. Nous touchons ici à un fait général dans l'histoire des religions : il n'y a pas d'autre moyen d'identifier un être divin que d'identifier son culte. Le conventionnalisme du Droit divin définit les signes authentiques de la Révélation et du culte voulu par Dieu. « Qu'est ce que j'aime quand j'aime mon Dieu ? », demandait St Augustin. Kant a lui-même pressenti la difficulté de reconnaitre ou d'identifier l'être divin. Il écrit : « Il est en vérité périlleux mais nullement condamnable de dire que tout homme se fabrique un dieu, bien plus que, suivant des concepts moraux, il faut qu'il s'en fabrique un lui-même... afin d'honorer en lui Celui qui l'a fait. Car quelle que soit la manière dont un autre nous ait fait connaitre et nous ait décrit un être comme Dieu, et même quelle que soit la manière dont cet Etre ait pu lui apparaitre (si c'était possible), il lui faut d'abord comparer cette représentation avec son idéal pour juger s'il a le droit de la considérer et de l'honorer comme une divinité » (La religion..., ed. Gibelin, 222, n.1). Le dieu de Kant n'est pas seulement inconnaissable, il échappe à tous les signes institutionnels, toute les marques saintes et rituelles par lesquelles un dieu se donne à reconnaitre. L'histoire montre qu'on identifie un dieu ou un être saint, en identifiant son culte. Il n'y a pas moyen de faire autrement. Kant a voulu moraliser la religion en moralisant la croyance. Entreprise vaine et dérisoire où le divin devient méconnaissable. La pratique courante aujourd'hui montre que le seul moyen de « moraliser » la religion et de tempérer la violence du sacré, c'est de s'appuyer sur la philosophie du droit. Kant a pressenti que la philosophie de la religion est inséparable de la philosophie du droit. Mais, comme il n'était pas « un bon empiriste », il n'a pas compris pourquoi. Il n'a pas compris la nature du problème logique qui oblige à transformer la théologie en histoire des religions. Pour pouvoir analyser un système religieux, il fallait admettre que l'identification ou la désignation d'un dieu ne peut être que contextuelle ; elle est contextuellement liée aux conventions d'un culte, sans quoi on ne sait plus de quoi l'on parle.

L'ACTUALITÉ DE

LA RELIGION DANS LES LIMITES DE LA SIMPLE RAISON

Jean GRONDIN

La *Religion dans les limites de la simple raison* n'a pas la réputation d'être un ouvrage d'une extraordinaire actualité. Même les plus éminents kantologues n'y voient souvent qu'une pièce très secondaire dans l'oeuvre de Kant. Dans sa préface à sa traduction de la *Religion*, dans le troisième tome de l'édition Alquié paru en 1986, Alexis Philonenko, lui-même l'un des meilleurs commentateurs de Kant en langue française, parle d'un « ouvrage de circonstances » qui ne ferait que réunir une « série d'articles destinés au grand public » et qui révélerait surtout à quel point Kant aura pu être « gêné par le brillant succès de Fichte », qui l'aurait comme incité à montrer qu'il était capable de faire « autre chose » en certaines pages. Kant, au sommet de sa notoriété, a-t-il vraiment pu être piqué par l'ouvrage d'un jeune saxon de vingt-neuf ans, jusqu'alors totalement inconnu, au point de produire lui-même un ouvrage pour égaler son exploit ? Cela peut paraître assez invraisemblable.

Philonenko portera aussi un jugement sévère sur le fond et la langue de la *Religion*. Il parle notamment de son « style barbare » et « fastidieux », de sa « sécheresse », de ses « répétitions », comme s'il fallait à tout prix cacher cet ouvrage qu'on ne saurait voir. Comble de détresse, l'ouvrage se distinguerait aussi par une « totale absence de sensibilité religieuse »[1]. Philonenko citera à cet effet une lettre de R. Lauth, fichtéen notoire, selon laquelle « Kant n'avait absolument pas le sens du sacré »[2]. Ce qui surprend peut-être un peu, c'est que toutes ses remarques viennent du *traducteur* de Kant. J'ai toujours pensé, naïvement, qu'on ne traduisait toujours que les ouvrages qu'on aimait. Avec un traducteur comme Philonenko, dont l'oeuvre et les traductions sont par ailleurs remarquables, la *Religion* n'a pas besoin d'ennemis.

C'est surtout dans l'espoir de rectifier quelque peu cette perception négative — un peu classique, il est vrai — que j'aimerais plutôt parler de l'actualité de la Religion. Je pense qu'il est même légitime d'y voir l'un des véritables aboutissements de l'oeuvre critique, ce qu'elle est très certainement d'un point de vue strictement chronologique. Sur cette question, celle de l'aboutissement du kantisme, la *Religion* entre aujourd'hui en concurrence avec un ouvrage qui la précède de peu, la *Critique de la faculté de juger*. Depuis quelques années, cette oeuvre jouit en effet de la faveur de presque tous les commentateurs. On en est venu à la considérer comme l'oeuvre la

---

1. Références tirées de la notice d'A. Philonenko, in E. Kant, *Oeuvres philosophiques*, t. III, Paris, Gallimard, 1986, p. 13.

2. Cf. la note du traducteur, *ibid.*, p. 1366.

plus moderne de Kant, celle qui serait le plus près de nous. On en admire aussi l'audace stylistique qui annonce effectivement bien des traits du romantisme. Tout se passe comme si Kant avait rédigé son oeuvre la plus juvénile en 1790, avant d'écrire avec la *Religion* son oeuvre la plus sénile, comme si Kant avait été frappé d'un accès particulièment soudain de sénilité en 1790 et 1792. On a parfois voulu déceler dans cette troisième *Critique* le témoignage de l'accomplissement « esthétique » de toute la philosophie kantienne. L'oeuvre offrirait aussi une analyse rigoureuse de l'art et de l'intersubjectivité — deux thèmes, je le confesse avec honte, qui ne m'ont jamais semblé occuper une place centrale dans la troisième *Critique*. J'ai peut-être mal lu, mais le jugement de goût, le jugement esthétique sur le beau, ne semble pas porter de façon privilégiée sur l'art. Quant à l'intersubjectivité, si l'on excepte l'anachronisme de l'expression, j'avoue la trouver surtout dans la philosophie pratique où il est question de respect, de fin en soi, d'un règne des fins et d'impératif catégorique. Peut-être faut-il aussi rattacher toute la *Critique de la faculté de juger* à la systématique de la philosophie pratique : dans la première section, le Beau apparaît bel et bien comme un symbole de la moralité, et la téléologie cherche toujours à surprendre le substrat suprasensible de la nature qui vient nous confronter à notre destinée morale[3]. Il est clair que toute la première *Critique* s'oriente aussi vers cette métaphysique de la raison pratique, qu'elle prépare dans ses pages les plus essentielles. Cette thèse n'a rien d'original, mais je pense qu'il est utile de rappeler que l'aboutissement effectif du kantisme tient dans cette métaphysique selon l'éthique[4], que prépare la première *Critique* et dont découle toute la troisième.

L'actualité de la *Religion* de 1793 est de rappeler cette évidence. Son titre est peut-être déjà un résumé de ce que Kant voulait faire dans toute son oeuvre critique, à savoir, jeter les assises d'une religion dans les limites de la simple raison, suivant l'esprit déiste des Lumières et assumé comme tel, mais en fondant cette issue religieuse, ou théologique, sur la rationalité de l'agir moral. C'est en effet sur la convocation catégorique de la loi morale, la déstabilisation de notre égoïté par l'appel au respect de l'autre, que se fonde la pénétration de ce qu'il y a d'intelligible en nous, intelligible dont une métaphysique soit possible, comme le prouvent aussi bien la *Métaphysique des moeurs* que la théologie morale dont Kant parle beaucoup dans ses écrits des années 1790 (décennie au cours de laquelle Kant n'est pas très souvent revenu sur l'esthétique). Des études récentes ont montré que toute la première *Critique* débouchait sur un Canon de la raison pure qui devait légitimer, sur les bases d'une rationalité purement éthique les deux propositions cardinales de la raison : il y a un Dieu, il y a une vie future[5]. Dans sa propre conclusion, la première *Critique* se présente encore ouvertement comme une défense de la foi rationnelle, celle dont parlait Leibniz en évoquant le règne métaphysique

---

3. Pour cette lecture de la troisième *Critique*, on se reportera à notre ouvrage *Emmanuel Kant. Avant/Après*, Paris, Criterion, 1991.

4. Formule que j'emprunte à B. Carnois, *La cohérence de la doctrine kantienne de la liberté*, Paris, Seuil, 1973.

5. Cf. *Kant et le problème de la philosophie : l'a priori*, Paris, Vrin, 1989.

de la grâce. La seule originalité de Kant, qui est encore très près de Leibniz en 1781, est d'ancrer cette métaphysique dans la logique des lois morales. Il est clair en tout cas que c'est le point d'arrivée de l'oeuvre de 1781, quoi qu'on puisse penser par ailleurs de la rigueur ou de la force de conviction des arguments de Kant. Hélas ! une forte tradition néo-kantienne nous a habitués à voir, bien curieusement, la fin de l'ouvrage dans l'une de ses premières sections, qu'il s'agisse de la Déduction transcendantale ou du Système des principes — où Kant traite pourtant du problème plus restreint des jugements synthétiques *a priori* dans l'ordre limité de la *physique*. Pourquoi faudrait-il négliger les textes plus métaphysiques du Canon où Kant s'efforce de proposer une nouvelle méthode à la raison pure, celle-là même que promettait la première préface ? Ces textes du Canon, où Kant répète à toutes les lignes qu'il discute de la fin dernière de la raison, et de son livre, ont en effet la vertu, oubliée, d'offrir une réponse à la question centrale du livre : comment la métaphysique est-elle possible ? La modernité de Kant est probablement distincte de la nôtre. Il nous apparaît peut-être plus urgent de nous demander comment l'épistémologie, l'esthétique ou l'intersubjectivité sont possibles, mais Kant s'intéresse encore à la possibilité de la métaphysique qui puisse répondre à des inquiétudes aussi socratiques que les questions de savoir s'il y a un Dieu et une vie à venir. Kant a partout la lucidité de répondre à cette question en invoquant un ordre de savoir qui relève non pas de la science, mais de la croyance, de la foi rationnelle appuyée sur le témoignage de notre raison pratique et qui l'amènera à insuffler un sens strictement éthique — le seul dont notre raison puisse rendre compte — aux dogmes de la religion. C'est ce programme — qui est essentiel à l'oeuvre critique — que résume encore une fois l'ouvrage de 1793 sur la religion dans les limites de la simple raison — c'est-à-dire la simple raison pratique dont les principes ont été exposés dans les trois *Critiques*. On aurait tort de prétendre que cette question soit accessoire chez Kant.

Deux indices permettent de le confirmer. Si on lit les trois *Critiques* à partir de leur conclusion réelle — ce qui doit être légitime dans des ouvrages de philosophie où l'on s'efforce, en principe, de déployer une argumentation pour en arriver à une conclusion —, alors, il apparaît que les trois *Critiques* s'achèvent sur une justification de la foi rationnelle et pratique de l'existence de Dieu. On n'aura pas le temps d'en reproduire ici la logique argumentative, mais la première *Critique* se termine *de facto*, dans son Canon, où il est traité de la fin ultime de l'usage de la raison dont Kant dit qu'elle est strictement pratique, mais qu'elle est aussi la seule à nous ouvrir des vues par-delà les limites de l'expérience[6]. La fin de la seconde *Critique* sera bien sûr constituée par la célèbre doctrine des deux postulats de la raison pratique que l'on peut considérer comme la version la plus définitive, la plus spécifiquement kantienne d'une doctrine qui s'inspirait encore beaucoup de Leibniz dans le Canon de 1781. Quant à la troisième *Critique*, il n'est que de rappeler que son tout dernier paragraphe s'intitule bien « De la manière de tenir quelque chose pour vrai au moyen d'une foi pratique », où Kant discute de la force

---

6. *C.R.P.*, A 830/ B 858 ; *Oeuvres*, II, p. 1383 ; T.P., p. 557.

d'entraînement de la preuve morale de l'existence de Dieu. C'est une inflexion théologique que laissait déjà deviner la supposition d'un substrat suprasensible dans toute la téléologie de Kant. Bref, les trois *Critiques* se terminent à toutes fins utiles sur une preuve morale de l'existence de Dieu. S'il est vrai qu'une pensée ne vise toujours qu'une seule étoile, alors il se pourrait que toute l'oeuvre critique de Kant s'achemine vers une religion dans les limites de la simple raison.

Le second indice consiste à rappeler que ceci est aussi vrai d'un point de vue chronologique. Le premier ouvrage majeur que Kant fait paraître après avoir achevé son oeuvre critique en 1790 est bel et bien la *Religion dans les limites de la simple raison*. On a beau dire qu'il ne s'agit que d'un recueil d'articles destinés à la *Berlinische Monatschrift*, mais c'est bien Kant qui a choisi de les réunir et de les placer sous le titre d'une *Religion dans les limites de la simple raison* — ouvrage et titre qui ne demandaient pas peu de courage en 1793. Et à la différence des recueils d'articles qu'on publie aujourd'hui, on peut dire des quatre « articles » de Kant qu'ils portent bel et bien sur une problématique unitaire et continue qui en font des chapitres authentiques d'un ouvrage cohérent. La *Religion* est donc la suite directe de la *Vernunftkritik*. De fait, l'ouvrage de 1793 a aussi choisi de retenir la notion architectonique de raison dans son propre titre, la *Religion selon la simple raison*. C'était aussi le cas des deux premières *Critiques*, mais non de la troisième, où le terme de raison avait été laissé de côté pour faire place à une critique d'autre chose, de ce que Kant s'est résolu à appeler une *faculté de juger*. Tout se passe comme si la troisième *Critique* se situait de propos délibéré en marge des deux premières Critiques de la raison. Il se pourrait donc que la troisième Critique de la raison, ce soit finalement la *Religion* de 1793. Cette caractérisation n'a rien d'arbitraire. Elle découle en effet de la logique des trois grandes questions de la raison pure, présentée dans le Canon de 1781 : que puis-je savoir ? que dois-je faire ? que m'est-il permis d'espérer ? On peut assez aisément rattacher les deux premières interrogations aux deux premières *Critiques*. Quant à la troisième, il est patent qu'elle relève en propre de la religion. Kant l'a lui-même confirmé, dans ses Cours de Logique et, avec plus de force encore, dans son importante lettre du 4 mai 1793 à Stäudlin (dont on a célébré la semaine dernière le bicentenaire !), malheureusement non traduite dans l'édition de la Pléiade[7]. La dernière question de la raison pure, que m'est-il permis d'espérer ?, ne peut trouver réponse, ou de débat, que dans l'horizon d'une religion. Il n'est pas sûr, bien entendu, que le texte même

---

7. On la trouve cependant in E. Kant, *Lettres sur la morale et la religion*, trad. par J.-L. Bruch, Paris, Aubier-Montaigne, 1969, p. 189 : « Mon plan, établi déjà depuis longtemps, m'obligeant à élaborer le champ de la philosophie pure, visait la résolution des trois problèmes suivants : 1° que puis-je savoir ? (Métaphysique) 2° que dois-je faire ? (Morale) 3° que m'est-il permis d'espérer (Religion) que devait suivre enfin le quatrième : qu'est-ce que l'homme ? (anthropologie), sur lequel je fais un cours chaque année depuis plus de vingt ans. Avec l'ouvrage que je joins à ce pli — la *Religion dans les limites*, etc., — j'ai essayé d'exécuter la troisième partie de mon plan. Dans ce travail, une conscience scrupuleuse et un véritable respect pour la religion chrétienne, mais en même temps le principe de la franchise qui convient, m'ont conduit à ne rien cacher mais à exposer ouvertement comment je crois comprendre l'union possible de la religion avec la raison pratique la plus pure. »

de la *Religion* de 1793 soit cette réponse précise à la question ultime de la raison. Mais son actualité est de rappeler que cette question reste essentielle au parcours intégral de la raison critique chez Kant et de la réponse qu'on peut apporter à la quatrième question où vient se résumer le kantisme : qu'est-ce que l'homme ?

V

DÉBATS

LEIBNIZ ET LES *PROGRÈS DE LA MÉTAPHYSIQUE*

Philippe HAMOU

Je me propose de faire quelques observations sur la place de la figure leibnizienne dans l'économie du kantisme — j'entends : la place explicite, celle que Kant a voulu lui assigner. Il me semble que cette figure est celle d'un *Janus bifrons*, essentiellement double, ambiguë ; et que cette ambiguïté ne tient pas tant à un flottement de la pensée kantienne sur Leibniz, qu'à une stratégie délibérée et, je crois, tout à fait digne d'intérêt.

En 1793, Kant rédige une ébauche de réponse à la question mise au concours par l'Académie de Berlin quelques années plus tôt : quels furent les progrès de la métaphysique en Allemagne depuis l'époque de Leibniz et Wolf ?[1] Le texte de Kant n'a été publié qu'après sa mort et, du fait de son inachèvement, n'a pas suscité de grande passion chez les commentateurs (ce qui a fait dire à de Vleeschauwer, dans un article des *Kant Studien*[2], que c'était la « Cendrillon » du corpus kantien). Il offre pourtant une illustration très originale du criticisme et un exposé de la philosophie de Leibniz qui rappelle dans son intransigeance les pages dc l'*amphibologie.* Il y est dit que Leibniz « établit des principes qui font violence au bon sens et qui sont dépourvus de solidité ». Son harmonie préétablie est caractérisée comme « la plus admirable fiction que la philosophie ait jamais élaborée », sa monadologie est « un monde enchanté »... Bref, le grand homme est traité sans ménagement : il n'y a pas d'auteurs classiques en philosophie.

Ces remarques qui ne surprennent guère un lecteur de la *Critique de la Raison pure* méritent toutefois d'être confrontées au paradoxal éloge de Leibniz qu'on trouve dans les dernières pages de la *Réponse à Eberhard*[3], publiée trois ans plus tôt. Eberhard avait nié dans son *Magazin* que la philosophie kantienne ait permis d'accomplir un quelconque progrès par rapport à celle de Leibniz et Wolf. Kant dans sa dénonciation des arguments d'Eberhard prend soin de laisser Leibniz hors de cause. Les dernières pages de son texte sont consacrées à une surprenante réinterprétation des thèses leibniziennes, qui prend le contre-pied de la lecture de Leibniz reçue par les wolfiens.

---

1. *Les Progrès de la Métaphysique en Allemagne depuis le temps de Leibniz et Wolf ;* dans les *Gesammelte Schriften*, édition de l'Académie de Berlin (Ak.) tome XX : 7 *;* traductions françaises Guillermit, Vrin *;* et Rivelaygue, Oeuvres de Kant, tome III, Gallimard, Pléiade. La question sur les progrès de la métaphysique est mise au concours pour la première fois en 1788. Kant n'y travaillera qu'en 1793. Il rédige trois projets distincts mais laisse son texte inachevé. Les mémoires primés seront ceux de Shwab et Reinhold. Sur l'histoire du texte, on consultera la thèse de F. Holz : *Kant et l'Académie de Berlin*, Strasbourg.

2. *La Cinderella dans l'Oeuvre kantienne*, Kant Studien, 1974.

3. *Sur une Découverte selon laquelle toute nouvelle Critique de la Raison pure serait rendue inutile par une plus ancienne* (1790) ; Ak. VIII.

D'abord le *principe de raison* : il ne peut être démontré par le principe de contradiction (tâche à laquelle s'adonnaient les Wolfiens). Pas plus n'est-il une loi objective de la nature qui permettrait de faire l'économie d'une déduction de la catégorie de causalité. Il manifeste au contraire une exigence *subjective* ressentie devant l'insuffisance du principe de contradiction pour rendre compte de la possibilité de l'expérience : il donne une formule authentique (quoique encore obscure) de l'exigence qui anime la recherche transcendantale kantienne.

De même la *monadologie* n'est-elle pas un concept de la constitution des corps en parties simples, cette atomistique wolfienne que les paralogismes avaient dénoncée. Kant reprend l'idée déjà suggérée dans une note des *Premiers Principes métaphysiques d'une Science de la Nature* : la monadologie « ne se rapporte pas du tout à l'explication des phénomènes de la nature mais est un concept platonicien de l'univers développé par Leibniz, exact en soi »[4] . La monade en son sens authentique exprimerait ce qui est pensable de la chose en soi, et permettrait de développer un concept purement intellectuel du monde intelligible.

Enfin, l'*harmonie préétablie*, n'est pas, comme dans la tradition post-wolfienne[5], destinée à répondre au problème de la connaissance objective (comment les lois de la nature s'accordent-elles avec celles de l'entendement ?). La critique a montré qu'une réponse par l'harmonie préétablie (système de la préformation de la raison pure) ferait le jeu du scepticisme, en n'autorisant qu'une nécessité subjective pour les lois de la nature. Aussi, l'harmonie ne concernerait pas chez Leibniz le monde phénoménal, mais les substrats inconnaissables de nos facultés, substrats hétérogènes qu'il faut supposer en harmonie pour rendre raison de l'unité de l'expérience.

Kant peut conclure sur ce paradoxe : « la *Critique de la Raison pure* pourrait bien être la véritable apologie de Leibniz, fût-ce à l'encontre de disciples dont les éloges ne l'honorent guère ».

A l'évidence, la *Réponse à Eberhard* partage avec les *Progrès de la Métaphysique* une unité de thème et d'inspiration. L'opposition des appréciations de Leibniz ne peut être mise au compte d'une improbable évolution de la pensée kantiennne dans les trois années qui séparent les deux textes. Certains critiques ont résolu le problème de façon expéditive en rabattant totalement l'éloge sur la critique. Je cite de Vleeschauwer : « les *Fortschritte* nous prouvent que le mouvement rentrant exécuté pour permettre cette conciliation diplomatique ne doit pas être pris trop au sérieux »[6]. C'est aussi l'opinion de Roger Kempf, traducteur de la *Réponse*, qui parle même dans son introduction de « tartuferie »[7] .

4. *Premiers Principes*. Ak. IV, 507.

5. C'est Crusius qui est visé ici (voir : *Critique de la Raison pure* Déduction, § 27 ; Ak. III, 129 ; les *Prolégomènes*. § 36, note ; Ak. IV, 320, et les *Premiers Principes*, préface ; Ak. IV, 476).

6. *La Déduction transcendantale dans l'Oeuvre de Kant*, tome III, p. 482.

7. Réponse à Eberhard ; Vrin, Introduction : « alors qu'Eberhard s'exprimait au nom du système de Leibniz, Kant ne pouvait plus amèrement le surprendre que par cette tartuferie où la *Critique* apparaît paradoxalement comme l'apologie de Leibniz ».

S'il est clair que l'apologie de Leibniz a une fonction polémique — elle retire à Eberhard le soutien et la caution du « grand nom » dont il se réclame, il ne me semble pas qu'elle soit dictée par l'esprit du mensonge. L'opposition des appréciations kantiennes sur Leibniz est simplement le signe d'une indétermination fondamentale du *topos* leibnizien chez Kant.

Pour mieux comprendre cela, il convient de revenir à ce qui constitue le noeud de l'opposition de Kant à Leibniz — je veux parler de « l'intellectualisme » leibnizien. Ce trait de la doctrine est depuis au moins la *Dissertation de 1770* la cible constante des attaques de Kant. Leibniz aurait défini la connaissance sensible comme virtuellement intellectuelle, distincte de la connaissance intellectuelle seulement en vertu du critère de la confusion de nos représentations. Dans cette mesure, il se serait mis dans l'incapacité de voir que le sensible avait des principes purs, indépendants de l'entendement et passait ainsi à côté de l'intuition sensible *a priori* avec son corrélat doctrinal, l'idéalité de l'espace et du temps, "pivot" de toute la critique.

Le statut de cette définition inadéquate de la sensibilité est déterminant pour comprendre la dualité des lectures de Leibniz. Faut-il, comme dans la *Réponse à Eberhard*, considérer l'intellectualisme comme une simple *faute*, qui au dire de Kant, mettrait Leibniz en contradiction avec lui même ? Est-ce au contraire, comme le veulent les Wolfiens, une précaution intentionnelle, une nouvelle boussole pour se diriger, un principe fondamental et organisateur de la doctrine ? C'est cette deuxième hypothèse qu'adopte Kant dans les *Progrès*, comme il l'avait fait dans la *Critique de la Raison pure*, et cela explique l'intransigeance anti-leibnizienne commune à ces deux textes.

Sur la possibilité que se réserve Kant de corriger Leibniz de ses « fautes » et cela pour le rendre à lui-même, il y aurait beaucoup à dire. Elle révèle chez Kant une conception déterminée de l'Histoire de la philosophie : une Histoire où règne la raison, mais où elle règne comme souveraine invisible. La critique qui est une mise au jour de la raison par elle-même, permet de lire chez les auteurs du passé les éléments d'une rationalité authentique mais aveugle à elle-même. Ainsi, « il n'y a rien d'extraordinaire à ce que [...] l'on comprenne bien mieux un auteur qu'il ne s'est compris lui-même, cela parce qu'il n'avait pas suffisamment déterminé sa conception et qu'ainsi il parlait et même pensait quelquefois contrairement à ses propres vues »[8] .

En bonne orthodoxie leibnizienne la position de Kant ne paraît guère tenable : la définition combinatoire de l'espace et du temps, le principe des indiscernables qui dérivent tous deux d'une conception intellectualiste du monde sensible sont des conceptions de base du système, non des appendices contingents[9]. Toutefois, l'interprétation que propose Kant ici n'est pas

8. A propos de Platon : *Critique de la Raison pure*, Ak. III, 246.

9. Voir par exemple ce qu'en dit COURTES (*La Raison et la Vie*. p. 27) : « ainsi, la « véritable apologie de Leibniz » affichée aux dernières lignes de la Réponse à Eberhard sous couleur de le protéger contre les pavés d'ours lancés par ses disciples, le justifie contre lui-même et ne le sauve que malgré lui ; foncièrement discriminatoire, elle ne s'étend pas aux conceptions de base qui précèdent chez lui, dans l'ordre du système, sa théorie de la connaissance. C'est sur elles que Kant fait porter l'accusation de servilité littérale et inintelligente qu'il adresse aux représentants de l'école leibnizienne ».

complètement arbitraire. Il semble avoir perçu que chez Leibniz le statut « intellectualiste » du monde sensible est articulé à des thèses apparemment concurrentes par lesquelles Leibniz entend « sauver » les phénomènes. Bien sûr, la cohérence de la doctrine résiste à ces tensions, celles-ci témoignent du moins que la lecture kantienne ne manque pas de finesse.

Signalons par exemple que la définition du « sensible comme intelligible confus » n'apparaît jamais chez Leibniz en position de *principe* destiné à rendre compte en général de la « connaissance sensible ». Le critère de la « confusion » n'intervient chez Leibniz que dans un contexte méthodologique et définit de façon générale un degré de vérité, non un type de connaissance[10]. Par ailleurs, comme Kant le remarque dans la *Réponse à Eberhard*, il existe chez Leibniz une doctrine des phénomènes sensibles. Celle-ci n'est pas essentiellement articulée à la notion de confusion, pas plus ne dépend-elle du principe des indiscernables. Elle définit pour la réalité des phénomènes des critères spécifiques[11] : vivacité, multiplicité, congruence. Ces critères permettent de penser la cohérence phénoménale sans recours aux structures nouménales de la monadologie.

Cela étant dit, on ne pourrait forcer la lecture de Leibniz au point d'y trouver quelque chose comme une intuition sensible *a priori*. Et c'est bien parce que celle-ci est absente du système qu'une déformation logiciste de celui-ci est toujours possible. Autrement dit Leibniz est coupable d'avoir laissé aux Wolfiens une pensée dont les intentions fondamentales n'étaient pas suffisamment claires, donc une pensée susceptible d'être interprétée dans un sens purement intellectualiste. Voilà pourquoi les *Progrès de la Métaphysique* attaquent Leibniz à bon droit tout en développant une critique qui, Kant le sait bien, concerne, à proprement parler, les concepts wolfiens.

Sans intuition *a priori* en effet, il n'est pas possible de distinguer la substance phénoménale de son substrat supra-sensible. La dualité du monde des sens et du monde intelligible, si souvent invoquée par Leibniz, n'est donc qu'une pure assomption de principe, sans justification théorique valable. De même en est-il de l'irréductibilité des principes de contradiction et de raison suffisante. Du coup la monadologie pourrait aussi bien être interprétée à la manière de Wolf, comme monadologie physique ; l'harmonie préétablie être considérée comme la clé du problème de la causalité dans le monde phénoménal (un remède pire que le mal) ; enfin le principe de raison, entendu

10. Voir le texte fameux des *Meditationes* de 1684, qui est une réponse au traité d'Arnauld, *Des vraies et fausses Idées* : ainsi, le critère des connaissances "claires mais confuses" apparaît chez Leibniz dans le cadre d'un débat de type cartésien, qui porte sur les critères du vrai et non pas exactement sur la constitution objective de nos connaissances. A ce titre, il recouvre une extension bien plus large que le simple champ des connaissances sensibles : le phénomène de la couleur, mais aussi bien une notion comme le « cogito », aussi intellectuelle soit-elle, répondent à ce critère. L'analyse spécifique du sensible exige donc chez Leibniz une détermination plus précise que la simple « confusion ».

11. Ces critères sont développés avec précision dans l'opuscule *De Modo distinguendi Phaenomena realia ab Imaginariis*, (Gerhardt, Phil. Schriften VII, 319-321). Kant ne pouvait pas connaître ce texte qui ne fut publié pour la première fois qu'en 1840 par Erdmann. Toutefois la doctrine leibnizienne des phénomènes est lisible dans d'autres oeuvres, notamment les *Nouveaux Essais*.

comme principe objectif et purement formel (logique) composer un monde fantomatique, uniquement fait de lumières et d'ombres.

L'ordonnance de la critique kantienne est remarquable puisque, de la seule réfutation du principe intellectualiste, elle met à nu tout le système leibnizo-wolfien. Comme l'*Amphibologie*, elle « procure l'avantage inattendu de nous mettre sous les yeux le caractère distinctif de la doctrine de Leibniz dans toutes ses parties »[12]. Face à la critique, le système fait bloc. Kant manifeste ainsi indirectement la position archétypique du leibnizianisme, son caractère de production rationnelle : production de l'entendement pur privé de sensibilité.

Il nous reste à comprendre pourquoi, dans les *Progrès de la Métaphysique*, Kant ne fait plus crédit à Leibniz de cette profondeur cachée que l'apologie de la *Réponse* révélait ; pourquoi il choisit de rabattre totalement Leibniz sur sa postérité wolfienne.

Je pense que, lorsqu'il s'agit de déterminer les progrès effectifs de la métaphysique dans le cadre institutionnel d'une réponse à une Académie, on ne peut s'attacher à décrire les intentions obscures du fondateur, il faut s'en tenir aux développements institutionnels (scolastiques) de sa doctrine. Or le biais logiciste par lequel le leibnizianisme a fait école en Allemagne menace fortement, il me semble, le concept de métaphysique auquel Kant, en dépit des apparences, reste attaché.

La métaphysique, pour Kant, est le passage rationnel de la connaissance du sensible à celle du supra-sensible. Comme pour toute connaissance pure, un progrès en métaphysique suppose une extension synthétique *a priori* de notre connaissance : extension dont les conditions de possibilités restent à déterminer. Seule l'intuition *a priori* permet d'orienter une telle recherche. Sans elle, sans l'idéalité de l'espace et du temps qui « indique » l'existence du supra-sensible, rien ne permet de montrer la différence des phénomènes et des noumènes : cette différence devient purement logique, évanescente. C'est l'erreur grave que Kant reproche à la philosophie leibnizio-wolfienne. Elle conduit à une destruction du concept authentique de métaphysique.

Il est remarquable que Kant veuille ainsi réinscrire sa pensée dans la plus vieille tradition métaphysique, ce legs de Platon, qui enseigne la distinction du monde des sens et du monde intelligible. En 1793, au moment où Kant écrit les *Progrès*, cette tradition se voit doublement menacée. Ou bien on ne reconnaît pas le caractère *rationnel* du passage au supra-sensible, et on en fait quelque chose de mystique, un *salto mortale*, comme chez Jacobi. Ou bien on n'en reconnaît pas le caractère *synthétique* parce que, comme chez Leibniz et Wolf, il manque le principe d'une intuition *a priori*, et c'est l'idée même de « passage » ou de « progrès » qui disparaît.

Dans cette défense d'une certaine idée de la métaphysique, Kant devait rencontrer Leibniz à la fois comme un allié et comme un ennemi. Aussi contestable que puisse paraître, à nos yeux modernes d'historiens de la philosophie, sa double lecture de Leibniz, elle renvoie, il me semble, à une ambiguïté réelle dans l'oeuvre du penseur de Hanovre. Il existe en effet deux

---

12. *Critique de la Raison pure* Ak. III, 220.

concepts distincts de métaphysique chez Leibniz. Le premier appartient à Platon et donc à la tradition dont Kant est solidaire. Avec la monade, je cite les *Nouveaux Essais*, « on est transféré pour ainsi dire dans un autre monde, c'est à dire le monde intelligible des substances au lieu qu'auparavant on n'a été que parmi les phénomènes des sens »[13]. Pourtant cette dualité des mondes semble vaciller lorsque le Leibniz logicien se propose d'exprimer les connaissances en leurs éléments premiers « il y a une métaphysique bien plus relevée, écrit-il à Jean Berthet, et néanmoins démonstrative qui nous permet d'y arriver. C'est par la voie des définitions ou analyses continuées jusqu'au bout »[14]. C'est cette « analytique » formelle qui inspire les travaux des wolfiens, et on pourra en retrouver des traces chez des post-kantiens comme Maïmon, Fichte ou Reinhold. Tout se passe comme si, en défendant un Leibniz secret et profond contre une postérité tapageuse, Kant pressentait qu'il aurait lui même à se prémunir contre une semblable trahison, et s'écrier : « Mon Dieu, préserve-nous de nos amis ! »

---

13. *Nouveaux Essais*. IV, III (éd. Brunschwig, G. F., p. 333).

14. Lettre à Jean Berthet, 1677 (éd. Prenant, Aubier, p. 120). Cette « métaphysique plus relevée » ou caractéristique universelle, reste bien sûr chez Leibniz à l'état de programme.

LA VOLONTÉ DANS LA SECONDE VERSION DE L'ESSAI D'UNE CRITIQUE DE TOUTE RÉVÉLATION (1793) ET L'ÉMERGENCE DE LA DIMENSION PRATIQUE DE LA RELIGION CHEZ FICHTE

Jean-Christophe MERLE

Dans les *Zufällige Gedanken einer schlaflosen Nacht* (1788)[1], Fichte s'assigne une triple tâche : dénoncer la corruption du monde présent, fixer les principes d'un monde juste et en déterminer les moyens. Un tel projet suppose une continuité entre la théorie et la pratique qui soit un effet d'une liberté autre que celle du « tourne-broche » ou d'une simple loi de la réflexion. Cette exigence fut satisfaite dans la synthèse du droit du *Fondement du droit naturel*, comme le montrèrent Alexis Philonenko et Alain Renaut.

Ces auteurs, tout en saluant l'enthousiasme révolutionnaire et pratique des *Considérations destinées à rectifier le jugement du public sur la Révolution française* (1793), y voient un échec qu'ils attribuent à leur anarchisme et à leur libéralisme économique et dont ils donnent trois explications complémentaires.

Premièrement une explication à partir du jusnaturalisme[2] : comme la plupart des juristes kantiens avant la publication de la *Doctrine du droit* de Kant, Fichte déduit le droit à partir de la morale : j'ai le droit de faire ce sans quoi je ne pourrais obéir à la loi morale.

Cette explication suppose l'une des deux explications kantiennes suivantes : à savoir *soit*, *seconde explication* et *hypothèse faible*, le fait que le postulat kantien du souverain bien comme but final n'intervenant qu'au plan de l'espérance, dans la « Dialectique », et non dans l' « Analytique » de la *Critique de la raison pratique*, ce postulat n'est pas indispensable pour agir moralement. On laisse alors sans réponse la question de l'*effectivité* de la loi morale et se contente d'un formalisme moral qui sépare le droit et le bonheur et entraîne un strict libéralisme économique[3].

Soit une *troisième explication* qui fait l'*hypothèse forte* de la présence d'une synthèse esthétique qui recèlerait deux difficultés majeures[4]. Premièrement, il existe deux *Idées* de la réalisation historique du droit chez

---

1. *J.G. Fichte-Gesamtausgabe der Bayerischen Akademie der Wissenschaften*, éd. R. Lauth et H. Jacob, t. III, vol. 1, Frommann-Holzboog, Stuttgart, 1964. Dans ce qui suit, nous indiquerons cet ouvrage par *GA*, suivi du tome et du volume, en l'occurrence : *GA*, III, 1.

2. Cf. A. RENAUT, *Le système du droit*, Paris, PUF, 1986, et aussi, de manière plus détaillée, « Fichte, le droit sans la morale », in *Archives de philosophie*, avril-juin 1992, t. 55/2, pp. 221-242, notamment p. 221-226.

3. Cf. A. PHILONENKO, *Théorie et pratique*, Vrin, Paris, 1971, pp. 114-117.

4. Cf. A. RENAUT, *Le système du droit*, PUF, Paris, 1986, part. I, chap. II, paragraphe 2.

Kant[5], à savoir le « dessein de la nature » (la *Cinquième proposition* des *Idées d'une histoire universelle du point de vue cosmopolitique*) et le « maître » (la sixième proposition)[6]. L'éphorat du *Fondement du droit naturel* reprend la seconde idée, mais en 1793 Fichte ne dispose pas de cette solution. Deuxièmement, la solution du mécanisme de la nature est une synthèse seulement postulée, réfléchissante, et non pas constitutive : elle indique des effets de sens, et non pas des effets réels de la liberté dans la nature[7].

A. Philonenko appuie la première explication sur les cercles concentriques des *Considérations sur la Révolution française* (*voir schéma*) Fichte écrit que le champ des contrats, le monde des phénomènes, n'est pas parfaitement déterminé par la loi morale. A. Philonenko en conclut que la loi morale ne détermine pas « véritablement » les phénomènes[8] et que Fichte fait de la volonté, nouménale, et du libre-arbitre, phénoménale, deux mondes non seulement séparés, mais encore inconciliables. Mais si l'on suit à la fois les indications de A. Philonenko et celle de Fichte, la divinité et l'animalité sont toutes deux hors des cercles. Comme il est évident que la divinité doit englober l'animalité, et non l'inverse, la divinité est, à mon avis, la synthèse de la nature et de la liberté. Cela donne le *second schéma*, dont on peut vérifier la pertinence dans les *Considérations*. Pour caractériser cette divinité, je propose de recourir à l'*Essai d'une critique de toute révélation*, sur lequel A. Philonenko observe un silence étonnant.

Mais examinons d'abord l'*hypothèse forte*, en faveur de laquelle A.Renaut invoque surtout la recension de Creuzer[9] (octobre 1793) et où il voit « à la fois un parfait résumé de la solution élaborée par Kant dans la *Critique de la Faculté de juger*, et la preuve irréfutable qu'en 1793 [...] Fichte reste convaincu que la seule réconciliation envisageable entre la nature et la liberté doit avoir un statut esthétique ».

Pourtant, Fichte a abandonné, dès l'été 1791, la rédaction d'un *Essai d'un condensé de la* Critique de la faculté de juger *de Kant*[10]. Non pas par manque d'intérêt ou pour d'autres priorités, mais à cause des obscurités et difficultés qu'il dit trouver dans la *Critique de la faculté de juger*. Il les résume clairement dans les *Religionsphilosophische Reflexionen*[11], qui préparent sa visite à Kant : « C'est une chose que de se représenter quelque chose comme un simple *devoir-être*. C'est une chose tout autre que de l'envisager comme un *être*. En Dieu, c'est le second cas ; une loi morale *réalisée* est pour nous plus valable qu'elle loi qui commande simplement [...] Nous cherchons donc dans

5. Cf. l'*Idée d'une histoire universelle d'un point de vue cosmopolitique*, et son analyse in A. RENAUT, *op. cit.*, p. 76.

6. Sur cette problématique, cf. mon article « Paresse et politique chez Fichte », in : *Cahiers de Fontenay* (ENS), N° 58/59, juin 1990.

7. RENAUT, *op. cit.*, p. 100.

8. *Op. cit.*, p. 163.

9. *GA*, I, 2.

10. Cf. *GA*, III, 1, 324.

11. *GA* II, 2, 5-6. Fichte écrit au sujet de ce dont il entend parler avec Kant : « Egalement le projet relatif au condensé de la *Critique de la faculté de juger* », puis écarte cette idée par « il n'en est pas question » (publié par W. Kabitz dans ses *Studien zur Entwicklungsgeschichte der Fichteschen Wissenschaftslehre aus der Kantischen Philosophie*, Berlin, 1902, p. 21*) (je traduis).

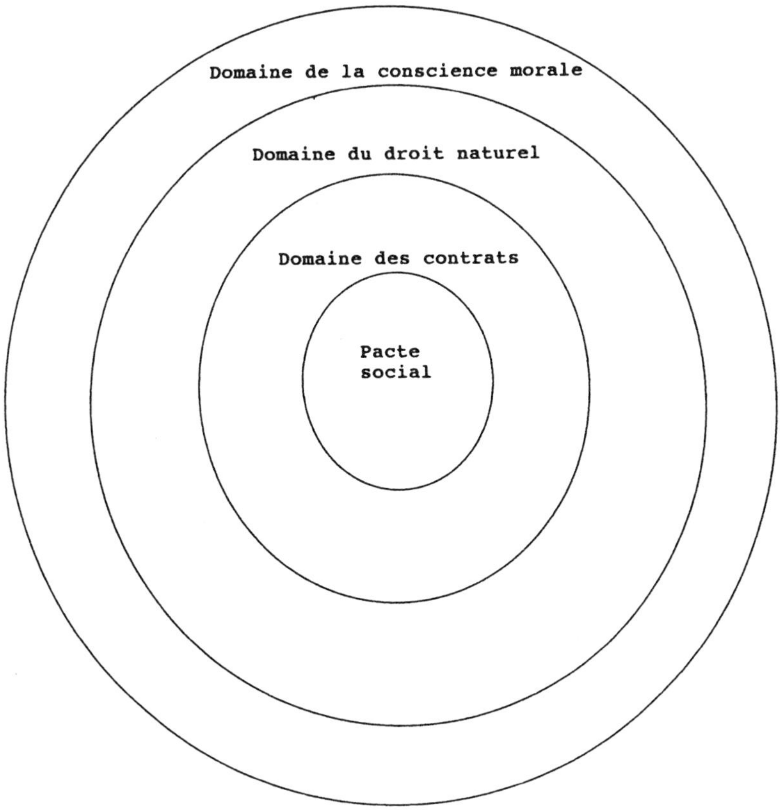

Figure 1 : schéma de Fichte

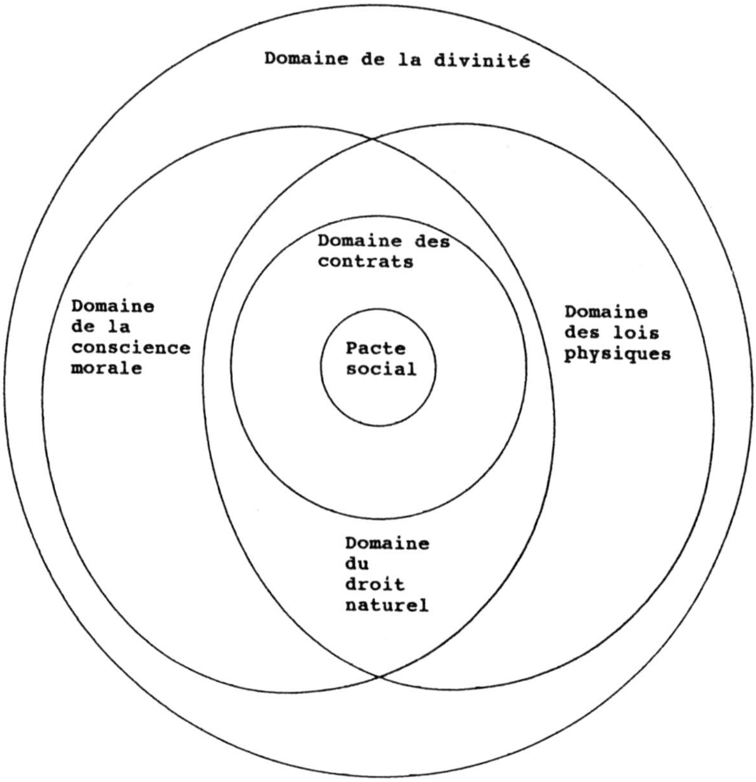

Figure 2: Proposition de schéma élargi

notre législateur la substantialité, la volonté, la liberté, et nous ne pouvons pas transposer tout cela dans une chose abstraite. Nous devons donc hypostasier le concept de la raison, ce qui donne le concept de Dieu. Dieu est le *Logos* ».

Jusque-là, la chose pourrait cependant demeurer dans le cadre d'une pure *synthèse esthétique*. Mais la suite dépasse ce cadre : « la conviction produite par une telle religion est simplement pratique [...] Une fois posés les concepts fondamentaux de la religion, cela continue à l'infini. [D'où] *Besoin*[12] de gratitude — d'humiliation — de pitié — d'aide et de soutien, etc. ». La synthèse religieuse est construite par la libre et consciente acceptation de Dieu par les individus, vise des effets réels de la loi morale dans la nature et dépasse le cadre de l'espérance et de la théologie morale pour entrer dans celui de la pratique.

La recension de Creuzer procède de la même pensée que ce manuscrit. Le passage cité par A. Renaut est certes l'expression exemplaire de la synthèse esthétique kantienne, mais rien n'indique que Fichte le reprenne à son compte. Quelle est en effet la stratégie de cette recension ? Kant, Reinhold, Creuzer et Fichte s'accordent sur deux points : 1) l'existence de la loi éthique en l'homme comme fait de la conscience, 2) la liberté de la volonté humaine dans le monde phénoménal sans laquelle il n'y aurait pas de responsabilité morale. La critique de Creuzer porte sur la question de savoir si le premier point (la loi éthique) est cause de la manifestation du second (la volonté libre). Si, comme Reinhold, on répond par l'affirmative, « on fait déchoir un intelligible dans la série des *causes naturelles* »[13]. Fichte souligne que cette tentation se trouve chez Kant lui-même, mais « y est seulement énoncée provisoirement ». Si, en revanche, on répond par la négative[14], on renonce à la liberté de la volonté, donc à la responsabilité morale. On doit alors accepter le spinozisme mécaniste, auquel Schmid, dans la préface de la seconde édition de son livre, dit ne se résoudre qu'à contre-coeur. Pour éviter ce dilemme, Fichte écarte l'objection de Creuzer en montrant que le criticisme kantien ne veut pas faire de la loi morale la cause de la volonté libre. Pour cela, il lui suffit d'indiquer la solution réfléchissante de la *Faculté de juger*, sans qu'il ait besoin de dire comment la loi morale peut tout de même déterminer la volonté libre dans les phénomènes, ce qui constitue pourtant ce que souhaitent Reinhold, Creuzer et Fichte. Dans le cadre limité d'une recension, Fichte a économisé ses moyens et n'a pas exposé sa propre position.

La possibilité d'une autre synthèse reste donc parfaitement ouverte, et on en trouve l'exposition dans la seconde édition de l'*Essai*. Son second chapitre se félicite de s'être « tiré » sans s'en apercevoir « d'une difficulté qui n'a été remarquée [...] par aucun adversaire de la philosophie critique, mais qui n'en est pas moins accablante pour elle. A savoir, comment est-il possible de rapporter la loi morale aux phénomènes dans le monde sensible, alors qu'elle n'est en soi applicable comme telle qu'à la forme de la volonté des êtres

12. Je souligne. Notons que quelques lignes plus haut, Fichte parle des « besoins de notre sensibilité », *GA*, II, 2, 5. Parler de formalisme moral me semble donc peu tenable.

13. *GA*, I, 2, 10, cité par RENAUT, *op. cit.*, p. 195-196.

14. *Essai d'une Critique de toute révélation*, trad. J. Ch. Goddard, Paris, Vrin, 1988 p. 74 ; *GA* I, 1, 27-28 ; cf. également note g), p.59 ; *GA* I, 1, 149, note **) contre le stoïcisme.

moraux ? »[15]. La détermination de l'action par la liberté n'y est plus directe, comme chez Kant, mais *indirecte*. Fichte adopte comme fait de la conscience et principe ultime de toute philosophie la faculté supérieure de désirer, qui n'est pas déterminée par un objet, mais qui se donne elle-même son objet, qui n'est autre que sa propre forme, c'est-à-dire vouloir simplement parce qu'on veut. Mais cette faculté ne peut devenir effective qu'en se rapportant à la volonté, laquelle est déterminée également par la tendance sensible. Kant considère ce rapport, le *respect*, comme un sentiment d'humiliation de la sensibilité qui, comme tout sentiment en général, est *pathologique* et ne saurait être le mobile de l'action morale. Fichte, qui définit ainsi le vouloir : « se déterminer à la production d'une représentation avec la conscience d'une activité personnelle », fait, au contraire, du respect le moyen indispensable de la détermination par la loi morale, et cela, de surcroît, sous la forme du respect de soi comme mobile moral, qui cesse d'être égoïste. Ce double déplacement par rapport à Kant s'exprime dans une page de l'*Essai* où se dessinent déjà les attitudes respectives de Fichte et de Kant en face de la Révolution française. Kant écrit : « Le surplomb audacieux de rochers menaçants, des nuées orageuses s'amoncelant dans le ciel et s'avançant parcourues d'éclairs et de fracas, des volcans dans toute leur violence destructrice, des ouragans semant la désolation, l'océan sans limites soulevé en tempête, la chute vertigineuse d'un fleuve puissant, etc., réduisent notre faculté de résistance à une petitesse insignifiante comparée à leur force. Mais le spectacle n'en devient que plus attirant dès qu'il est plus effrayant, à la seule condition que nous soyons en sécurité. [...] L'estime de soi ne perd rien du fait que nous soyons obligés de nous sentir en sécurité pour éprouver cette exaltante satisfaction, et le fait que le danger ne soit pas réel n'implique pas (à ce qu'il pourrait sembler) que le caractère sublime de notre faculté intellectuelle serait irréel dans la même proportion »[16]. Fichte, en revanche, nous interroge ainsi : « Qui, ayant ressenti intimement ne serait- ce qu'une fois cette jouissance, voudrait seulement, en échange d'un plaisir sensible quelconque, ne plus s'étonner au spectacle du déferlement torrentiel des chutes du Rhin, ou ne plus admirer les glaciers éternels menaçants de s'effondrer à tout instant sur lui, alors qu'il éprouve en ces circonstances ce sentiment qui élève l'âme : « *je* défie votre puissance » ? Qui voudrait céder l'estime de soi qu'il éprouve lorsqu'il se soumet librement et après mûre réflexion ne serait-ce qu'à l'idée de la loi nécessaire et universelle de la nature, bien que cette loi asservisse son inclination ou son opinion ? Qui échangerait enfin l'estime de soi qu'il ressent lorsqu'il sacrifie au devoir ce qu'il a de plus cher au monde ? »[17]. Fichte propose comme maxime de la moralité « respecte-toi toi-même » et rejette l'interdiction kantienne de rapporter le bien à la félicité qui rendait difficile aux « âmes bonnes » l'accès au criticisme. Cela a un autre effet important. Pour Kant, la loi morale détermine directement la personne et peut seule être objet de respect. Pour Fichte, le « catégorique de la

---

15. *Essai*, p. 62-63 ; GA I, 1, 152.

16. *Critique de la faculté de juger*,trad. J.-R. Ladmiral, M. B. de Launay et J.-M. Vayse, in Oeuvres philosophiques, Paris, Gallimard, 1985, II, 1031 ; *KUK*, V, 261.

17. *Essai*, p. 53-54 ; GA I, 1, 144-145.

loi ne fait plus l'objet que d'« admiration » et d'« étonnement »[18]. En consultant la table des jugements du respect proposée par Fichte[19], on constate que la modalité de l'effectivité, le respect pour la loi, disparaît quasiment au profit du respect pour le moi ou l'idéal, l'être divin, c'est-à-dire respectivement au profit des modalités de la possibilité et de la nécessité du respect. L'impératif catégorique perd sa position centrale.

La troisième partie du second chapitre de l'*Essai* développe les modalités de l'accord entre la tendance sensible et la tendance à la félicité. Seules les deux premières concernent l'être fini, car la finitude interdit à celui-ci la modalité de la nécessité. Ces deux premières sont la possibilité, le permis et le défendu, et l'effectivité, le bonheur mérité. D'une manière qu'il n'est pas ici le lieu de développer, mais qui annonce la note du *Projet de paix perpétuelle* sur la prétendue loi permissive, on peut montrer que la défense de la volonté libre empiriquement déterminable qu'entreprend Fichte lui permet d'éviter à la fois l'accusation d'eudémonisme et celle formulée par A. Philonenko de séparer bonheur et liberté, comme le libéralisme économique. On y trouve la phénoménologie de la liberté du *Fondement du droit naturel*, à savoir le « critère de l'applicabilité du droit » qu'est la déterminabilité à l'infini, et l'*Essai* n'interdit donc nullement la synthèse juridique soulignée par A. Renaut dans le *Fondement*.

Mais c'est une autre synthèse que Fichte adopte en 1793. Laquelle ? Certainement pas celle de l'éducation par le sublime, qui développe la tendance morale. En effet, la détermination *indirecte* de la volonté par la loi morale empêche de « donner aucune raison pour laquelle les lois naturelles devraient [...] constamment s'harmoniser avec la loi morale dans les êtres naturels, quel que puisse être par ailleurs le rang *sublime* auquel ils se tiennent »[20]. Or, puisque « le comportement d'autres êtres moraux influe également sur » notre « félicité, ils peuvent eux aussi être considérés comme constituant la nature »[21], de sorte que « la loi morale fait [...] *du juste en nous* la condition du *juste hors de nous* »[22]. Fichte ne peut donc faire reposer la réalisation d'un *ordre* juste *pratique* sur le bon vouloir de chaque individu et doit formuler l'hypothèse méthodique selon laquelle le respect de soi peut s'affaiblir au point que, sachant ce qu'ordonne la loi morale, chacun puisse cependant faire une exception pour lui-même, en en acceptant la punition morale et en pensant n'en être responsable qu'envers lui-même.

Or Fichte rejette les théodicées. Le mal ne contribue pas au meilleur des mondes possibles. Une synthèse pratique est requise, qui contraigne à une décision morale les volontés chez lesquelles le respect de soi s'est trop affaibli. Fichte écrit, en effet, que « Dieu est [...] l'agent déterminant des effets produits dans la nature par la causalité » de la volonté des êtres moraux, « mais non de leur volonté même »[23]. On pourrait objecter que l'obéissance

18. *Essai*, p. 54 ; GA I, 1, 145 ; cf. aussi p. 82 ; GA I,1, 34 : « vénération ».
19. *Essai*, p. 50 ; GA I, 1,142-143.
20. *Essai*, p. 81 ; GA I, 1, 34.
21. *Essai*, p. 75 ; GA I, 1, 28-29.
22. *Essai*, p. 73 ; GA I, 1, 27.
23. *Essai*, p. 75 ; GA I, 1, 29.

aux commandements de la religion présuppose une causalité de la loi morale dans le sujet religieux. Mais Fichte le nie, car, pour lui, la religion emprunte « le véhicule des sens »[24], à savoir la « révélation », quoique pour nous annoncer que l'Etre saint, c'est-à-dire sans inclination, est législateur moral et physique du monde. La désobéissance envers la volonté de Dieu est « la plus grande absurdité », et ne peut être expiée par aucun châtiment[25], car elle nie tout simplement tout lien universellement valide entre les deux législations. Nous sommes écartelés entre une raison théorique qui présente l'exigence de la raison pratique comme chimérique, et la raison pratique qui qualifie d'irrationnelle l'impossibilité de ce qui est le principe absolu de nos actions, à savoir la volonté libre. Au gré du hasard, nous obéissons tantôt à la raison pratique, tantôt à la raison pure, sans pouvoir aucunement en décider, semblables à une machine déterminée par les seules lois naturelles. La désobéissance de la volonté libre envers Dieu serait donc la négation d'elle-même. Au contraire, par la religion, la volonté libre n'est pas déterminée par la loi de la liberté, mais par celle de la nature, à obéir, et cela pour subsister elle-même comme volonté. La volonté libre empiriquement déterminable, même dénuée de respect pour elle-même ou pour la loi morale, est *contrainte* à obéir à la loi de Dieu, qui coïncide matériellement avec la loi morale. On pourrait objecter que la volonté libre peut renoncer à exister, donc que la contrainte n'existe pas vraiment. Mais dans l'ordre juridique fichtéen également, on peut parfaitement refuser la contrainte, se mettre hors la loi et subir alors l'horrible sort d'être relégué dans le désert et l'animalité. Comme cette contrainte religieuse crée les conditions du juste hors de moi, on peut réellement voir dans la religion un ordre de coexistence des volontés libres par limitation. L'*Anstoss* que le *Fondement du droit naturel* trouve chez autrui serait ici la révélation divine.

24. *Essai*, p. 106 ; GA I, 1, 48.
25. *Essai*, p. 80 ; GA I, 1, 33.

LA RÉAPPROPRIATION FICHTÉENNE DE L'INTUITION INTELLECTUELLE

Claude PICHÉ

Quand il accepte de rédiger la recension de l'*Enésidème* de Schulze, Fichte est loin de se douter que cet écrit sceptique va le plonger dans une crise intellectuelle profonde. Ce compte rendu lui coûtera beaucoup d'efforts dans la mesure précise où c'est d'abord la philosophie élémentaire de Reinhold qui est visée par l'*Enésidème*. Or Fichte, lui-même jusque-là partisan de la philosophie de Reinhold, se trouve déchiré entre les acquis de la philosophie élémentaire et le bien-fondé des objections de Schulze. Ce débat intérieur a lieu à l'automne de 1793. Aussi ne faut-il pas s'étonner de voir qu'en marge de la rédaction de sa recension, Fichte réévalue la philosophie élémentaire de façon radicale dans un texte posthume intitulé — de manière très significative — *Méditations personnelles sur la philosophie élémentaire*. En lui-même, ce manuscrit revêt une grande importance puisqu'il expose la Doctrine de la Science *in statu nascendi*. Pour notre part, nous voulons nous pencher sur ce texte ainsi que sur d'autres manuscrits et lettres de cette époque afin de retracer l'émergence de la notion d'*intuition intellectuelle*. Il va sans dire que l'introduction de ce thème par Fichte vise à pallier aux insuffisances de la philosophie de Reinhold telles que mises au jour dans l'*Enésidème*. Mais cela ne signifie pas pour autant que par ce geste Fichte se libère de toutes ses attaches avec la philosophie élémentaire. Au contraire, Reinhold fournit en définitive à Fichte les éléments théoriques qui lui permettront de surmonter les impasses de sa propre philosophie élémentaire.

Comme Fichte s'entend avec Reinhold sur les deux exigences formelles (systématicité et principe suprême) auxquelles doit se conformer une philosophie qui pourra se présenter comme science, toute la question consiste dès lors à savoir quelle allure prendra le système et, plus important encore, quel devra en être le premier principe. Il est inutile selon Reinhold de chercher du côté de la *Critique* kantienne puisque un tel principe en est absent. Fichte pour sa part souscrit à ce jugement, pour autant que l'on restreigne sa validité à la lettre du kantisme : il est bel et bien exact que Kant ne fait aucunement état dans sa première *Critique* d'un principe évident en lui-même. Il n'en va pas de même toutefois si l'on interroge la philosophie kantienne d'après son esprit. Dans une lettre du 6 décembre 1793, Fichte confie à Niethammer : « Il n'y a qu'un seul fait [*Thatsache*] originaire de l'esprit humain... : *Kant connaît certainement ce fait, mais il ne le dit nulle part* ; celui qui va le découvrir présentera la philosophie comme science. » Fichte se considère comme l'héritier du kantisme quant à son esprit, il s'applique à retracer le non-dit de la philosophie critique. Quant à la lettre de la *CRP*, il convient qu'elle ne peut livrer une solution satisfaisante au problème de l'unité et de l'évidence de la philosophie. Si l'on s'en tient par exemple à ce qui a pour titre « principe suprême de tous les jugements synthétiques » dans la première *Critique*, on est conduit à constater que ce principe implique une référence nécessaire à l'expérience, ce qui le discrédite d'emblée comme principe autarcique.

Or Reinhold s'oppose à la définition kantienne de l'expérience et au rôle central qu'elle joue dans les preuves transcendantales des principes dans la *CRP*. Aussi remplace-t-il le fait de l'expérience par un autre fait (*Thatsache*, *Faktum*), beaucoup plus intime cette fois : le fait de la conscience. Le principe premier de la philosophie élémentaire est donc le principe de conscience. Il donne accès à l'objet le plus immédiat qui soit : la représentation. Ce principe reinholdien toutefois doit faire face à son tour à ce scepticisme « décidé » qu'incarne l'*Enésidème* de Schulze. D'accord avec Reinhold pour rechercher un fondement ultime à la philosophie, Schulze lui conteste toutefois le caractère *a priori* du principe de conscience, car en dépit des avertissements prodigués dans la philosophie élémentaire, Schulze ne parvient pas à comprendre que le concept de représentation puisse être obtenu autrement que grâce à un processus d'abstraction réalisé à partir de représentations concrètes, ce qui en fait *ipso facto* un concept empirique. Dans la *Recension de l'Enésidème*, qui est à l'origine, on le sait, de la refonte intégrale de la première philosophie de Fichte, celui-ci ne peut que souscrire aux objections de Schulze, si bien qu'en définitive, le principe kantien axé sur le *fait* de l'expérience tout autant que le principe de Reinhold prenant appui sur le *fait* de la conscience s'avèrent tous deux inaptes à établir le point de départ pur et absolu qui devrait être celui d'une philosophie scientifique. Fichte se voit donc renvoyé à lui-même et à ses propres ressources. « Enésidème... m'a convaincu de ce que j'avais déjà bel et bien anticipé, que même après les travaux de Kant et de Reinhold la philosophie n'a pas encore le statut de science ; il a ébranlé mon propre système dans ses fondations et m'a obligé, puisqu'il ne sied pas de vivre à la belle étoile, à reconstruire.» Cette lettre à Flatt remonte à la période qui nous intéresse ici, soit à l'automne de 1793. On sait par ailleurs, grâce à la relation de Steffens, qu'il s'agit pour Fichte de l'époque de la grande découverte du Moi comme principe de la philosophie. Le *Je suis* apparaît soudainement à Fichte comme la seule instance en mesure de solutionner le problème traditionnel de l'opposition entre sujet et objet : Fichte fait référence ici au Moi qui peut s'appréhender lui-même comme Moi actif. Le principe de la philosophie ne peut être que la dynamique du Moi appréhendée en tant que telle, et non pas uniquement dans ses produits. Parce que le fait de l'expérience (Kant) et le fait de la conscience (Reinhold) ne peuvent qu'être donnés à la *réceptivité* du sujet, ils revêtent un caractère second, voire empirique, qui les rend impropres à jouer le rôle de principe absolu. Si le *Faktum* ne dévoile au mieux qu'un produit, alors son véritable principe doit résider dans le produire lui-même, dans le *facere*. C'est ainsi qu'il faudra entendre la distinction introduite par Fichte entre *Thatsache* et *Thathandlung*.

S'il est vrai que pour cerner son concept d'intuition intellectuelle Fichte tire directement son inspiration de Reinhold, on comprend aisément pourquoi en 1797 il sera obligé de consacrer l'essentiel de sa *Seconde introduction à la Doctrine de la Science* à la clarification et à la délimitation précise de son concept. En effet, la notion d'intuition intellectuelle avait cours en philosophie sous diverses acceptions bien avant sa première apparition publique chez Fichte dans la *Recension de l'Enésidème*. Ainsi Kant a-t-il grandement contribué à la notoriété de l'intuition intellectuelle, qu'il utilise comme figure heuristique afin de mettre en relief la particularité de l'intuition sensible finie. Il est évident que Fichte doit marquer ses distances face au caractère « divin » que prend l'*intuitus originarius* dansl'Esthétique kantienn, car cette intuition s'applique à la chose en soi, qui elle-même pose un problème non pleinement résolu chez Kant. Mais en se démarquant ainsi du criticisme, Fichte s'oppose aussi indirectement à son jeune émule Schelling, qui dans ses écrits de 1795 réinterprète cette notion à partir de ses propres prémisses spinozistes.

L'intuition intellectuelle n'apparaît chez Reinhold qu'en 1790, dans un texte inachevé intitulé *Nouvelle présentation des moments principaux de la philosophie élémentaire*. L'introduction de cette notion vient répondre ici à la préoccupation de Reinhold relative à l'évidence du discours transcendantal. Si la philosophie élémentaire entend être une véritable connaissance, elle doit s'assurer un accès direct à ses objets ; car autrement une connaissance philosophique par simples concepts (Kant), une connaissnace discursive privée de contact intuitif avec ces éléments purs n'est pas une connaissance au sens spécifique du terme. C'est pourquoi par exemple les composantes pures de notre faculté de connaître (intuitions ou concepts) doivent pouvoir petre saisies intuitivement, sans quoi une philosophie transcendantale qui n'atteint que de façon médiate l'objet correspondant au concept n'a jamais la véritable maîtrise de son thème. Afin de pallier cett elacune propre à la philosophie critique, Reihlold introduit un nouveau concept d'intuition intellectuelle qu'il définit comme une « intuition interne ». « Intellectuel » doit être compris ici dans son opposition à « empirique », c'est-à-dire dans son opposition à toute affection des sens qui réduit le sujet au rôle de spectateur passif. L'intuition intellectuelle de Reinhold renvoie à un type particulier d'intuition *a priori*, qui permet d'appréhender directement les formes pures de la représentation, tant intuitives que conceptuelles.

Si Fichte s'approprie l'intuition intellectuelle, c'est pour parer aux objections de l'*Enésidème* qui viennent faire chanceler tout l'édifice de la philosophie élémentaire. Or, dans sa reprise de cette notion, il se voit contraint de passer outre à certains interdits formulés par Reinhold eu égard aux limites d'utilisation d'une telle intuition. Pour Reinhold, l'intuition intellectuelle n'appréhende que les « formes de la représentation » dont dispose *a priori* le sujet représentant, sans toutefois que ce sujet représentant puisse lui-même faire l'objet d'une saisie intuitive. Par là, l'intuition intellectuelle reinholdienne conserve un caractère de « réceptivité » en ce qu'elle ne saisit que le produit (*das Hervorgebrachte*) et non pas la « spontanéité du sujet » dans son acte de production. Ici se dégage l'originalité de Fichte : il ne place plus comme Reinhold au fondement de la philosophie un simple fait (*Thatsache)*, une simple représentation, mais une subjectivité agissante et saisie en tant que telle dans l'intuition intellectuelle

(*Thathandlung*). La *Recension de l'Enésidème* porte très clairement la trace de cette correction, ou plutôt de cette extension du champ de l'intuition intellectuelle. On comprend dès lors l'ampleur du déplacement opéré par Fichte dans la formule suivante : « Le sujet absolu, le Moi, n'est pas donné par une intuition empirique, mais posé [*gesetzt*] par une intuition intellectuelle.»

Les manuscrits de Fichte de cette époque peuvent être ici d'un précieux secours pour qui cherche à retracer les étapes de l'élaboration de ce que la *Recension* laisse apparaître certes comme des résultats, mais des résultats sommaires et encore infondés. Les *Méditations personnelles sur la philosophie élémentaire* permettent en l'occurrence de prendre connaissance des multiples tiraillements qui accablent Fichte dans les derniers mois de l'année 1793. Il se réclame encore de la philosophie élémentaire dans ce texte, mais d'une philosophie élémentaire qui subit l'assaut du sceptique, si bien que la démarche fichtéenne se révèle être au fil des pages de plus en plus autonome, au point de laisser nettement préfigurer la future Doctrine de la Science. Ce n'est donc pas un hasard si l'intuition intellectuelle dans sa nouvelle acception ne se dégage que graduellement dans le texte. Ainsi dans les dernières sections du manuscrit retrouve-t-on cette formulation qui nous deviendra familière : « Le Moi ne s'intuitionne pas lui-même d'une autre manière que par l'intuition intellectuelle dans : *Je suis*.» Pourtant la provenance reinholdienne — et non pas kantienne — de cette notion se trouve explicitement confirmée au moment de sa première occurrence vers le début du texte : l'intuition intellectuelle est en effet chargée de mettre en contact avec les « formes de la faculté de représentation », expression que l'on retrouve textuellement dans le passage de la « Nouvelle présentation... » consacré à l'intuition intellectuelle. Mais dans le manuscrit de Fichte, les difficultés reliées à la fonction de l'intuition intellectuelle ne sont pas pour autant réglées. A son propos surgissent encore beaucoup de questions et d'hésitations, qui sont de nature à expliquer, du moins en partie, l'énigmatique absence de cette notion dans la *Wissenschaftslehre* de 1794.

FICHTE, LECTEUR ET CRITIQUE DE ROUSSEAU : *L'APPEL AUX PRINCES POUR LA REVENDICATION DE LA LIBERTÉ DE PENSER*[1]. UN TEXTE DE 1793

Thérèse PENTZOPOULOU-VALALAS

L'influence de Rousseau sur la pensée du jeune Fichte est un fait dont attestent les écrits politiques du philosophe. Elle est la conséquence directe de ce phénomène que l'intelligentsia germanique éclairée a appelé « le phénomène Rousseau »[2]. Kant, lui-même, dans ses Remarques touchant les *Observations sur le sentiment du beau et du sublime* n'a pas hésité d'appeler Rousseau le Newton de la morale[3]. A l'âge de 31 ans Fichte écrivait : « ...l'esprit humain réveillé par Rousseau a accompli une oeuvre que vous auriez déclarée de toutes les choses impossibles la plus impossible... il s'est mesuré lui-même »[4]. Nous sommes en 1793. Ce n'est pas une date fortuite dans l'itinéraire philosophique de Fichte. C'est l'année de son engagement politique qui ne peut se lire qu'à la lumière de sa conversion au kantisme[5]. C'est en effet en 1793 que virent le jour les textes qui lui ont valu sa renommée de philosophe : *l'Appel aux Princes*, les *Considérations destinées à rectifier le jugement du public sur la Révolution française*, la *Critique de toute Révélation* (réédition). C'est l'année enfin où Fichte travaille ses *Conférences sur la destination du savant*, publiées un an plus tard.

L'Appel aux Princes n'est pas, certes, un texte denué de signification. Pourtant, cité le plus souvent ensemble avec les *Considérations*, il n'a pas fait l'objet d'une approche plus systématique. Or, pour plusieurs raisons il mérite de retenir l'attention. On y trouve des réflexions aux résonances rousseauistes

---

1. *Zurückforderung der Denkfreiheit von den Fürsten Europens, die sie bisher unterdrückten.* J. G. Fichte's Sämmtliche Werke, hrsg. J. H. Fichte, Bd VI, Berlin, 1845.

2. Voir A. PHILONENKO, *Jean-Jacques Rousseau et la pensée du malheur*, 3 vol., Paris, Vrin 1984, tome 3, p. 305.

3. Il s'agit de l'écrit *Bemerkungen Zu den Beobachtungen uber das Gefühl des Erhabenen* (1793), publié pour la première fois dans l'édition des Oeuvres de Kant de Rosenkranz et Schubart, Bd XI, I, Abt. 1842. Cf. *Observations sur le sentiment du beau et du sublime*, trad. introduction et notes R. KEMPF, Paris, Vrin 1953, p. 66 : « Newton le premier de tous vit l'ordre et la régularité... là où avant lui il n'y avait à trouver que désordre... Rousseau le premier de tous découvrit sous la diversité des formes humaines conventionnelles la nature de l'homme dans les profondeurs où elle était cachée... ».

4. *Considérations destinées à rectifier le jugement du public sur la Révolution française*, tr. J. Barni, Paris, Payot, 1974, p. 103.

5. La lecture de la Raison Pratique fut déterminante pour Fichte. Lire à ce sujet la lettre à Achelis (novembre 1790) in *Fichte's Briefwechsel*, hrsg. Hans Schulz, Leipzig 1925, Bd I, p. 142-143, cité par A. PHILONENKO, *Théorie et Praxis dans la pensée morale et politique de Kant et de Fichte en 1793*, Paris, Vrin, 1968, p. 79.

et kantiennes, mais également une forme toute particulière d'expression qui annonce l'originalité de Fichte. L'épigraphe mis par le philosophe en dessous du titre, est l'image la plus éloquente de l'héritage dont il se réclame : « Heliopolis, l'an dernier de l'ère des ténèbres ». La métaphore de la révolution copernicienne de Kant accompagne celle de la naissance du nouveau monde de l'*Aufklärung*.

On remarquera bien que les deux grands thèmes de *l'Appel aux Princes*, la liberté comme essence de la nature humaine et l'idée du souverain, garant de la liberté politique, s'inscrivent dans le contexte de la pensée politique de cette fin du siècle. Ce n'est cependant que dans le cadre de la déduction kantienne qu'on peut lire le renversement[6] qu'opère Fichte dans la façon de présenter la revendication de la liberté. En effet, il ne fonde pas la liberté sur le pouvoir du souverain mais, au contraire, celui-ci sur la liberté inviolable de l'homme. C'est au souverain d'établir la légitimité de son pouvoir : « le quel droit régnez-vous, vous princes, sur les peuples ? »[7] La prétention au droit héréditaire n'est pas une réponse valable. On n'hérite pas des hommes comme d'un troupeau. Nous pouvons donc estimer que la première lecture de ce texte pamphlétaire nous met en présence d'un pathétique *argumentum ad hominem*. C'est à l'intention des autorités princières que ce discours est livré. Ce premier jugement résisterait-il à une lecture plus attentive ? C'est ce que nous allons essayer d'examiner, limitant toutefois cette seconde lecture sur quelques points essentiels du texte.

On connaît bien Fichte, ardent défenseur des *Lumières*. On a tendance à oublier Fichte, apologiste des adversaires de l'*Aufkärung* défendant la légitimité et la sagesse des Edits de religion et de censure de 1788. Le revirement dans son attitude survient au moment où il se trouve, lui-même, victime de la censure. Les faits nous sont connus[8]. Entre les textes d'apologie et le discours quasi-révolutionnaire le changement de ton est frappant. Au couple paix-bonheur, souci majeur des princes, se substitue le couple droit-liberté, revendication de l'homme et du citoyen : « Non, Prince, tu n'es pas notre Dieu. De lui nous espérons notre bonheur, de toi la protection de nos droits. Tu ne dois pas être bon pour moi, tu dois être juste »[9]. Et Fichte de louer la conscience morale en l'homme, cette étincelle divine qui l'élève au-dessus de l'animalité, et de défendre l'idée de la dignité de l'homme, du droit, du devoir[10].

---

6. M. GUEROULT qui signale ce renversement écrit : « La question quid juris relative à la liberté de penser implique donc, loin de l'exclure, la question quid juris relative au pouvoir des Princes. C'est donc une déduction à la manière de Kant mais analogue aussi à celle de Rousseau qui tranchera le problème », Fichte et la Révolution française in *Etudes sur Fichte*, Paris, Aubier 1974, p. 172.

7. *Zurückforderung...*, p. 11.

8. Voir X. LEON, *Fichte et son temps*, 3 vol., Paris, Colin 1922-1927 et plus particulièrement tome 1, p. 117 et s. Les inédits de Fichte sont publiés en allemand, p. 159-165.

9. *Zurückforderung...*, p. 9.

10. Consulter à ce sujet l'étude de Georges GURVITCH « *Kant und Fichte als Rousseau-Interpreten* » in *Kant-Studien*, 27, 1922, p. 138-164. Rappelons les grands principes exposés dans *l'Appel aux Princes* : tout droit dérive d'un devoir ; le principe de tout droit se fonde dans l'intériorité de la conscience ; bonheur et droit se séparent. Voir A. PHILONENKO, *Théorie et Praxis...*, p. 96 et s. Dès 1794 ces thèses seront abandonnées.

C'est sur la question des droits inaliénables que nous nous arrêterons. Reprenant les thèses rousseauistes Fichte proclame l'inviolabilité de certains droits. L'intérêt de cette thématique dans *l'Appel aux Princes* tient, nous semble-t-il, moins à l'idée même des droits imprescriptibles, exigence fondamentale de l'*Aufklärer*, qu'à la démarche que Fichte suit dans l'examen de ceux-ci. Car celle-ci laisse voir, à chaque étape, une plus nette émergence de la réflexion proprement fichtéenne. Si au niveau des idées Fichte se situe bien dans le sillage de Rousseau, au niveau des présupposés qui fondent ces idées le philosophe laisse percer sa propre originalité. Les droits inaliénables sont les droits auxquels on ne peut jamais renoncer sans perdre la qualité d'homme. On croirait lire le *Contrat social*. L'idée n'est ni nouvelle ni originale[11]. Ce qui, par contre, est original et sur lequel on aimerait fixer l'attention c'est la forme du raisonnement de Fichte. La liberté de penser est un droit inaliénable. Elle est bien sous-tendue par le désir de l'homme de connaître la vérité. Or, regardons de près la forme du raisonnement par lequel est introduite l'idée de la recherche de la vérité. Nous lisons en effet : « l'amour libre et désintéressé de la vérité théorique, parce qu'elle est vérité, est la plus féconde préparation à la pureté morale de nos pensées »[12]. Cette phrase est doublement révélatrice. D'un côté Fichte pose l'inconditionnalité de la vérité ; de l'autre il utilise pour ce faire la forme logique que revêt la proposition fondatrice de la *Doctrine de la Science* : *ich bin, weil ich bin*. La vérité, parce qu'elle est vérité. Transposé sur le plan formel l'énoncé nous donne : A parce que A. Posant la vérité dans son absolue indépendance Fichte abandonne, sur le plan formel, l'idée d'un conditionnement : si A, alors nécessairement A. Bien évidemment on ne peut que faire ici le rapprochement avec son article *Sur la stimulation et l'accroissement du pur intérêt pour la vérité*[13] conçu à l'époque de *l'Appel* dans lequel il est écrit : « Notre intérêt pour la vérité doit être pur. La vérité, purement et simplement parce qu'elle est la vérité, doit être le but ultime de notre étude, de notre réflexion, de notre recherche »[14]. La vérité est posée dans sa pureté.

L'exposé du droit imprescriptible de la liberté de penser laisse apparaître un autre droit, présenté également comme inaliénable, le droit de donner et de recevoir. Ces deux termes simples en apparence, expriment une idée d'une signification profonde pour la philosophie de Fichte : l'idée de la communication nous fait franchir une étape importante dans la quête des présupposés qui fondent l'originalité du philosophe. « Le droit de recevoir ou de prendre ce qui nous est utile fait partie intégrante de notre personnalité, spécialement le droit de prendre ce qui peut servir à la culture de notre esprit

---

11. L'idée sera défendue par tous les *Aufklärer*. Citons à titre d'exemple l'article du juriste E. F. KLEIN « De la liberté de penser et d'imprimer. Aux Princes, Ministres et Ecrivains » in *Qu'est-ce que les Lumières* ? Textes choisis et traduits par Jean MONDOT, Publications de l'Université de St Etienne, 1991, pp. 53-62.

12. *Zurückforderung...*, p. 14 : « *Freie... Liebe zur theoretischen Wahrheit, weil sie Wahrheit ist...* ».

13. *Über Belebung und Erhöhung des reinen Interesse für Wahrheit*. Il s'agit d'un article conçu dès 1792 mais qui ne parut qu'en 1795 dans la Revue « Les Heures » de Schiller. Pour la traduction française et les notes voir P.-Ph DRUET, *Fichte*, Paris, Seghers 1977, pp. 189-200.

14. *Ibid*, p. 191.

et de notre moralité (*unsere geistige und sittliche Bildung*). Nous ne pouvons renoncer à ce droit sans renoncer à notre liberté, à notre personnalité »[15].

L'idée de la communication est au seuil de plusieurs voies à partir desquelles va se déployer la réflexion fichtéenne. Elle conduit à une philosophie du droit axée sur l'intersubjectivité dans le *Fondement du Droit naturel* à une philosophie politique plus accessible au grand public telle qu'elle s'exprime dans les *Considérations* à une philosophie de l'histoire à travers l'idée du destin de l'homme introduite dans les *Conférences sur la destination du savant*. C'est en approfondissant le sens de la relation « donner-recevoir » que nous allons voir Fichte prendre petit à petit son écart par rapport à Rousseau. Pour ce faire il faudra nous pencher sur le présupposé qui fonde le droit imprescriptible de communiquer. La question du *Mittheilungs-Recht* qui implique aussi bien l'idée de la sociabilité de l'homme que celle du contrat social conduit Fichte à s'interroger sur la légitimité de l'oppression de la liberté de penser et à répondre, s'inspirant du radicalisme rousseauiste : « L'humanité se venge cruellement de ses oppresseurs, les révolutions deviennent nécessaires »[16]. Par cette formule lapidaire, il légitime le droit à la révolution s'écartant de Kant mais ne s'approchant que provisoirement — nous allons le voir — du philosophe genevois. C'est donc un Fichte disciple de Rousseau qui apparaît encore à travers les lignes de cet écrit aux tons violents.

Mais quel est le présupposé sur lequel se fonde le droit à la communication ? C'est le droit à la culture (*Bildung*). Dire que l'homme a le droit inaliénable de recevoir la culture, c'est dire qu'un autre homme a également le droit — auquel il ne doit pas lui non plus renoncer — d'offrir cette culture. L'inaliénabilité s'entend dans les deux directions. Mais, et c'est ici que le présupposé de la communication se profile sur le fond de cette réciprocité, la culture ne se gagne qu'au profit d'un effort continu de l'homme. L'homme produit cet effort dans un but bien déterminé : poursuivre une recherche au terme de laquelle il espère parvenir à un état où il sera en accord avec lui-même. Cette recherche ne pouvant pas être limitée — comment peut-on mettre une limite à ce vers quoi tend l'homme ? — et ne pouvant être autre chose qu'une recherche dictée par l'activité de l'esprit, devient du coup, l'idéal vers lequel l'homme tend toujours. La pensée de Fichte est sans équivoque ; les termes employés en témoignent : *Nachforschen ins Unbegrenzte*[17]. Si, comme il a été souvent répété, Kant renferme dans le *selbstdenken* l'esprit de l'*Aufklärung*, Fichte, lui, résume dans le *nachdenken* son idéal d'une marche spirituelle de l'humanité vers l'avenir. La défense de la liberté de penser est légitimée par la présence de cette chose inconditionnelle qu'est l'agir spirituel de l'homme. Et cette activité est l'expression de la liberté absolue qui fonde la nature de l'homme. Avec la découverte du caractère inconditionnel de l'activité de l'esprit, l'idée de l'inaliénabilité des droits (liberté de penser, de communiquer, d'agir par l'esprit) devient transparente. Nous nous trouvons,

15. *Zurückforderung...*, p. 16.
16. *Ibid*, p. 6.
17. *Ibid*, p. 23.

avec ce présupposé ultime en face de l'intuition profonde de la *Selbstthätigkeit* qui est seule susceptible d'éclairer le sens d'une philosophie de l'histoire projetée dans l'avenir c'est-à-dire dans le progrès[18]. Ce n'est pas toutefois dans l'accent mis sur l'autonomie de l'homme ou sur la liberté que se lit l'originalité du philosophe. Les thèses sont empruntées à Kant et à Rousseau. Ce qui appartient en propre à Fichte c'est qu'il érige l'homme, l'individu au-dessus du citoyen. C'est donc par un seul et même droit, droit à la culture que l'on saisit la signification plus profonde de la *Bildung* dont Fichte fera le véritable moteur du progrès. Car la *Bildung* est beaucoup plus que l'acquisition d'un savoir ; elle désigne bien plus que l'idée d'éducation. Au sens fichtéen la culture est synonyme d'effort continu, illimité. C'est l'exercice de toutes les facultés en vue de la liberté absolue.

Culture et liberté, liberté et culture, les deux idées relèvent d'une même intuition profonde : la liberté immanente à la nature de l'homme. L'essence de la liberté est l'effort infini vers la liberté ; l'effort infini c'est la culture. Dès 1793, avec *l'Appel aux Princes*, Fichte annonce l'idée de la culture comme expression du pouvoir infini de la raison. « Ce qui détermine sa raison [de l'homme] c'est de ne reconnaître absolument aucune limite et ce n'est qu'en cela qu'elle est raison et que l'homme est un être rationnel libre, autonome »[19]. Tout en défendant avec Rousseau la foi en la perfectibilité de l'homme, Fichte délimite son propre terrain. « Notre unique bonheur sur cette terre — si bonheur doit être — c'est l'autoactivité (*Selbstthätigkeit*) libre et sans obstacles. C'est l'agir par nos propres forces à des fins fixées par nous »[20]. Ayant fait une bonne partie du chemin avec Rousseau, il s'en sépare ouvertement au moment où ses présupposés l'emportent sur une thématique exposée en surface. La divergence avec Rousseau s'annonce en profondeur. A l'homme-créature, Fichte oppose l'homme-créateur de son destin ; à la passivité l'activité, à la raison au repos la raison au combat. Ces oppositions sont explicites dans *L'Examen des thèses de Rousseau* (5e Conférence sur la destination du savant). Dans *L'Appel* c'est à travers une sorte d'*argumentum ex silentio* que nous les percevons. Le nom de Rousseau n'est pas mentionné[21]. Mais quand nous lisons la phrase, « les fruits de notre activité mais non de notre passivité » (*die Frïchte unseres Thuns nicht unseres Leidens*) nous sentons bien que c'est Rousseau qui est visé.

Qu'avons-nous gagné au terme d'une lecture qui s'est voulue plus attentive sur certains points ? Résumant la démarche de Fichte nous dirions que de l'idée explicite à son présupposé implicite, il y a un passage constant d'un

---

18. Dans *l'Appel aux Princes*, FICHTE adhère encore à la conception kantienne de l'histoire. Il s'en écartera dans les *Considérations*. Sur l'idée de la philosophie fichtéenne du progrès, voir A. Philonenko, « *L'oeuvre de Fichte* », Paris, Vrin, 1984. Fichte avec son idée du progrès, fonde une philosophie du projet et c'est par là qu'il s'oppose tout à fait à Rousseau (p. 61). Cf. du même auteur *Théorie et Praxis...*, p. 153 : « ...l'homme ne s'efface jamais pour Fichte devant le citoyen, et l'homme peut toujours refuser les obligations imposées au citoyen ».

19. *Zurückforderung...*, p. 23-24.

20. *Zurückforderung...*, p. 29. Cf. *Conférences sur la destination du savant*. Introduction, traduction et commentaire J. L. VIEILLARD-BARON, Paris, Vrin, 1969 et en particulier p. 141 et s.

21. FICHTE mentionne une seule fois Rousseau à propos de la phrase qu'il lui attribue et qu'il cite en français : « tout honnête homme doit avouer ce qu'il a écrit », *Zurückforderung...*, p. 5.

niveau à un autre où, chaque fois, le présupposé acquiert statut de droit, et celui-ci devient, à son tour, le présupposé d'un droit plus fondamental ; ainsi jusqu'à l'ultime fondement : l'autodétermination de la raison en son infinité. N'est-ce pas là le procédé d'une déduction ? Il est évident que *l'Appel aux Princes* est plus qu'un pamphlet politique. Sa signification déborde le cadre d'un simple *argumentum ad hominem*. Par plusieurs côtés, il annonce les intuitions et la démarche de la *Doctrine de la Science*. S'il est effectivement important de conserver, contre Rousseau, la foi en l'effort illimité vers la culture, c'est-à-dire vers la liberté absolue, c'est qu'il s'agit d'un idéal dont Fichte ne se défait jamais et qu'il situe hors du domaine du savoir. C'est un idéal qui lui permet d'envisager déjà la rencontre du droit et du fait.

Mis sous l'éclairage de la *Doctrine de la Science* de 1794-95, *l'Appel aux Princes* dispose déjà d'un statut métaphysique, l'autoactivité libre et illimitée à laquelle on reconnaît le signe infaillible de la tâche infinie de la raison.

FR. SCHILLER ET LA RÉCEPTION DE LA « CRITIQUE DE LA FACULTÉ DE JUGER » EN 1793

Daniel DUMOUCHEL

En 1793, Schiller publie deux essais importants : *De la grâce et de la dignité*, et *Du sublime*, dans lesquels il aborde les problèmes de la beauté humaine, de la beauté tragique et du rapport entre la moralité et la beauté. Mais c'est essentiellement dans le dialogue abandonné qui ne nous est connu que par les lettres adressées à son ami G. Körner en janvier et février 1793, *Kallias ou de la beauté* [1], qu'il élabore la théorie de la beauté qui servira de base aux *Lettres sur l'éducation esthétique de l'Homme* (1794-95) et prétend dépasser l'esthétique kantienne en en prolongeant les principes. J'entends m'y limiter ici, dans l'intention de cerner les positions théoriques fondamentales de Schiller et de comprendre la nature de sa reprise de la *Critique de la faculté de juger* [2].

1. — LES CARACTERISTIQUES ESSENTIELLES DU *KALLIAS* ET L'INTEGRATION ESTHETIQUE DE LA MORALE.

Kallias ou de la beauté s'organise autour de deux caractéristiques essentielles : d'une part, Schiller entend opérer ce qu'il convient d'appeler un déplacement *pratique* de l'esthétique, puisque la beauté ne peut être expliquée que par le biais d'une analogie avec la liberté et l'autonomie dans le domaine du sensible ou de l'apparence ; d'autre part, l'esthétique de Schiller conduit à déplacer l'*esthétique du goût* vers une *philosophie du beau*, dans la mesure où cette propriété des choses, de la nature ou des oeuvres qui nous permet de les déclarer belles n'est plus fondée sur une simple rencontre contingente entre certaines qualités objectives et la structure de la subjectivité, mais relève de la *nature* même de ce qui est déclaré beau. Le défi de l'interprétation consiste à pouvoir articuler le déplacement pratique de l'esthétique avec la fondation de la beauté sur un principe objectif.

La réflexion de Schiller sur l'esthétique s'effectue dans un domaine qui est d'emblée celui de la philosophie pratique. Le point de départ de la philosophie comme de l'esthétique n'est pas la question de l'unité de la philosophie

1. Je cite Schiller dans ma propre traduction, en suivant l'édition de ses écrits esthétiques publiée par G. Fricke et H. G. Göpfert dans le tome V des *Sämtliche Werke*, Munich, Carl Hanser Verlag, 1975. Les passages de la correspondance entre Schiller et G. Körner pertinents pour la théorie de la beauté, entre le 25 janvier 1793 et le 28 février 1793, sont regroupés sous le titre : *Kallias oder über die Schönheit. Briefe an Gottfried Körner*.

2. Citée désormais : *CFJ*, selon les paragraphes.

théorique et pratique, mais celle de la dualité humaine en tant que sensibilité et raison, nature ou liberté. Dans ce contexte, Schiller insiste sur le fait que la beauté n'est pas à chercher du côté de la raison théorique, comme c'était encore le cas chez Kant, mais qu'elle appartient entièrement à la raison pratique. La raison pratique prête à l'objet, de façon régulatrice, une faculté de s'auto-déterminer, une volonté, et le considère sous la forme d'une liberté ou d'une autonomie qui lui serait propre. La « liberté », ici, doit être comprise comme l'auto-détermination complète d'un être qui se développe selon une sorte de nécessité interne, indépendamment des influences externes hétéronomes. Reprenant de façon assez lâche — et souvent contradictoire — le vocabulaire de l'Esthétique transcendantale, Schiller définit alors la beauté comme la *liberté ou l'autonomie dans l'apparence*, c'est-à-dire dans la sensibilité (8/2/1793).

Schiller fait alors intervenir un concept qui est au coeur de sa reprise de Kant et de sa fondation de l'objectivité de la beauté, à savoir le concept de *nature* (23/2/1793). Il appelle « nature » ce qui est « inhérent à la chose », la « personne » de cette chose, ce par quoi une chose déterminée est ce qu'elle est. Par opposition à l'art ou à la technique, qui sont possibles par une règle, seul ce qui est « possible par soi-même » mérite le titre de « nature ». Schiller est conscient du fait que tout être naturel tire son fondement de détermination de quelque chose d'autre, et par conséquent qu'il est déterminé par une règle, mais il n'apparaît comme « nature », au sens esthétique, que s'il paraît justement être libre et « sans règle ». Pensée à l'origine par analogie avec l'autonomie morale, la « nature » en vient rapidement à fournir le modèle de l'autonomie morale, puisque Schiller l'identifie à la capacité de se déterminer par soi-même. Il est intéressant de remarquer que c'est désormais le concept d'*héautonomie* qui absorbe le concept plus proprement moral d'autonomie (23/2/1793). L'héautonomie, chez Kant, ne s'applique qu'à l'activité de la faculté de juger réfléchissante qui se donne à elle-même des règles pour sa propre réflexion sur les formes de la nature. L'héautonomie schillerienne est un principe « objectif », qui s'applique à toute forme qui se présente dans l'expérience à la fois comme auto-déterminante et auto-déterminée. L'objet autonome ou héautonome dans l'apparence n'est pas sans règle ou « sans technique » ; son autonomie réside plutôt dans son « consensus volontaire à sa propre technique », dans la mesure où, en tant que forme, il se donne sa propre règle et y obéit librement. La « nature » se rapproche de la « non-contrainte », tandis que la technique ou l'art révèlent toujours une contrainte externe, une hétéronomie.

Bien que l'appréhension d'une telle forme requiert l'usage de la raison, puisqu'elle se fait toujours par le biais d'une représentation négative de la liberté, Schiller insiste sur le fait que *nature* et *héautonomie* sont des qualités objectives des objets, car elles subsistent même lorsque l'on fait complètement abstraction du sujet de la représentation. C'est pourquoi le plus grand défi méthodologique auquel Schiller fait face en 1793 consiste à expliquer comment l'absence de détermination externe elle-même[3], qui repose en

3. Que Schiller appelle le *Nichtvonaussenbestimmtsein* (18 février 1793).

principe sur une qualité objective, peut être *représentée*. Cela est possible parce que l'entendement est sollicité à réfléchir sur la forme de l'objet, qui annonce une forme artificielle ou technique. L'objet doit apparaître comme étant possible par une règle, bien que cette règle reste et doive rester indéterminée. Schiller se démarque aussi bien de Baumgarten, qui selon lui fait reposer la beauté sur une perfection objective, que de Kant, qui pour opérer la critique de l'esthétique de la perfection a cru bon instaurer une coupure radicale entre la beauté libre et la beauté adhérente[4]. Pour Schiller, la beauté a bien à voir avec la perfection et la finalité, mais uniquement dans la mesure où elle est elle-même la forme d'une perfection ou d'une finalité, la « forme d'une forme ». La finalité est hétéronome, tandis que la beauté est héautonome, puisque la chose *paraît* y acquiescer à sa propre finalité en suivant uniquement sa nature interne. On peut présenter l'objectivité recherchée pour la beauté comme une sorte de *fondement commun* à la liberté morale et à la « nature », lequel fondement ne se révèle pourtant que *subjectivement*, par une représentation indirecte de l'autonomie de la forme sensible, qui est en même temps une *présentation symbolique* de la liberté morale. Dans les *Lettres sur l'éducation esthétique de l'homme*, Schiller mitigera cette dimension objective du beau, et ne cherchera plus, comme dans le *Kallias*, à indiquer dans le monde de l'apparence une réconciliation *effective* de la sensibilité et de la raison.

2. — LE *KALLIAS*, L'UNITE DE LA *CRITIQUE DE LA FACULTE DE JUGER*, ET LES PROLONGEMENTS ETHIQUES, CULTURELS ET POLITIQUES DE L'ESTHETIQUE DE *1793*.

Ces deux aspects de la théorie du beau ont un dénominateur commun : la volonté de dépasser les limites de l'esthétique subjective du goût, qui constitue, selon Schiller, l'horizon au sein duquel Kant a pensé la nature du beau. Kant lui-même avait préparé l'élargissement de la théorie du goût, qui compose le noyau de son esthétique, mais sans quitter le terrain critique de l'analyse de la subjectivité. D'une part, il avait reconnu et accentué la portée pratique du goût et son analogie structurelle avec la morale ; d'autre part, il avait élargi le cadre de sa réflexion sur le goût pour l'insérer dans le contexte téléologique d'une théorie du jugement réfléchissant, de façon à faire du jugement esthétique une application particulière du principe subjectivement nécessaire d'une « technique de la nature ». Pour Schiller, la méthode kantienne est *subjective*, puisque Kant conserve de l'empirisme la fondation de la beauté sur le plaisir qui procède de la rencontre contingente de deux éléments : les propriétés objectives, qui ne sont pas intrinsèquement « belles », et une certaine organisation de l'expérience subjective ; cette méthode est également *rationnelle*, parce qu'elle met en jeu une structure du sujet qui possède une universalité et une nécessité non conceptuelles qui suffisent à fonder la rationalité du jugement esthétique (25/1/1793). C'est dire

4. *CFJ*, § 16.

que Schiller, ici, résume la pensée esthétique de Kant à deux de ses manifestations, à savoir, d'abord, la théorie de l'idéalisme de la finalité[5], et en second lieu, la fondation du goût sinon sur un concept et une connaissance, du moins sur la structure universellement nécessaire de ce que Kant appelle tantôt la « connaissance en général », tantôt la « faculté de juger en général »[6], qui permet de fonder transcendantalement la revendication de validité et de communicabilité élevée par le jugement de goût.

En fait, Schiller se propose de relire l'ensemble de la théorie kantienne du goût à partir du fameux § 45 de la troisième *Critique*, dans lequel Kant affirme que « la nature est belle dans la mesure où elle a l'apparence de l'art, et que l'art est beau dans la mesure où il ressemble à la nature », prétendant pouvoir ainsi relier en une pensée cohérente les réflexions kantiennes en apparence hétérogènes sur la théorie du jugement de goût, sur l'analogie du goût et de la morale, et sur la fondation téléologique de la beauté des formes naturelles. *Premièrement*, Schiller unifie la théorie de la beauté et du goût — qui constitue l'essentiel de l'Analytique du beau — avec le questionnement téléologique sur la « technique de la nature » — qui constitue le cadre philosophique général de la *Critique de la faculté de juger* —, autour de la notion même de « nature »[7]. *Deuxièmement*, en faisant de l'*héautonomie* un concept à la fois *objectif* et *pratique*, Schiller est en mesure d'articuler deux dimensions importantes de l'esthétique kantienne, à savoir la question de l'*appréciation esthétique* de la beauté, d'une part, et celle de la *médiation esthétique* du Bien moral, d'autre part, qui était rendue possible, chez Kant, par l'analogie entre la disposition esthétique et la disposition morale et par la possibilité d'une symbolisation esthétique du Bien moral. L'héautonomie esthétique fournit le principe pour penser la « nature » comme « liberté ».

D'un point de vue kantien, il y a là toutefois un risque très réel que la morale soit absorbée par l'esthétique. La pensée de Schiller, et cette tendance se confirmera dans les *Lettres sur l'éducation esthétique*, intègre la morale kantienne dans une théorie de la culture qui confère à la beauté une valeur médiatrice individuelle et historique. L'héautonomie esthétique sert d'ailleurs à réinterpréter le concept kantien d'autonomie morale ; en dernière analyse, le concept de *nature* devient normatif et permet d'indiquer les limites du concept moral de *liberté*. D'ailleurs, l'esthétique de Schiller, à cette époque, est traversée par une ambiguïté à l'endroit du concept d'autonomie morale, qui est pensée tantôt comme une autodétermination interne, tantôt comme l'imposition de la Loi à la sensibilité. Dans le *Kallias*, Schiller ne retient que le moment d'auto-suffisance et laisse de côté l'autre aspect de la notion kantienne d'autonomie morale, à savoir l'auto-détermination comme pouvoir d'opposition à soi-même en tant que nature sensible. La notion d'*héautonomie* conduit Schiller à repenser la « liberté » dans le contexte d'une harmonisation de la « nature » complète de l'être humain, qui est d'être double, c'est-à-dire à

5. *CFJ*, § 58.

6. *CFJ*, § 9 et § 35.

7. Il le fait en souhaitant préserver la distinction kantienne entre la finalité formelle et la finalité matérielle, même si l'insistance sur l'objectivité de l'héautonomie esthétique des objets tend à dissoudre cette distinction.

la fois sensible et intelligible. Dans le cadre de notre nature totale, c'est-à-dire de l'harmonie parfaite de l'être moral qui est objectivée par la beauté, l'« autonomie » kantienne tend à être interprétée comme une sorte d'hétéronomie. La dissolution de la morale dans l'esthétique s'accomplit lorsque seule la beauté est en mesure de produire l'indétermination de nos deux instincts, la réconciliation de nos deux natures.

Faute d'avoir clarifié le soubassement conceptuel de son entreprise, Schiller emprunte à Kant les concepts par lesquels il entend le dépasser, ce qui entraîne de nombreuses tensions théoriques. L'approche proposée est dite *objective*, parce qu'elle prête à une caractéristique interne des objets la capacité de produire le sentiment de la beauté, mais le statut ontologique de l'objet beau n'en demeure pas moins rigoureusement *indéterminé*, dans la mesure où la beauté ne se révèle que par son contraire, c'est-à-dire par analogie avec la liberté humaine. La principale tension méthodologique du *Kallias* vise le statut de l'« objectivité » attribuée au principe de la beauté, qui d'un côté est présentée sous la forme d'un symbolisme esthético-pratique indéterminé, et de l'autre appelle un fondement ontologique et téléologique. En d'autres termes, Schiller oscille entre la reconnaissance de la portée *régulatrice* de la représentation esthétique de la liberté et la valeur *objective* du principe qui est à la base de la perception de la beauté. Lorsque l'accent est mis sur la *représentation*, alors il lui est difficile de dépasser la théorie kantienne du symbolisme moral[8] ; mais lorsque l'accent est mis sur l'*objectivité* elle-même, la beauté reçoit un statut ontologique problématique : soit elle tend à s'identifier au principe objectif technique — ou plastique — qui est supposé à la base de la nature, comme dans l'esthétique de Goethe, soit elle reflue vers une ontologie quasi-leibnizienne de l'harmonie objective pré-établie de l'ordre sensible et de l'ordre rationnel.

Le *Kallias* met également en place certains des éléments de la théorie politique des *Lettres sur l'éducation esthétique* (23/2/1793). Schiller élabore deux aspects de la liberté politique sans les articuler. Sur le plan individuel, c'est la liberté dans la technique, comme consentement volontaire et libre à la Loi, qui définit la liberté du citoyen, par analogie avec l'être naturel qui, d'un point de vue esthétique, est considérée comme une chose en soi, comme un libre citoyen dans l'univers de l'apparence. Comme pour la beauté, la présence de la règle et de la contrainte est une trace de « despotisme ». Sur le plan de la totalité, c'est-à-dire du rapport à la liberté de l'autre, la « liberté dans la technique » de l'être naturel fournit le symbole d'une auto-limitation de la force qui évite la possible collision des libertés. L'utilisation politique du concept esthétique de « nature » conduit à une métaphysique esthétique de la limitation réciproque des libertés. L'articulation de ces deux dimensions semble conduire à une sorte de théodicée politique pré-critique de l'*harmonie pré-établie* entre la *totalité* politique et les *individualités libres* qui suivent simplement leur nature. Dans les *Lettres*, ces éléments vont décliner au profit

8. Kant élabore sa théorie du symbolisme esthétique aux §§ 42-59 de la *CFJ* et dans l'Analytique du sublime. La théorie transcendantale du symbolisme esthétique se déploie en trois moments au moins : le symbolisme naturel contingent (§ 42 et § 59), le symbolisme artistique (c'est-à-dire la théorie des Idées esthétiques et de l'art du génie) et le symbolisme négatif (le sublime).

de la formation esthétique du caractère moral, sans toutefois que Schiller remette en cause cette libre soumission des individualités libres à une Totalité, l'État rationnel, dans laquelle il est possible pour chacune des parties de consentir librement aux exigences du Tout, puisque chacune de ces parties, préalablement formées par l'État esthétique, y est traitée en même temps comme une fin en elle-même.

La tendance de la pensée esthétique et politique de Schiller se dirige clairement vers une intégration esthétique de la morale kantienne. L'esthétique de Schiller, et ce dès le *Kallias*, prête à la beauté la capacité de produire l'état subjectif des facultés qui rend le sujet réceptif à la Loi morale, tandis que Kant pense la médiation morale du goût de manière beaucoup plus complexe, puisque la disposition morale et la disposition esthétique sont placées le plus souvent dans un rapport d'influence réciproque[9]. Ce n'est que du point de vue de l'anthropologie que Kant concède au goût, en tant que face externe de la moralité[10], une capacité de promouvoir historiquement la réceptivité pour la Loi morale. D'un point de vue transcendantal, le goût ne peut promouvoir le sentiment moral authentique que de façon problématique[11]. Schiller, dans ses *Lettres*, autonomisera cette capacité de la beauté de contribuer à la formation d'un caractère authentiquement moral, et en fera la condition *sine qua non* à la fois individuelle et historique d'une culture morale capable de se réaliser politiquement.

9. Il est difficile de donner ici les cadres de cette « complexité ». On peut suggérer que l'analogie entre esthétique et moralité, dans la *CFJ*, est présente sur trois plans : d'abord, sur le plan d'une analogie structurelle entre le goût et la moralité, dans la mesure où ils reposent sur un rapport analogue des facultés subjectives ; ensuite, dans la capacité de l'expérience esthétique à symboliser les Idées pratiques ; finalement, sur le plan de la médiation téléologico-systémique à laquelle contribue l'activité héautonome réfléchissante de la faculté de juger esthétique au sein du système critique.

10. *Anthropologie d'un point de vue pragmatique*, § 69 (dans l'édition de l'Académie).

11. Je pense ici, entre autres choses, aux ambiguïtés que recèle à ce sujet la Méthodologie du goût (*CFJ*, § 60).

1793 EN MUSIQUE ! ET APRÈS.. ?

Guy TARTELIN

En cette année terrible, tout n'est pas négatif et pourtant... On proscrit la symphonie, la musique de chambre et, bien sûr, la musique religieuse. La Basilique Saint-Denis est ravagée mais les hauts lieux de l'ancienne religion sont relativement préservés (comme les hauts lieux bouddhiques sous Mao) alors qu'en province, les hordes fanatiques coupent la tête — ou, pressées par le temps, le nez — des statues ! Contrairement à Cromwell, on ne démonte pas les orgues mais on y fait jouer de la musique révolutionnaire (on traîne le pauvre Balbastre, musicien dijonnais élève de Rameau, à la tribune de Notre-Dame pour y exécuter sur les grands jeux la *Marseillaise* et le *Ça Ira !*) Les opéras comiques sont encouragés, sans doute comme antidote à la Terreur — Dalayrac en compose une soixantaine et, cette année-là, Méhul fait représenter *Le Jeune Sage et Le vieux Fou*[1].

L'idéologie est institutionnellement constructive car le conservatoire est créé : la République veut offrir à tous (c'est aussi un des Droits de l'Homme) l'accès à une culture musicale qui doit cesser d'être le domaine réservé d'une élite. Les chorales populaires se multiplient car les foules doivent participer aux cérémonies grandioses (Etre Suprême, Raison, Liberté...) auxquelles l'actualité, heureuse ou malheureuse, sert de prétexte. — Le chant choral fleurira au XIXe siècle ainsi que les cliques orphéons sous les kiosques.

Peut-on parler de musiciens engagés ? Il faut distinguer la musique POUR le peuple et la musique PAR le peuple. Cette dernière est véritablement engagée mais le plus souvent anonyme -et pour cause, lorsque l'auteur est un opposant au régime ! —. Elle est l'oeuvre de chansonniers ou d'amateurs. Certains, sans-culottes convaincus ou « enragés » chantent la liberté, l'égalité, la chute des tyrans (au pluriel !) ou bien vilipendent « l'émigrante noblesse ». Les défenseurs des Droits de l'Homme invoquent « la liberté des Nègres ». D'autres, avec un humour noir, célèbrent Guillotin — « Guillotin, médecin, politique, imagine un beau matin, que pendre est inhumain et peu patriotique. Aussitôt il lui faut un supplice qui, sans ordre ni poteau, supprime du bourreau l'office ». D'autres, il fallait s'y attendre, pleurent leur bon roi : « Complainte de Louis XVI aux Français » (« Puisse mon sang en coulant sous vos yeux, dans vos coeurs éteindre la haine »). D'autres, enfin, chantent leur horreur du carnage (« Le Réveil du Peuple ») ou s'insurgent contre le génocide vendéen (« Cette mort dont on nous menace sera le terme de nos maux »).

La musique POUR le peuple est, pour l'histoire de cet art, la plus intéressante puisque les meilleurs compositeurs de l'époque ont été engagés (somme toute, des musiciens constitutionnels, comme les prêtres du même

1. On donnait bien « La Veuve Joyeuse » en pleine guerre de 1914-18 !

nom). La musique passe avant la politique pour les meilleurs d'entre eux[2] et la République leur passe des commandes, remplaçant ainsi le mécénat des Princes. Ces musiciens jouent le jeu : Gossec, Lesueur et Cherubini louvoient adroitement d'un régime à l'autre — ils donnent leurs opéras « non engagés » sans être inquiétés ; Lesueur fait même représenter, en pleine guillotinade, son candide *Paul et Virginie* ! Il leur faut le plus souvent écrire pour le peuple une musique de circonstance, efficace et relativement facile d'exécution. Comme les grandes fêtes ont lieu en plein air, ils doivent écrire pour des choeurs et ensembles imposants, utiliser une orchestration adéquate avec instruments à vent renforcés et percussions (Delalande l'avait déjà fait à Versailles et Haendel à Londres mais pour un public choisi).

Il se trouve que cette tendance républicaine correspond aux recherches de l'ancien musicien de cour F.-J. Gossec (1734-1829) pour la symphonie (N'oublions pas que le genre classique naît avec lui et Joseph Haydn en 1759). Gossec renforce « l'harmonie » de son orchestre avec cors, bassons, clarinettes et timbales, et cela trente ans avant la Révolution (Son *Requiem* est le plus « moderne » avant ceux de Michel Haydn et de Mozart). Même remarque pour Méhul (1763-1817) qui, dans la suite de Gluck, s'intéresse vivement à l'orchestration et aux choeurs puissants. Il compose d'abord des opéras comiques et ne vient que tardivement à la musique engagée avec le célèbre *Chant du Départ* (une Marseillaise en second) et *l'Hymne à la Raison* de 1793 — Après la Terreur, il composera des oeuvres religieuses, tout comme Gossec et Cherubini, et son chef-d'oeuvre, récemment donné au théâtre de Compiègne, *La Légende de Joseph*, qu'admiraient Berlioz et Gounod.

Il nous semble ahurissant que Robespierre — mélange pathétique de sincérité et de paranoïa — ait fait célébrer la RAISON à l'église Saint-Roch (invoqué contre la rage et la peste) en pleine Terreur irrationnelle, alors que les têtes tombaient et que se préparait le « populicide » (le terme est de Babeuf) de la Vendée, holocauste de 600 000 compatriotes ! Mais là n'est pas notre propos. Cet Hymne à la Raison[3], dans la première partie, est de toute

---

2. « C'est précisément cette absolue gratuité qui entraîne le caractère désintéressé de l'art véritable tel que le définissait KANT. » (George STEINER « Réelles présences »).

3. MEHUL - *Hymne à la Raison*

« Auguste compagne du sage,
Détruis tes rêves imposteurs !
D'un peuple libre obtiens l'hommage,
Viens le gouverner par les moeurs !

O Raison, puissance immortelle,
Pour les humains tu fis la loi !
Avant d'être égaux devant elle,
Ils étaient égaux devant toi.

O Raison puissance immortelle,
Pour les humains tu fis la loi, etc.

Inspire à l'active jeunesse
Des vertus l'illustre désir !
Accorde à la sage vieillesse,
Un doux et glorieux loisir !
Victimes d'intérêts contraires
Les humains s'opprimaient entre eux ;
Réunis tous ces peuples frères
Dont les rois ont brisé les noeuds.

O Raison immortelle,
Pour les humains tu fis la loi, etc.

Ton éclat, exempt d'imposture,
Ressemble à l'éclat d'un beau jour ;
Ta flamme bienfaisante et pure
Rallume les feux de l'amour.
Sur tes pas, austère déesse,
Amenant l'aimable gaîté,
Des arts la troupe enchanteresse
Vient couronner la Liberté.

O Raison, puissance immortelle,
Pour les humains tu fis la loi, etc. ».

évidence une récupération pure et simple des procédés compositionnels de la liturgie. Dans la seconde partie, on n'est pas très loin du *Requiem* de Berlioz (avec le génie en moins).

Une question se pose à laquelle il faudrait pouvoir répondre longuement, le temps aidant : une révolution esthétique peut-elle coïncider avec une révolution politique ? Si les transformations politiques et sociales s'opèrent rapidement et radicalement, il n'en est pas de même en esthétique. Disons, en bref, que la Révolution a initié le processus qui portera ses fruits au XIXe siècle[4]. Le signal est donné pour la musique savante et la vraie révolution esthétique aura lieu avec les romantiques et néoromantiques. Beethoven finira par briser le cadre classique. Berlioz sera, dès la *Symphonie Fantastique* (1830), le génial héritier de Méhul et Lesueur, (mais les structures sont des moules que l'esprit doit animer). La prise de conscience d'une musique nationale, que les révolutionnaires appelaient de leurs voeux, se fera à partir d'autres révolutionnaires en 1848, dans l'Europe du Centre et de l'Est, afin de secouer le joug germanique — en Bohème, Hongrie, puis en Russie.

Au XXe siècle, la révolution musicale se fera à l'Ouest, comme chacun sait, sans le peuple, même si chaque pays se lance dans la quête nostalgique et scientifique de son folklore[5]. Révolution = Retour au point de départ... ?[6]

---

4. Dans sa musique maçonnique (ou apparentée), MOZART avait déjà simplifié et élargi ses choeurs, utilisé clarinettes, cors de basset, et trombones — Cette évolution est couronnée magistralement dans le choeur final de *La Clémence de Titus*.

5. La révolution soviétique s'opposera à toute révolution esthétique car contre le peuple (fidèle ainsi au prototype français). PROKOFIEV et surtout CHOSTAKOVITCH devront lutter courageusement et douloureusement pour préserver leur originalité et sauver leur génie contre Staline. Chez CHOSTAKOVITCH, les obstacles et les brimades ont survolté l'effort. (*A posteriori*, on ne voit pas ce que l'atonalisme systématique, le dodécaphonisme rigoureux ou l'électro-acoustique de laboratoire auraient pu apporter à ce génie intensément lyrique...). Ses 15 quatuors et ses 15 symphonies (monuments de la musique du XXe siècle) suffiraient à montrer que son génie a su, pour employer une formule d'Antoine de Baïf, « danser et chanter dans les chaînes ».

6. « L'idée de révolution a pu se confondre avec l'étymologie du mot : le mouvement. Il est possible de mettre en relation les faits déterminés de la musique et ceux qui relèvent de la connaissance historique, pour appréhender le concept de transgression sonore. A condition d'éviter de rechercher des analogies et des correspondances terme à terme, dans une synchronie parfaite : car une révolution politique coïncide rarement, dans la chronologie, avec une révolution musicale authentique. Ainsi décèle-t-on sans difficulté l'équivoque du sentiment révolutionnaire chez Beethoven, lequel est demeuré l'ami de la noblesse viennoise, tout en manifestant son indépendance à l'égard de l'Archevêque-Electeur de Cologne en résidence à Bonn. L'Allemagne où baignait Beethoven a réagi sur un mode idéaliste à la mentalité révolutionnaire. Comment pouvait-elle, alors, générer immédiatement un art musical contestataire ? » Michelle MAINFROY-BIJET (« Révolution et Transgression » — La Pensée).

PHILOSOPHIE ET LITTÉRATURE.

LA DÉMARCHE ÉPISTÉMOLOGIQUE HUGOLIENNE

À L'ÉPREUVE D'UNE « ANNÉE TERRIBLE » : 1793.

Véronique DUFIEF

"La guerre des ignorants", telle est l'expression qu'emploie Victor Hugo pour désigner le conflit fratricide qui opposa en Vendée, sous la Terreur, Bleus et Blancs. De *Quatrevingt-Treize*[1], son dernier roman, on se rappelle volontiers les grands dialogues idéologiques qui opposent des chefs de guerre fictifs : le marquis de Lantenac, chef des Blancs, le représentant de Comité de Salut Public, Cimourdain, à qui fut confiée autrefois l'éducation de Gauvain, le neveu de Lantenac, celui-ci ayant choisi le camp des Républicains. Mais le romancier laisse aussi largement la parole au peuple, et c'est à lui que nous nous intéresserons ici principalement.

A un travail scientifique destiné à établir aussi objectivement que possible les faits historiques, Hugo a préféré ce qu'il appelle la "vérité du légendaire". Peut-on "penser par la fiction"[2] ? C'est en étudiant le statut accordé par Hugo à l'ignorance, dans ce roman de la Terreur — qui est ici, avant tout, terreur idéologique — que nous essaierons d'apporter quelques éléments de réponse à cette question.

IGNORANCE, VICE ET VERTU

L'ignorance : une cause du contre-sens commis par les Blancs

Dans la représentation qu'il propose de la guerre civile, Hugo accorde une place fondamentale à ce qu'il considère comme une contre-sens historique de la part des Vendéens. Il en impute la cause première à l'inculture des gens du peuple : Halmalo, paysan et marin, pauvre, analphabète, se bat contre les Bleus, comme il s'était battu jadis contre les gabelles, l'enjeu étant avant tout pour lui économique. Aussi fidèle à Dieu qu'à son seigneur, il vit encore sous le régime de la féodalité et d'une obéissance aveugle à tout ce que le dogme religieux lui désigne comme autorités. L'obscurantisme des chefs réactionnaires tire parti de ces faiblesses. Pour le marquis de Lantenac : « Un

---

1. Hugo tenait, rappelons-le, à la graphie de ce chiffre en deux mots.

2. Pour reprendre le titre d'un article de Jacques Neefs consacré à notre auteur, in *Hugo le Fabuleux*, Colloque de Cerisy, Seghers, 1985.

homme qui lit, ça gêne. » (I, II, 2, p. 829)[3]. Et Gauvain, son neveu marque bien la différence entre chefs et exécutants : « Les paysans sont des ignorants ; Lantenac sait ce qu'il fait. » (III, II, 7, p. 951).

L'épisode qui symbolise de la manière la plus parlante, dans l'intrigue romanesque inventée par Hugo, l'erreur vendéenne, est la destruction de l'échelle, initialement destinée à délivrer les enfants d'une paysanne, Michelle Fléchard, retenus en otages par Lantenac et ses acolytes dans la Tourgue. Les paysans s'étaient embusqués pour brûler la guillotine, dont ils avaient appris l'arrivée au pays. Louable intention, on ne peut en douter, aux yeux de l'auteur, dont on sait le combat acharné qu'il a mené contre la peine de mort. Mais c'est l'échelle qui tombe entre les mains des rebelles, et ils y mettent le feu. Avec cette échelle, allégorie du Progrès, s'envole en fumée la possibilité de sauver les enfants, et avec eux l'avenir.

L'ignorance dénonciatrice

Toutefois, le contre-sens historique n'est pas l'apanage des seuls Vendéens. Héritière des Lumières, la jeune République s'était donné une mission civilisatrice. Or la Terreur de 93, dans ses excès, hypothéquait lourdement le rêve de 89. Le narrateur confie ici au peuple lui-même le soin de dénoncer les errements des révolutionnaires.

— Michelle Fléchard : légitimité du refus de comprendre

Ainsi, interrogée par le sergent Radoub, la paysanne Michelle Fléchard ne connaît pas d'autre patrie que sa ferme natale, Siscoignard. Les distinctions politiques entre les partis en présence semblent lui échapper : son parti, c'est celui de ses enfants ; son mari est mort, tué par un Bleu ou un Blanc, qu'importe, elle constate seulement de la manière la plus naïvement tragique la cause matérielle du décès : « un coup de fusil » (I, 1, p. 796). Elle ne donne pas non plus son nom immédiatement, elle se définit d'abord comme une fugitive : « Nous sommes des gens qui nous sauvons » (*ibid.*, p. 793). Le *Je ne sais pas* qui revient en leitmotiv dans ses propos, traduit le plus grand désarroi : « Les gens se battent, balbutia la femme. Je suis tout entourée de coups de fusil. Je ne sais pas ce qu'[on] se veut. [on m']a tué mon mari. Je n'ai compris que ça. » (*ibid.*, p. 797)

L'enjeu politique des événements ne fait pas sens pour cette femme : la tragédie de la guerre civile est pour elle pure violence, fatalité d'autant plus impitoyable qu'elle la perçoit comme anonyme et qu'elle est atteinte dans ce qu'elle a de plus cher. Visiblement elle n'est pas du tout sur la même longueur d'ondes que le sergent. Soldat de la République, celui-ci se réfère à la patrie au sens moderne du terme, à l'état civil tel qu'il a été institué par la Révolution, aux données de la conjoncture politique. La Vendéenne lui oppose d'autres catégories : la cellule familiale archaïque, la fibre naturelle de

3. On se réfère ici à l'édition des O. C. de V. HUGO, publiées chez Laffont, coll. Bouquins, tome Romans III.

l'instinct maternel, la déroute d'une femme face à une guerre menée par des hommes.

En ignorant la nature idéologique du conflit, d'une ignorance à la fois passive et délibérée (la paysanne est déroutée par des événements qu'elle n'a pas les moyens d'analyser, mais elle refuse aussi en partie de chercher à comprendre un conflit mortifère, qui par nature dépasse l'entendement), Michelle Fléchard accuse l'absurdité de la guerre civile. La République ne saurait rallier de nouveaux citoyens à sa cause qu'en prenant en compte leurs besoins fondamentaux, et en respectant leur tout premier droit qui est celui de la vie.

— Tellmarch : philosophie de l'ignorance délibérée

Parmi les gens du peuple, un personnage fait bande à part : Tellmarch, le Caimand, c'est-à-dire, le quémandeur, le mendiant. Lui sait lire et écrire, son “ignorance” est une attitude parfaitement consciente, délibérée, voire érigée en système philosophique, au sens le plus modeste du terme, évidemment. Comme le sergent Radoub face à Michelle Fléchard, Lantenac somme Tellmarch de définir sa position idéologique face à la guerre civile (La tête de Lantenac a été mise à prix, et Tellmarch lui offre refuge) :

> « — De quel côté êtes-vous donc ? demanda le marquis ; êtes-vous républicain ? êtes-vous royaliste ?
> — Je suis un pauvre.
> — Ni royaliste, ni républicain ?
> — Je ne crois pas.
> — Etes-vous pour ou contre le roi ?
> — Je n'ai pas le temps de ça.
> — Qu'est-ce que vous pensez de ce qui se passe ?
> — Je n'ai pas de quoi vivre. /
> — Pourtant vous venez à mon secours.
> — J'ai vu que vous étiez hors la loi. Qu'est-ce que c'est que cela, la loi ? On peut donc être dehors. Je ne comprends pas. Quant à moi, suis-je dans la loi ? Suis-je hors la loi ? Je n'en sais rien. Mourir de faim, est-ce être dans la loi ? » (*ibid.*, pp. 843-844)

Le problème clairement posé ici par le Caimand est celui de la misère, de l'exclusion des pauvres hors de la société civile, de l'hiatus fondamental entre la loi des hommes et celle que lui, marginal, respecte en offrant l'hospitalité au fugitif, eu égard à la situation précaire de celui-ci et sans discrimination idéologique *a priori*, loi dictée par la contemplation de la nature, et la méditation des enseignements qu'elle dispense à qui veut bien l'écouter : « Vous comprenez, je ne sais pas au juste, on va, on vient, il se passe des choses ; moi, je suis là sous les étoiles. » (*ibid.*, p. 846). Le respect de la loi d'en haut, représentée ici par les étoiles, donne accès à un autre ordre d'intelligibilité des événements : « — Je ne suis ni pour le créancier, ni pour le débiteur. Je sais qu'il y a une dette et qu'on la paye. » (*Ibid.*, p. 845). En sauvant la vie au marquis, le mendiant ne fait que rendre à Lantenac, qui jadis lui faisait l'aumône, la monnaie de sa pièce : « — Quelquefois un sou, c'est la vie. Je vous dois la vie, je vous la rends. » (*ibid.*)

Tellmarch était celui qui quémande. En s'acquittant de sa dette, il obtient le droit de demander qu'on soit attentif à ce qui requiert l'attention : "de mendiant à passant, rappelle-t-il, le regard n'est pas le même"... Pourtant, le mendiant aussi est une personne à part entière, et qui peut savoir si un jour, entre créancier et débiteur, les rôles ne seront pas inversés ? En sauvant la vie de Lantenac, Tellmarch rétablit un certain équilibre, conforme, non à la justice d'une revanche qui, de laissé pour compte à suzerain, pourrait paraître légitime, mais à une équité qui réclame, sans concession, la reconnaissance de tout sujet par son *alter ego* : le caïman, à la mâchoire féroce, ne saurait lâcher la prise des vérités qui ne sont pas toujours bonnes à dire, mais que tôt ou tard, tout homme a besoin de s'entendre révéler.

FONDEMENTS METAPHYSIQUES DE LA PEDAGOGIE HUGOLIENNE

Ainsi les choses ne sont-elles pas si simples, ou présentées de manière si simpliste que pourraient le laisser croire les seuls grands dialogues qui opposent entre eux les chefs de guerre. Dans *Quatrevingt-Treize*, le peuple a tout autant droit de parole, fût-ce pour dire "je ne sais pas", que les détenteurs du pouvoir. Cette ignorance, au premier chef, est une faiblesse du peuple, aussi grave, selon Hugo, que la précarité économique à laquelle les classes laborieuses sont exposées. Mais elle découle d'une ignorance plus tragique encore : les puissants (pouvoir politique et pouvoir religieux confondus) ignorent le peuple, le mettent en tiers, hors la loi, le cantonnent à l'indigence et à l'inculture. Lorsque le Tiers-Etat résiste au Progrès que lui apporte la Révolution, progrès qui lui permettrait de sortir de cette double aliénation, il ne fait, dans son premier mouvement de résistance, que réagir contre l'ignorance subie par l'ignorance délibérée.

Vertus de la pédagogie

On comprend dès lors l'importance accordée par le romancier à la relation pédagogique qu'il instaure entre Cimourdain, ancien prêtre devenu délégué du Comité de Salut Public, et Gauvain, neveu et héritier de Lantenac. Pour résumer la teneur de l'éducation donnée par Cimourdain, alors curé de Parigné, à Gauvain enfant, le narrateur nous dit : « Dans ce cerveau d'aristocrate, il avait versé l'âme du peuple » (I, I, 3, p. 868), enseignement aussi subversif que nécessaire, car, à en croire Hugo, les classes dominantes elles aussi, ont besoin d'être éduquées — on a vu plus haut l'effort fourni par Tellmarch face à Lantenac.

Pour ce qui concerne Gauvain, le résultat est magnifique. Il concilie harmonieusement en lui les contraires : « l'oeil sérieux d'un prophète et le rire d'un enfant » (III, II, 2, p. 933) mais aussi des qualités à la fois féminines et masculines, élégance raffinée et intrépidité, qui font de lui un androgyne idéal, homme d'action autant que de réflexion : « Avec cela penseur et philosophe, un jeune sage, Alcibiade pour qui le voyait, Socrate pour qui l'entendait ». (*ibid.*).

Rescapé[4], qui doit plusieurs fois la vie à son maître, Gauvain a toutes les qualités que, dans l'idéal, Hugo peut souhaiter au peuple, si celui-ci bénéficiait d'une éducation similaire. L'enjeu est donc bien ici d'établir quelles sont les conditions de possibilité pour la réalisation de cet idéal, à commencer par la survie du principal intéressé, le peuple.

Fondements métaphysiques de la Révolution

C'est ici qu'intervient le rôle allégorique accordé aux enfants. De Georgette, la plus jeune, voici ce qu'écrit le narrateur : « La frêle créature, sans rien savoir, sans rien connaître, sans rien comprendre, mollement noyée dans la rêverie qui ne pense pas, se sentait en sûreté dans cette nature, dans ces arbres honnêtes, dans cette verdure sincère, dans cette campagne pure et paisible, dans ces bruits de nids, de sources et de feuilles, au-dessus desquels resplendissait l'immense innocence du soleil. « (III, III, 1, p. 974).

Le peuple, aux yeux du poète, est encore, métaphoriquement, dans l'enfance, exposé par sa faiblesse et son ignorance à la barbarie, que l'harmonie de la nature fait ici ressortir par antiphrase. Le babil des enfants, "ce chuchotement confus d'une pensée qui n'est encore qu'un instinct", a pour le poète la valeur d'un oracle de Sibylle : « Le berceau a un Hier de même que la tombe a un demain ; ce demain et cet hier amalgament dans ce gazouillement obscur leur double inconnu ; et rien ne prouve Dieu, l'éternité, la responsabilité, la dualité du destin, comme cette ombre formidable dans cette âme rose. » (*ibid.*).

On ne s'étonnera plus dès lors des considérations métaphysiques du romancier à propos du fait révolutionnaire : « La Révolution est une action de l'Inconnu. » (II, II, 1, p. 906) écrit Hugo dans la deuxième partie du roman, consacrée à la Convention. Il précise un peu plus loin : La Révolution est une forme du phénomène immanent qui nous presse de toutes parts et que nous appelons la Nécessité. Devant cette mystérieuse complication de bienfaits et de souffrances se dresse le Pourquoi ? de l'histoire. « *Parce que*. Cette réponse de celui qui ne sait rien est aussi la réponse de celui qui sait tout. » (*ibid.*, p. 907).

Face à l'action providentielle de Dieu dans l'Histoire, nos plus traditionnelles catégories d'analyse conceptuelle sont réduites à l'impuissance. Il faut d'emblée faire table rase des certitudes. Suspendre son jugement est nécessaire à l'élaboration d'une nouvelle forme de savoir historique. Mais ce point de vue providentialiste sur l'Histoire n'est pas donné d'emblée par le poète, comme un présupposé qui servirait de point de départ à sa démonstration : les interventions d'auteur n'apparaissent véritablement qu'à partir de la deuxième partie de l'ouvrage. C'est à la légende qu'est dévolu le soin de dévoiler progressivement la philosophie hugolienne de l'Histoire.

4. Comme le seront aussi les enfants Fléchard.

Hugo ne se contente donc pas d'une analyse politique des effets de l'ignorance et de l'obscurantisme. En mesurant les savoirs humains à l'aune métaphysique, il les définit comme une ignorance irréductible face au mystère de l'existence. Cette ignorance fonde un respect d'autrui qui passe par l'humilité face à ce qui convainc notre raison d'impuissance.

Dans ce récit d'un conflit meurtrier où la curiosité — le désir de savoir — sont assimilés à une forme d'intrépidité, la question en jeu est bien : comment faire l'histoire, au double sens de l'expression, et en articulant ces deux sens, autrement dit comment élaborer un savoir historique qui permette de faire l'Histoire au présent ? Une des vertus de ce qu'on pourrait appeler la pédagogie hugolienne, est de rendre sensible l'irruption du Tragique dans l'Histoire, en racontant *une* histoire qui pose, je crois, par le biais du mythe, une question épistémologique de fond sur l'utopie d'un changement du coeur de l'homme, et renvoie chacun, le lecteur y compris bien sûr, à sa propre ignorance.

NORMES UNIVERSELLES ET POLITIQUE.

DE L'ACTUALITÉ DE KANT

Georges BARTHEL

Kant admet que le seul régime légitime est celui qui s'impose par l'autorité des lois. C'est à une philosophie du droit, et non à une philosophie politique, que revient la tâche d'expliciter une métaphysique des moeurs. A deux siècles de distance, la démarche kantienne suscite des prolongements dignes d'attention. Nous retiendrons deux lectures, celle d'I. Maus et d'O. Höffe[1], en négligeant le caractère international de la reprise de certains thèmes kantiens. Dans la question de la domination légale dans le cadre d'une axiologie kantienne, les deux auteurs accordent la prééminence à la société civile. Mais peut-on encore parler à l'heure actuelle de *civitas sive societas civilis* en abordant la question de la démocratie ou celle plus large d'un méta-fondement de la justice ?

Un état des recherches sur ces questions en Allemagne montrerait que la réception du projet kantien se développe par paliers. En 1988, le point sur la philosophie du droit[2] a attiré l'attention sur la technicité des textes kantiens. La philosophie politique, bien que Kant ne l'ait jamais écrite, a fait l'objet d'un tour d'horizon en 1976[3]. Toutefois, le propos de Kant n'a jamais été de légitimer le pouvoir comme c'est la tradition en philosophie politique[4]. Plus généralement parlant, les relectures de Kant bénéficient de la réhabilitation de la philosophie pratique[5]. Remarquons que la parenthèse se referme après deux siècles durant lesquels la *Staatsphilosophie* s'est réfugiée chez les juristes[6] ; la philosophie, la sociologie, la politicologie, etc., prennent la question du

---

1. I. MAUS, *Zur Aufklärung der Demokratietheorie. Rechts- und demokratietheoretische Überlegungen in Anschluß an Kant*, Francfort, 1992. Cité *A.D.* ; O. HÖFFE, *Politische Gerechtigkeit*, Francfort, 1987. trad. fr. : *La justice politique*, Paris, 1991. Cité *J.P.* ; O. HÖFFE, *Kategorische Rechtsprinzipien. Ein Kontrapunkt der Moderne*. Francfort, 1990. Trad. fr. : *Principes du droit. Ethique, Théorie juridique et philosophique sociale*, Paris, 1993. Cité *P.D.*

2. G.-W. KÜSTERS,*Kants Rechtsphilosophie*, Darmstadt, 1988.

3. Z. BATSCHA, éd., *Materialien zu Kants Rechtsphilosophie*, Francfort, 1976.

4. H. ARENDT, *Juger. Sur la philosophie politique de Kant*, Paris, 1991. Cf. O. Höffe, *Moral als Preis der Moderne. Ein Versuch über Wissenschaft, Technik und Umwelt*, F., 1993, p. 263.

5. M. RIEDEL, éd., *Rehabilitierung der praktischen Philosophie*, vol. I., *Geschichte, Probleme, Aufgaben*, Freiburg, 1972, vol. II, *Rezeption, Argumentation, Diskussion*, Freiburg, 1974.

6. J. Otfried Höffes HABERMAS, Politische Fundamentalphilosophie. Grenzen des vernunftrechtlichen Normativismus, *in : Politische Vierteljahresschrift*, 1989, 30. Jahrgang, Heft 2, p. 321. Cité *P.V.S.*

politique au sérieux[7] et infirment le stéréotype d'un Allemand « impolitique » et le cliché d'une révolution « im Geist » opposée à la Révolution française[8].

L'ouvrage d'I. Maus témoigne de la prise en compte de la réflexion sur le droit et la politique avec et autour de Habermas[9]. En se fondant sur une lecture des textes kantiens et de leurs interprètes en langue allemande et anglaise, l'ouvrage montre que la légitimité vient d'en bas.

La question de la légitimité s'inscrit dans un cadre défini, entre autres, par Habermas[10]. Il constate que « les procédés et les présupposés du processus de légitimation deviennent à présent les raisons légitimantes sur lesquelles s'appuie la validité des légitimations ».

Pour Maus cette *autopoiese* (N. Luhmann) détermine aussi le *procedere* kantien. Elle s'appuie, en autres, sur une *Reflexion* : *Der Summus imperans ist nicht durch die Natur eines Gesetzes überhaupt restringiert und nicht durchs Gesetz sondern zu Gesetzen verbunden*[11].

Il s'agit du passage du droit naturel matériel au droit naturel procédural qu'I. Maus reprend. Etant donné qu'il n'y a plus de cadre ontologique prédonné, le législateur n'est pas tenu aux lois, mais caractérisé par l'activité jurislatrice. De la sorte, le droit ne tire pas sa valeur de contenus naturels prédonnés, ce qui signifie que le contenu positif du droit dépend des prémisses de la procédure selon laquelle il est posé.

La traduction du projet dans les termes d'une théorie consensuelle de la vérité qui possède ses critères normatifs dans la structure de la communication intersubjective permet de mieux faire ressortir le caractère paradoxal de la démarche kantienne et la rendre actuelle.

Le droit comme catégorie de la médiation sociale entre facticité et validité[12] se traduit à la fois comme *Rechtsdurchsetzung*, donc contrainte, et comme *Rechtssetzung*, c'est-à-dire comme liberté. Ainsi une loi est à la fois légale par le fait que je me conforme à elle, au besoin sous la menace de sanctions, et à la fois légitime par la règle même de la loi. De la sorte, le lieu de la légitimité est dans la légalité. Ainsi, les lois tirent-elles leur validité du processus qui leur donne naissance d'une part et dans la source même du procédé, la souveraineté du peuple, d'autre part. Pour arriver à pied d´oeuvre pour saisir le caractère paradoxal de la théorie kantienne du droit comme contrainte et comme liberté, I. Maus doit lever la lourde hypothèque des mésinterprétations du droit de résistance. La solution consiste à admettre un droit de résistance pré-métaphysique lié à une politique de type féodal et le

7. B. WILLMS, *Einführung in die Staatslehre* « UTB », Paderborn, 1979, pp. 9-13.

8. Cf. P. BURG, *Kant und die französische Revolution*, Berlin, 1973.

9. J. HABERMAS, *Faktizität und Geltung. Beiträge zur Diskurstheorie des Rechts und des demokratischen Rechtsstaats*, Francfort, 1992. Cité *FG*. O. Höffe, « Eine Konversion der kritischen Theorie. Zu Jürgen Habermas, Rechts — und Staatstheorie », *in : Neue Zürcher Zeitung*, 27-28 février 1993. I. Maus a fait partie du groupe de recherche autour de Habermas de 1985 à 1990 sur la théorie du droit.

10. J. HABERMAS, « Legitimationsprobleme im modernen Staat », *in : PVS*, Sonderheft 7, 1976, p. 44, in *A.D*, p. 159.

11. « Le souverain n´est pas limité par la nature d´une loi en général, ni lié par la loi, mais astreint à légiférer. » *Reflexion* 7975, XIX, 569.

12. *FG*. pp. 15-60 ; en particulier sur Kant, pp. 46-47.

principe post-métaphysique de la souveraineté populaire. Pour notre interprète, Kant rejette le droit de résistance au profit de la souveraineté populaire[13] et inaugure par là une théorie de la démocratie, non encore réalisée dans la pratique.

L'insistance sur le fonctionnement principiel du droit prend tout son sens si l'on prend garde au fait que chez Kant le droit précède la société civile. La société civile répond à la norme qui se pose en se posant. Kant formule comme suit : « Die bürgerliche Verfassung ist nicht willkürlich, sondern nach Gründen des Rechts um der Sicherheit des anderen notwendig. Die Gesellschaft ist auch nicht die Ursache dieses Zustandes, sondern die Wirkung. Der practische souveraine Grund des Rechtes macht die Gesellschaft. »[14] Les commentaires insistent sur le passage des obligations morales ou de fait du prince à un type de souveraineté fondé sur la volonté générale qui caractérise la théorie libérale du contrat[15]. Toutefois, une philosophie politique serait tentée de légitimer le pouvoir, alors qu'une philosophie du droit à la manière de Kant implique selon Maus : *eine totale Verrechtlichung von Herrschaft*[16].

Sans doute la formule va-t-elle au-delà de l'intention kantienne ; elle s'éclaire pour le lecteur qui se souvient que la politologue argumente contre une analyse de pouvoir à la façon de Carl Schmitt[17]. Elle rejette la thèse de l'autonomie du politique en écrivant que « la politique ne connaît pas de thèmes propres, mais uniquement des thèmes qui viennent de la société. De même, en ce qui concerne les choix, ce n'est pas la perspective politique qui décide, mais la perspective sociale »[18]. C'est pourquoi, elle conclut dans une optique anti-schmitienne (ou weberienne) : « Mieux que nul autre, Kant, qui a pensé le général comme comptabilisation procédurale du particulier, a anticipé sa possible apparition sous nos yeux »[19]. Précisons que ce « monisme de la souveraineté populaire » et ce « pluralisme de la société » est redevable à l'analyse des systèmes telle que la propose un Niklas Luhmann[20]. N'étant plus auto-référentiel, c'est dans le processus uniquement que se constitue le processus même. Ainsi, aux yeux d'I. Maus, la construction de l'Etat de droit présuppose un Etat dont la fin concorde entièrement avec celui du droit et qui, paradoxe, produit le droit sur lequel il se construit lui-même. C'est le cercle carré légué par Kant : liberté et contrainte sont les marques du droit.

---

13. *A.D.*, p. 227.

14. « La constitution civile n'est pas arbitraire, car elle est nécessaire selon les fondements du droit pour assurer la liberté d'autrui. La société n'est pas non plus la cause de cet état, mais l'effet. Le fondement souverain pratique constitue la société». *Reflexion* 7847, XIX, 533. cf. M. RIEDEL, « Herrschaft und Gesellschaft. Zum Legitimationsproblem des Politischen in der Philosophie ». *in :* Z. BATSCHA, *op. cit.*, p. 137.

15. *Id.*, pp. 144-145.

16. *A.D.*, p. 172, note 423. Mais se soumettre au droit ne signifie pas augmenter le bien dans le monde, mais uniquement éviter le mal, comme l'a montré W. KERSTING, *Wohlgeordnete Freiheit. Immanuel Kants Rechts- und Staatsphilosophie*, Berlin, New York, 1984, p. 80. cité W.F.

17. I. MAUS, *Bürgerliche Rechtstheorie und Faschismus. Zur sozialen Funktion und aktuellen Wirkung der Theorie Carl Schmitts*, (1972), M., 1982.

18. *A.D.* p. 215.

19. *Id.*, p. 226.

20. N. LUHMANN, *Soziale Systeme. Grundriß einer allgemeinen Theorie*, Francfort, 1984.

C'est là le point de départ d'O. Höffe. Mais si la séparation entre droit et morale qu'I. Maus emprunte au professeur de philosophie de Tübingen permet à la politologue de Francfort de montrer que le pouvoir politique n'est aucunement contrôlé par l'éthique, mais bien seulement par la loi démocratique qui vient de la base[21], celle-ci donne à O. Höffe la possibilité de réinscrire son argumentation dans le droit naturel revivifié.

O. Höffe reprend, en le variant dans son dialogue avec Kant, l'exemple du peuple de démons[22]. Il s'agit de prouver à ces êtres, auxquels il ne manque pas la raison, qu'il est « prudent » de sortir de l'anomie de l'état de nature et d'entrer dans la société civile. Mais avec l'appel pathétique à ces démons, Höffe veut prouver bien davantage que Kant que le pouvoir politique est moralement justifié. Il postule à juste titre que « la raison légitimante de la politique se trouve en dehors de l'expérience politique. Les politica débutent comme meta-politica. »[23] Höffe s'inscrit délibérément dans la renaissance du droit naturel, non seulement par ses travaux sur Rawls[24], mais parce que le questionnement même, en particulier la justification de la contrainte[25], l'état de nature, etc., vient en droite ligne de la tradition jusnaturaliste.

Le point de départ de l'argumentation est donné par l'impératif catégorique kantien qui commande la sortie de l'état de nature[26]. C'est dans le cadre d'une « éthique métaphysique orientée vers le droit »[27] qu'il convient de s'interroger sur la notion de contrainte dans la société civile. Après avoir montré que l'ordre social est profitable à chacun et à tous[28], il faut légitimer le pouvoir de contrainte, c'est à dire en fin de compte la domination politique[29] qui n'est aucunement la souveraineté à la manière de Bodin, « blanc seing » donné à l'Etat[30]. Pour Höffe, la contrainte, c'est à dire la limitation de mon action[31], constitue le point de vue « privilégié »[32] d'une philosophie fondamentale du droit et de l'Etat. La problématique de l'universalisation du droit de contraindre est cruciale selon Höffe d'autant plus qu'il ne peut se contenter d'une légitimation par le *procedere*, comme le voudrait N. Luhmann[33]. La définition recherchée est la contrainte sans contrainte[34] dans le cadre d'une reviviscence de l'éthique[35], et non dans celui de sa destruction même.

---

21. *A.D.*, pp. 174-175.
22. *AA* VII, 366.
23. *P.D.*, p. 70.
24. J. RAWLS , *Théorie de la justice*, Paris, 1987 ; O. HÖFFE, *L'Etat et la justice.* RAWLS *John, Norbert NOZICK*, Paris, 1988.
25. *W.F.*, p. 29.
26. *P.D.*, p. 60.
27. *Id.*, p. 78.
28. *J.P.*, p. 58.
29. *J.P.*, p. 196.
30. *J.P.*, p. 335.
31. *J.P.*, p. 49.
32. *J.P.*, p. 59.
33. *J.P.*, p. 136.
34. *J.P.*, p. 303.
35. *J.P.*, p. 130 ; p. 142.

La démonstration s'inscrit à trois niveaux : celui de l'éthique fondamentale, celui de l'éthique juridique générale et celui de l'éthique particulière auxquelles correspondent les trois traductions de l'impératif catégorique.

Ayant enlevé le caractère anthropologique à l'état de nature, pour ne garder que « le libre arbitre et l'espace vital commun »[36], Höffe part de l'hypothèse que le concept même de *Herrschaft* est inclus dans celui d'humanité[37] bien que l'on puisse penser abstraitement un droit sans contrainte[38]. En termes purement rationnels, il semble bien que la contrainte ne se laisse pas légitimer ; en effet, rien ne mène de la raison pratique à la contrainte extérieure, mais il existe un chemin de la contrainte extérieure vers les conditions de sa possibilité morale.[39] En somme, il s'agit d'utiliser les principes normatifs de la philosophie morale pour s'interroger sur le caractère licite de la contrainte. C'est rechercher une loi universelle qui valide le droit de contraindre ; la solution de cette contrainte indirecte est que la contrainte est considérée comme l'accomplissement du *Rechtsgesetz.* On peut donc dire que le droit est la version spécialisée de l'impératif catégorique[40] ou devoir hétéronome.

Si l'on considère que chez Kant les devoirs juridiques sont indirectement des devoirs moraux (moralité) et que la légalité représente une action pour des motifs quelconques, l'obligation intersubjective s'inscrit dans le premier niveau, celui de l'impératif le plus général et neutre du point de vue moral, qui est justement celui des *Fondements de la métaphysique des moeurs.* Le concept de morale n'apparaît qu'en seconde place et parallèlement à celui de l'éthique juridique générale. Ce faisant, Höffe, comme on l'a remarqué[41], dégage un vaste terrain libéré de l'éthique personnelle sur lequel il peut alors déployer sa justice politique.

Toutefois, débarrassé du moralisme, pour d'autres raisons qu'I. Maus ou N. Luhmann, Höffe doit lever un autre obstacle qui ne ressortit pas de l'impératif catégorique dédoublé. Il s'agit de la définition du droit même ; le méta-fondement de la justice politique ne sera acquis que si la contrainte est légitimée moralement[42]. Le détail de la démonstration dépasserait les limites du propos. L'argumentation part de l'avantage distributif de la contrainte qui serait légitimé si chaque individu y gagnait. Or, en concevant le consensus moral comme « échange circulaire »[43] entre individus ne disposant que de la liberté d'action et d'un lieu pour se mouvoir, Höffe croit en apporter la preuve. Il est donc de l'intérêt personnel du sujet hétéronome qui participe à cet

---

36. O. HÖFFE , *Ethik und Politik*, F., 1979, p. 210.

37. Cf. *AA* VI, 231. Pour la critique cf. J. RITTER, « Moralität und Sittlichkeit. Zu Hegels Auseinandersetzung mit der kantischen Ethik », *in :* M. RIEDEL, éd., *Materialien zu Hegels Rechtsphilosophie*, vol. II, Francfort, 1975, pp. 217-244.

38. *Reflexion* 6595.

39. *W.F.*, pp. 28-30.

40. *Id.*, p. 31.

41. K. GÜNTHER, « Kann ein Volk von Teufeln Recht und Staat moralisch legitimieren ? Otfried Höffes Beitrag zum Neo-Naturrecht », *in : Rechtshistorisches Journal*, Heft 10, Francfort, 1991, pp. 233-267.

42. *P.D.*, p. 34.

43. *Id.*, p. 302.

échange d'accepter délibérément la contrainte, lorsque celle-ci est orientée sur une action conciliable avec la liberté, puisque pour Kant, liberté et contrainte naissent au moment où la volonté législatrice proclame la contrainte pour empêcher une action qui est en contradiction avec la liberté légale. En fin de démonstration, O. Höffe arrive à cette contrainte sans contrainte de type kantien[44]. Se trouve donc justifiée une justice politique où le pouvoir cède le pas au droit élargi grâce à la neutralisation morale pré-donnée. Mais il est entendu que l'argumentation repose sur « un principe du légal et de l'illégal, et non sur son application »[45]. Comme pour Kant, il s'agit de déduire d'un devoir juridique *a priori*.[46]

La déduction de la politique à partir de la raison juridique laisse ouverte la question de la particularisation de l'universel. Le principe du contrat comme ce qui est (juridiquement) licite ou illicite permet-il de fonder une société juste ? Il est d'expérience humaine que l'ordre politique, dans son fondement juridique même, est mis en échec par les révolutions, les guerres civiles, etc.. Ainsi la politique comme *ausübende Rechtslehre* léguée par Kant constitue-t-elle le défi lancé à la politique conçue comme force.

44. *Id.*, p. 303.
45. O. HÖFFE, *Ethik und Pol., op. cit.*, p. 211.
46. *AA* VI, 264 ; XIX, R., 7075.

LISTE DES AUTEURS

ANDRIEU Bernard, *Professeur de philosophie, Bordeaux, France.*

BARTHEL Georges, *Universität Tübingen, Allemagne.*

CASTAING José, *Université de Paris I, France.*

CASTILLO Monique, *Université de Poitiers, France.*

CRAMPE-CASNABET Michèle, *Ecole Normale Supérieure de Fontenay-Saint-Cloud, Paris.*

D'HONDT Jacques, *Professeur émérite des Universités, Paris.*

DIETH Alexis, *Université d'Abidjan, Côte d'Ivoire.*

DUFIEF Véronique, *Université de Bourgogne, Dijon, France.*

DUMOUCHEL Daniel, *Université de Montréal, Québec, Canada.*

FERRARI Jean, *Université de Bourgogne, Dijon, France.*

GOYARD-FABRE Simone, *Professeur émérite des Universités, Caen.*

GRONDIN Jean, *Université de Montréal, Québec, Canada.*

HAMOU Philippe, *Université de Lille III, France.*

JOOS Jean-Ernest, *Collège Marie de France, Montréal, Québec, Canada.*

KERSZBERG Pierre, *Pennsylvania State University, U.S.A.*

KOPPER Joachim, *Université de Mayence, Allemagne.*

KOUNKOU Charles *Université de Brazzaville, Congo.*

LAFRANCE Guy, *Université d'Ottawa, Canada.*

LANGLOIS Luc, *Université Laval, Québec, Canada.*

MALTER Rudolf, *Université de Mayence, Allemagne.*

MARCIL Louise, *Université de Montréal, Québec, Canada.*

MARTY François, *Centre Sèvres, Paris, France.*

MAVOUANGUI David, *Université Marien Ngouabi, Brazzaville, Congo.*

MERLE Jean-Christophe, *Université de Tübingen, Allemagne.*

MOUTSOPOULOS Evanghélos A., *Université d'Athènes, Grèce.*

ORTIGUES Edmond, *Université de Rennes, France*

PAUL Jean-Marie, *Université de Nancy, France.*

PICHÉ Claude, *Université de Montréal, Québec, Canada.*

PROUST Françoise, *Université de Paris I, France.*

ROBINET André, *Orchaise, France.*

ROY Jean, *Université de Montréal, Québec, Canada*

SCHÜSSLER Ingeborg, *Université de Lausanne, Suisse.*

SOSOE Lulas K., *Université de Montréal, Québec, Canada.*

TARTELIN Guy, *Dijon, France.*

TERNAY Henri de, *Centre Sèvres Paris, France.*

VALALAS Thérèse, *Université de Thessalonique, Grèce.*

VUILLEMIN Jules, *Professeur au Collège de France, Paris.*

WICHMANN Heinz, *Institut de pédagogie de Bielefeld, Allemagne.*

TABLE DES MATIÈRES

III. — AUTOUR DE « THÉORIE ET PRATIQUE » : PRÉCURSEURS ET CONTEMPORAINS

IV. — « LA RELIGION DANS LES LIMITES DE LA SIMPLE RAISON »

V. — DÉBATS

ACHEVÉ D'IMPRIMER
EN FÉVRIER 1995
PAR L'IMPRIMERIE
DE LA MANUTENTION
A MAYENNE
N° 55-95